Gralle / Port · Bauten für Kinder

Horst Gralle
Christian Port

Bauten für Kinder

Ein Leitfaden
zur Kindergartenplanung

Verlag W. Kohlhammer

Die Deutsche Bibliothek – CIP-Einheitsaufnahme

Gralle, Horst:
Bauten für Kinder: ein Leitfaden zur Kindergartenplanung / Horst Gralle;
Christian Port. – Stuttgart: Kohlhammer, 2002
ISBN 3-17-015124-X

Bauten für Kinder

Als aufgeschlossener Mensch und Vater wünsche ich mir, daß nicht nur die Kleinen in Häusern groß werden, die mehr zu bieten haben als funktionale Zweckmäßigkeit und Bedarfsbedeckung.

Ich erwarte Qualität, "spezifische Schönheit".

Gebäude, die unaufdringlich und leise sind, materialgerecht entworfen und ebenso umgesetzt. Häuser, die so selbstverständlich sind, daß sie auf den ersten Blick nicht auffallen und erst beim näheren Hinsehen ihre unverwechselbare Charakteristik einer eigenen Welt entfalten, in der nichts beliebig ist, sondern alles in einem sinnvollen Gesamtzusammenhang steht.
Der Impuls für diesen "zweiten Blick" ist der Hinweis darauf, dass diese eigene Qualität, die ich "spezifische Schönheit" nenne, vorhanden ist. Ob diese Qualität durch ein inhaltliches Entwurfskonzept, eine besondere Raumkomposition, eine spezielle Materialwahl oder Eigenschaft hervorgerufen wird, ist nicht entscheidend.
Viel wichtiger ist die Auslösung dieses sinnlichen Momentes, der aus dem Gebauten für den Beobachter - Charles Moore würde sagen - einen einprägsamen Ort macht. Der Betrachter findet sein Selbst in einem solchen Gebäude wieder, Heimat entsteht.
Heimat ist für die Entwicklung und Entfaltung eines Kindes unverzichtbar. Dazu kann Architektur einen wesentlichen Beitrag leisten.
Zur Umsetzung dieser "spezifischen Schönheit" bedarf es eines Architekten, der ein Gefühl und das Durch-

setzungsvermögen für diese ganz eigene Qualität besitzt, aber auch eines Bauherren, der die Umsetzung dieses Anspruches sucht.
In diesem Buch ist es gelungen, Grundlagen- und Faktenwissen zum Thema Kindergärten zusammenzustellen, nicht nur um den Entwerfenden schnell und umfassend zu informieren, sondern auch um allen Interessierten an Beispielen die Kultur dieser "spezifischen Schönheit" aufzuzeigen.

September 2001, Norbert Wagener

„Meinem Herzen sind die Kinder
am nächsten auf der Erde.
Wenn ich ihnen zusehe
und in den kleinen Dingen
die Keime aller Tugenden, aller Kräfte sehe,
die sie einmal so nötig brauchen werden.
Wenn ich ihren Eigensinn,
künftige Standhaftigkeit
und Festigkeit des Charakters,
wenn ich ihren Mutwillen, guten Humor
und Leichtigkeit, über die Gefahren
der Welt hinzuschlüpfen erblicke,
alles so unverdorben und ganz -
immer, immer wiederhol' ich dann
die goldenen Worte des Lehrers der Menschen:
Wenn ihr nicht werdet wie eines von diesen."
(Johann Wolfgang von Goethe)

Bauten für Kinder - in der heutigen Zeit eine anspruchsvolle, schöne, vor allem aber auch eine schwierige und verantwortungsvolle Bauaufgabe für die Beteiligten. Sie lässt, das zeigt die große Vielfalt der Kindergartenbauten, ganz unterschiedliche architektonische Lösungen und Interpretationen zu, in denen wiederum verschiedene pädagogische Ansätze und Anliegen zum Ausdruck kommen.

Seit dem gesetzlichen Anspruch auf einen Kindergartenplatz wird die Aufmerksamkeit der Gemeinden und Planer verstärkt auf den Kindergartenbau gelenkt und somit auf eine Problematik, die diese spezielle Planungsaufgabe von anderen unterscheidet. Es gilt hier nicht nur den Raum, der dem Kind zu seinem Entwicklungsspiel angeboten wird, seinen Lebensprozessen anzupassen; die bauliche Planung selbst soll Projektion und Provokation dieser Prozesse sein. In erster Linie muss das Ziel dieser Bauten sein, den Kindern eine Hülle zu geben, die sie vor äußeren Einflüssen dieser Welt schützt, aber ihnen auch die Möglichkeit gibt, ihr Leben frei zu entfalten. Die kindgerechte Lösung ist freilich nur ein Aspekt; eine kreative Lösung muß zugleich den jeweiligen Bedarfslagen und Gegebenheiten vor Ort gerecht werden. Hinzu kommen örtlich spezifische Veränderungen in der Bevölkerungsstruktur. Die Einrichtung muss also auch im Hinblick auf Wandlung und Anpassung des Angebots und auch mit Blick auf später vielleicht notwendige Erweiterungen geplant werden. Ausgangspunkt dieses Buches war eine in den Jahren 1994/1995 durchgeführte Umfrage im Rahmen einer Diplomarbeit in über 50 Kindergärten bzw. Kindertagesstätten, um Problemfelder der Planung und der Nutzung herauszufinden und aufzuzeigen.

Das Buch soll weder ein "Bilder"- Buch entsprechender Architektur sein, noch werden Positiv - Negativ - Gegenüberstellungen von bestehenden Kindergärten präsentiert. Vielmehr ist ein Ziel der Darstellung, alle kindergartenrelevanten Themengebiete so zu behandeln, dass ein Grundverständnis der Problematik gegeben wird und darüber hinaus vielleicht auch ein Anreiz, sich damit weiterzubeschäftigen, Wissenslücken zu schließen, um schließlich auch Aspekte einzubringen, die nicht selbstverständlich sind. Die Problematik der Umsetzung der jeweiligen Themengebiete wurde aus den Umfrageergebnissen ersichtlich.

Das Buch hat keineswegs den Anspruch, den "idealen Kindergarten" zu entwickeln, denn zu verschieden sind im Einzelfall die Voraussetzungen, die eine ganze Reihe von guten Lösungen zulassen, die wiederum Ergebnis des Zusammenspiels verschiedener Faktoren wie pädagogisches Konzept, Lage und Umgebung, Grundrisstyp und Gebäudeform sind.

Die Autoren wollten auch kein "trockenes Lehrbuch" für Planer und Architekten verfassen, sondern auf allgemeinverständliche und anschauliche Weise die Problematik auffächern; jedes neue Kindergarten- bzw. Kindertagesstättenprojekt stellt den Architekten vor die Herausforderung, möglichst viele der behandelten Themenbereiche einzubeziehen und für "seinen" Entwurf die ideale, kindgemäße Lösung zu finden, die sich auch im Hinblick auf die Kosten vertreten lässt.

Das Themenspektrum des Buches reicht im ersten Teil von Begriffsbestimmungen, Entstehung und Geschichte, baulichen Grundlagen, technischen Aspekten über pädagogische Konzepte bis hin zu den Kosten. Im zweiten Teil werden 38 Beispiele dokumentiert, die die Vielfalt der möglichen Lösungen im Kindergartenbau aufzeigen.

Natürlich ist die Realisierung eines solchen Buches nicht ohne die Mithilfe von Fachleuten, Erzieherinnen, Architekten, Behörden usw. möglich. Wir danken stellvertretend besonders Dagmar Ben Yagoub (Leiterin der Kindertagesstätte Wichtelpark in Stuttgart), Dr. Roland Burgard (ehemaliger Leiter des Hochbauamtes in Frankfurt/Main), Günter Belzig (Designer und Kinderspielplatzentwerfer in Hohenwart) und Norbert Wagener (Architekt in Berlin).
Ein besonderer Dank gilt Herrn Dr. Burkarth und dem Kohlhammer-Verlag.

Kaiserslautern im September 2001, die Autoren

"Der Kindergarten soll die Kinder des vorschulfähigen Alters nicht nur in Aufsicht nehmen, sondern ihnen auch eine ihrem ganzen Wesen entsprechende Beschäftigung geben, ihren Körper kräftigen, ihre Sinne üben und den erwachenden Geist beschäftigen, sie sinnig mit der Natur und Menschenwelt bekannt machen, besonders auch Herz und Gemüt richtig leiten und zur Einigkeit mit sich führen."

(Friedrich Fröbel)

Die Kindheit als eine eigenständige Lebensphase und Lebensform ist eine „Entdeckung" des 18., des „pädagogischen" Jahrhunderts. Sicherlich taucht die Kindheit schon früher in den alten Phasen- und Stufenmodellen der menschlichen Entwicklung als ein abgegrenzter Abschnitt neben dem Jugend-, Erwachsenen- oder Greisenalter auf: so etwa bei dem tschechischen Geistlichen Johannes Amos Comenius (1592-1670), dem einflussreichsten Pädagogen des 17. Jahrhunderts, in seinem "Informatorium der Mutterschul" (1633); bei ihm ist die Kindheit eine sechsjährige Reife- und Wachstumsphase, die unter der Aufsicht der Mutter steht und die er deshalb die Zeit der „Mutter Schul" nennt.

Erst das 18. Jahrhundert zieht dann aber eine klare Grenze zwischen der Erwachsenenwelt und der Kinderwelt, zwischen Spiel und Arbeit. Wurden Kinder bislang - etwa im bäuerlichen oder handwerklichen Alltag - früh in die Erwachsenenwelt nicht zuletzt durch Mithilfe bei der Arbeit integriert, so wurde nun die Kindheit (wenigstens im bürgerlichen Milieu) zu einem pädagogisch umhegten Freiraum, in dem durch altersgemäße Unterrichtung und weniger durch Teilnahme und Helfen bei der elterlichen Arbeit Reifeprozesse angestoßen werden sollten. „Nötige Erinnerung, dass die Kinder Kinder sind und als solche behandelt werden sollten", ist der Titel einer 1778 erschienenen Abhandlung des großen Pädagogen Johann Heinrich Campe (1746-1818), der in der Nachfolge Jean Jacques Rousseaus (1712-1778) bisherige Erziehungsstile, bei denen die Kinder als kleine Erwachsene behandelt

wurden, scharf kritisiert. Bei dieser falschen Erziehungsmethode - schrieb der französische Philosoph in seinem berühmten Erziehungsroman „Emile" (1762) - „erhalten wir frühreife Früchte, die weder reif noch schmackhaft sind und bald verfaulen: Wir haben dann junge Gelehrte und alte Kinder."

Die Aufklärung ebenso wie die von ihr begründete Pädagogik war eine auf praktische Lebensreform angelegte Bewegung. Und so findet man in dieser Zeit nicht nur erste theoretische Ansätze einer Erziehungslehre für das Kleinkind, sondern auch frühe Formen institutionalisierter Betreuung, die allerdings Privatinitiativen entsprangen. Auch führte die zunehmende Erwerbstätigkeit der Mütter durch die beginnende Industrialisierung zur Notwendigkeit von „Kinderbewahranstalten". Hierzu zählen z.B. die Einrichtungen des protestantischen Pfarrers und Sozialpädagogens Johann Friedrich Oberlin (1740-1826) im elsässischen Waldersbach im Steintal, in denen die Kinder verarmter Eltern von Anfang an Nützliches lernen sollten, vor allem stricken und Choräle singen. Untergebracht in angemieteten Räumlichkeiten mit Wohnstubencharakter, waren Oberlins Anstalten aber noch weit entfernt von Kindergärten im heutigen Sinne.

Auf der Suche nach frühen Formen der schulischen Betreuung von Kleinkindern muss der Blick nach England gerichtet werden, wo man sich mit den Licht- und Schattenseiten der Industrialisierung weit früher als in Deutschland konfrontiert sah. Unter dem Einfluss des Industriellen und Sozialreformers Robert Owen (1771-1858), vor allem aber durch den Pädagogen Samuel Wilderspin, entstanden hier sog. „infant schools", also Kleinkinderschulen, bei denen bis zu 150 Kleinkinder in einem Klassenzimmer unterrichtet und auf das spätere Berufsleben vorbereitet werden sollten. Bei dieser strengen Ausrichtung auf die spätere „Nützlichkeit" blieb wenig Freiraum für das kindliche Entwicklungsspiel, das auf den Pausenhof begrenzt war.

Wilderspin übte auch durch seine Veröffentlichungen, z.B. die 1826 erschienene Schrift "Über die frühzeitige Erziehung der Kinder und die englischen Kleinkinderschulen", in ganz Europa weitreichenden Einfluss aus. Freilich wurde sein Unterrichtsmodell, das vom einfachen Gegenüber „Hörer - Sprecher" bestimmt war und Lernen aufs Zuhören beschränkte, auch kritisiert. In Deutschland führten Überlegungen dazu, dass Kinder neben schulischen Unterweisungen auch des freien Spieles bedurften, was sich dahingehend äußerte, dass Wilderspins "Hörer - Sprecher - Modell" durch das "Beschäftigungs - Modell" ergänzt wurde. Dies bedeutet, dass die pädagogischen Vorgaben sich nicht nur auf Lernen durch Zuhören beschränken, sondern eine gezielte Beschäftigung des Kindes in die Erziehung mit aufgenommen wurde. Dadurch wies der Außenbereich nicht mehr nur additiven Charakter auf, sondern wurde als Bestandteil der Pädagogik integriert.

Es waren vor allem die Ideen des deutschen Pädagogen Friedrich Fröbel (1782-1852), die darüber hinausführten und die Kindergartenpädagogik ebenso wie die Einrichtung eigentlicher Kindergärten begründeten. Fröbels grundlegende Neuorientierung bestand darin, nicht mehr das Schulische in den Vordergrund zu stellen, sondern dem Kind, entsprechend seinem Alter, die Möglichkeit der eigenen Entfaltung zu geben. Sein Ansatz war es, den Kindergarten als unterste Stufe eines einheitlichen Bildungssystems zu etablieren und nicht mehr als sozialpolitische Notwendigkeit, da die Vorschulerziehung nach wie vor nur Kindern reicher Familien vorbehalten war. Fröbel entwickelte die Theorie eines Gesamtkonzeptes (Idee eines "Allgemeinen deutschen Kindergartens") für eine einheitliche Kleinkindererziehung, in der alle pädagogischen Ansätze der Zeit berücksichtigt werden sollten. Dies sollte sich in einer Institution offenbaren, die nicht nur der Vorschulerziehung diente, sondern zugleich eine Fortbildungsstätte für Kindergärtnerinnen und Erzieherinnen sein sollte. Zu diesem Zweck gründete er im Jahre 1837 im thüringischen Blankenburg eine Anstalt zur Pflege des Beschäftigungstriebes der Kindheit und Jugend. Die Spiele des Kindes, die für Fröbel „Herzblätter des ganzen künftigen Lebens" waren, sollten hier nach Kräften gefördert werden (die von ihm entwickelten Bauklötze gehören heute noch zur Grundausstattung jedes Kindergartens). Die spontane Fähigkeit und die Lust des Kindes zu spielen wurden hier zum „wichtigsten Posten in der pädagogischen Rechnung" (Andreas Flitner).

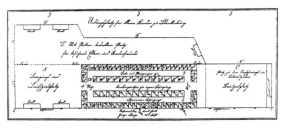

Gartenplan

Besonderen Wert legte Fröbel dabei auch auf die Gestaltung des Außenbereiches, des eigentlichen „Kindergartens", in dem sich die Kinder durch ihre Beschäftigung als Teil eines (göttlichen) Ganzen erfahren sollten. Verschiedene Aktivitätsbereiche sind kennzeichnend für den Fröbelschen Kindergarten: ein Beetegarten mit gemeinsamen, aber auch eigenen Beeten für das einzelne Kind wechselt hier ab mit Spielzonen, die ruhiges und bewegtes Spiel gleichermaßen zulassen.

Fröbels Projekt der Kleinkindererziehung erfuhr 1851 einen empfindlichen Rückschlag, als die preußische Regierung, gefolgt vom Königreich Sachsen, die nach Fröbelschen Grundsätzen errichteten Kindergärten verbot (dieses Verbot beruhte übrigens auf einer Verwechslung mit den Bestrebungen des Pädagogen Karl Fröbel, denen man atheistische Tendenzen unterstellte).

Nach Fröbels Tod 1852 und nach der Aufhebung des Verbotes der Fröbelkindergärten 1860 setzte sich der inzwischen gegründete Deutsche Fröbelverband vor allem in der Person der Fröbel-Schülerin Henriette Schrader-Breymann verstärkt für eine staatliche Unterstützung der Vorschulerziehung ein. Eine andere Schülerin Fröbels, Berta von Marentholtz-Bülow, gründete 1860 in Berlin den ersten ganztägig geöffneten Volkskindergarten, der als Vorläufer der heutigen Kindertagesstätten angesehen werden kann.

Nach der Jahrhundertwende gewannen bei der Neugründung von Kindergärten neben dem Fröbelschen Konzept auch zunehmend Gedanken der Reformpädagogik, vor allem aber die Einsichten der italienischen Ärztin Maria Montessori, Gewicht.

Für einen weiteren Aufschwung des Kindergartenwesens sorgte der 1. Weltkrieg, bedingt durch das obrigkeitsstaatliche Verlangen nach Zugriff auf breite Bevölkerungsschichten, um einerseits eine größtmögliche Freisetzung von Arbeitskräften, andererseits eine Gesunderhaltung des gesellschaftlichen Nachwuchses zu erzielen. Hygienische und pädagogische Standards erfahren ein Fortkommen.

Trotzdem aber plante und gestaltete man Kindergärten bis in die zwanziger Jahre hinein in enger Anlehnung an den Schulbau.

Nach dem 1. Weltkrieg wurden die Gemeinden von der Reichsschulkonferenz aufgefordert, öffentliche Kindergärten einzurichten. 1922 erfolgte die rechtliche Festschreibung des Kindergartenangebots im Reichsjugendwohlfahrtsgesetz (RJWG). Durch die Gründung der großen Wohlfahrtsverbände, die bis heute wichtige Träger von Kindereinrichtungen sind, erfolgte erstmals eine verbandsmäßige Organisation der Trägerschaft.

Gleichzeitig erhielten nun immer mehr Vorschuleinrichtungen eigenständige Neubauten. Nicht nur unter architektonischen Gesichtspunkten bildet hier das 1925 von Walter Gropius und Adolf Meyer entworfene Friedrich-Fröbel-Haus in Bad Liebenstein einen markanten Meilenstein der Entwicklung.

Ein Jahr später, 1926, entstand der erste Waldorf-kindergarten, der in die von Rudolf Steiner und Emil Molt 1919 gegründete Stuttgarter Waldorfschule integriert war. Viele Neuerungen der bewegten 20er Jahre blieben aber bald schon durch die Weltwirtschaftskrise 1929 in ihren Ansätzen stecken; vor dem Hintergrund sich ausbreitender Arbeitslosigkeit und Armutserscheinungen in den Städten wurden Land- und Notkindergärten eingerichtet und Erntekindergärten als temporäre Einrichtungen geschaffen. Nach der Machtübernahme der Nationalsozialisten wurden auch die Kindergärten zum Gegenstand der ideologischen und organisatorischen Gleichschaltung und Formierung der Gesellschaft. Die Wohlfahrtsverbände als wichtige Träger der Kindergarteneinrichtungen wurden durch die Nationalsozialistische Volkswohlfahrt übernommen; Montessori- und Waldorfeinrichtungen wurden geschlossen, der Fröbelverband aufgelöst und die jüdischen Kinder aus den Kindergärten vertrieben. Die Erziehung zu Gehorsam, Brauchtum und Sitte, Wehrhaftigkeit und Mütterlichkeit hatte Priorität vor intellektueller und individueller Förderung.

Als mit dem Ende des 2. Weltkrieges und dem Sturz des Nazi-Regimes erste Provisorien und Notunterkünfte (Nissenhütten) für die Unterbringung der Kleinkinder hergerichtet wurden, waren es vor allem die Reformkonzepte der 20er Jahre wie Waldorf, Montessori sowie die Standards der Weimarer Republik (z.B das Reichsjugendwohlfahrtsgesetz), an die man neu anknüpfte und die bis in die 60er Jahre die Entwicklung bestimmten.

In der ehemaligen DDR spielte die Vorschulerziehung bei der Formung und Formierung des neuen, sozialistischen Menschen durch das einheitliche sozialistische Bildungssystem eine wichtige Rolle. Der Preis für eine flächendeckende Versorgung mit Krippenplätzen war der fast vollständige Autonomieverlust familiärer Erziehung. In der Bundesrepublik fand in den 70er Jahren, im Zeichen der sozial liberalen Reformära, eine grundlegende Neuordnung des Bildungswesens statt, bei der die Vorschulerziehung erstmals - wie einst von Fröbel gefordert - zur Elementarstufe des Bildungssystems erklärt wurde. Die Vorschulerziehung wurde nicht nur neu entdeckt, sondern auch zum Experimentierfeld neuer Theorien von Pädagogen, Soziologen, Psychologen, aber auch Politikern mit einer Flut neuer Handreichungen und Orientierungshilfen der Bildungs-„Planung" für diesen Bereich. Auch die Wirtschaft begriff das Potential des Kindergartens und der Vorschulerziehung als großen Absatzmarkt. Das Angebot an kindgerechten Einrichtungssystemen, Literatur und Spielwaren wuchs beständig. Damit aber auch die Vereinheitlichung. Parallel dazu gingen die Bildungsexperimente, die aus der Studentenbewegung hervorgingen, noch einen Schritt weiter.

Vor allem die antiautoritären Kinderläden, die sich als konzeptionelle Alternativen, ja Gegenentwürfe zur öffentlichen Vorschulerziehung begriffen. Repressionsfreie Beziehung zwischen Erwachsenen und Kindern, Bejahung der frühkindlichen Sexualität, Verzicht auf übersteigerte Ordnungserziehung, Durchsetzung kindlicher Bedürfnisse gegen erwachsenen- und fremdbestimmte Verhältnisse hatten die Kinderläden auf ihre pädagogischen Fahnen geschrieben. Die Einrichtungen entstanden mangels öffentlicher finanzieller Unterstützung durch Eigenleistung von Eltern und Umnutzung bestehender Räumlichkeiten. Die Kinderladenbewegung lebt in den 80er Jahren in pädagogisch ernüchterter Form in vielen Elterninitiativkindertagesstätten weiter. Der Wandel in den Konzepten der Kleinkindpädagogik lässt sich nicht zuletzt in veränderten Raumprogrammen und -nutzungen in den Kindergärten ablesen. Nachhaltigen Einfluss auf die Ausstattung und Gestaltung des Kindergartens hatte lange Zeit das sog. Schmaus-Schörlsche Raumteilverfahren. Im Mittelpunkt steht dabei die Ausrichtung der Kindergruppen auf die Erzieherin. Dem wird auch die Anordnung der Möblierung unterworfen. Nicht der Raum wird geteilt, sondern die Fläche, und so entstehen keine Spielräume, sondern Spielzonen, ohne Rückzugsmöglichkeiten, ohne die Möglichkeit zur Gestaltung des eigenen Um

feldes - dabei aber immer unter den kontrollierenden Augen der Erzieher. Erst seit den 80er Jahren beginnt man, den Raum als ganzes zu nutzen, seine dritte Dimension durch Einbau von Galerien, Emporen und Treppen zu erschließen. Die Kinder erhalten dadurch die Möglichkeit, ungestört, und eben auch unbeobachtet, von der Erzieherin sich spielend zu betätigen. Mit der zunehmenden Akzeptanz des Bewegungsmodells in der Kleinkindpädagogik gewinnen heute wiederum der Fußboden und der ungestaltete Raum eine größere Bedeutung. Kinder können hier, mit oder ohne Aufsicht, mit dem vorhandene Material Hütten, Sprungtürme etc. bauen oder sich in speziellen Räumen im wahrsten Sinn des Wortes austoben. Ohne den schlichtenden Einfluss der Erzieherinnen sollen Kinder hier lernen, soziales Verhalten oder Konfliktlösungen spielerisch einzuüben.

Wiederum andere Erfordernisse an den Raum stellen neuere pädagogische Konzepte, die sich an dem Sinnesentwicklungsmodell und einer neuen Sicht der kindgemäßen Entwicklung ausrichten. Hier geht es angesichts einer weitgehend vorgefertigten, oft sinnesreizarmen Alltagsumgebung darum, eine Gegenwelt zu schaffen, in der das Nichtkomplette, Unfertige Unvorhergesehene dominiert. Gerade das Provisorische soll dabei die kindliche Kreativität, die Entdeckungs- und Gestaltungslust auslösen und anregen. Sicherlich ein Ansatz, der auch in Zukunft viele Kindergärten und ihre Räume prägen wird.

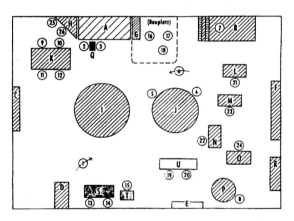

Begriffsbestimmung

Obwohl der Begriff Kindergarten international bekannt und geläufig ist, wurde er im offiziellen Sprachgebrauch durch den Oberbegriff „Tageseinrichtung für Kinder" abgelöst. Dieser umfasst Krippen, Kindergärten, Horte oder andere Einrichtungen, in denen Kinder sich für einen Teil des Tages oder ganztags aufhalten und betreut werden. Tageseinrichtungen haben nach §22 des Sozialgesetzbuch VIII (Kinder- und Jugendhilfe) die Aufgabe, die Entwicklung des Kindes zu einer eigenverantwortlichen und gemeinschaftsfähigen Persönlichkeit zu fördern, was die Betreuung, Bildung und Erziehung des Kindes umfasst.

Kinderkrippe

In ihr werden Kleinkinder vom Säuglingsalter bis zum dritten Lebensjahr betreut. Je nach Einrichtung werden die Kinder in Säuglingsgruppen und Krabbelgruppen eingeteilt. Für die Betreuung der ein- bis dreijährigen Kinder wird auch der Begriff der Krabbelstube verwendet. Die Gruppengröße liegt in der Regel bei etwa zehn Kindern.

Kindergarten

Kindergärten nehmen Kinder, die mindestens drei Jahre alt sind, bis zum Beginn der Schulpflicht auf. Der Kindergarten dient als ergänzende Erziehung zur Familie und Vorbereitung auf die Schulzeit und soll die persönliche Gesamtentwicklung des Kindes fördern. Er ist die Elementarstufe unseres Erziehungssystems. Die Aufenthaltszeit eines Kindes im Kindergarten ist abhängig von seinem Alter, von pädagogischen Erwägungen, von der Familiensituation und den Möglichkeiten der Einrichtung. Bislang üblich waren Öffnungszeiten morgens vier Stunden bis mittags und nachmittags ab 14 Uhr nochmals zwei bis drei Stunden. Es gibt vor allem in Ballungsgebieten, in denen die Familiensituation und der tägliche Arbeitsrhythmus dies erforderlich machen, den Ganztageskindergarten mit der Möglichkeit des Mittagessens und des Schlafens. Die Gruppengröße liegt in der Regel bei zwanzig bis fünfundzwanzig Kindern.

Hort

Hier werden schulpflichtige Kinder bis zum vierzehnten Lebensalter aufgenommen. Die Kinder essen hier nach der Schule zu Mittag, werden bei ihren Hausaufgaben betreut und verbringen ihre Freizeit. Eine Hortgruppe umfasst in der Regel zwanzig Kinder. Horte sind oft zusammen mit Kindergärten in Tagesstätten eingerichtet. Die Öffnungszeiten reichen oft von sieben bis siebzehn Uhr.

Kindertagesstätte

Der Begriff Kindertagesstätte meint nicht, dass es sich in jedem Falle um einen Ganztagesbetrieb handelt. Er umfasst die Betreuungsformen Kinderkrippe, Kindergarten und Hort. Die Öffnungszeit eines Ganztagesbetriebes ist in der Regel durchgehend von morgens sieben Uhr bis nachmittags fünf Uhr. Die Gruppen sind dabei so organisiert, dass eine gleichmäßige Durchmischung von Ganztageskindern und Teilzeittageskindern gewährleistet ist. Ein wichtiger Organisationspunkt ist dabei, dass auch angesichts der unterschiedlichen Bedürfnisse und Tagesabläufe von Kindern der verschiedenen Altersstufen ein „reibungsarmes" Zusammenleben ermöglicht wird.

Tageseinrichtungen für behinderte Kinder

Es handelt sich dabei um Einrichtungen, in denen ausschließlich seelisch und körperlich behinderte Kinder durch dafür ausgebildete Pflegepersonen betreut und gefördert werden.

Integrative Tageseinrichtungen

Dies sind Einrichtungen, in denen wenigstens in einer Kindergruppe zusammmen mit nichtbehinderten auch behinderte Kinder integrativ betreut und gefördert werden. Diese Betreuungsform ist von Bundesland zu Bundesland unterschiedlich geregelt.

Betriebskindertagesstätte

Darunter fallen Einrichtungen, in denen mehr als 40 % der verfügbaren Plätze für Kinder von Betriebsangehörigen zur Verfügung gestellt werden. Träger müssen nicht nur Wirtschaftsunternehmen sein.

Kindergartenähnliche Einrichtungen

Einrichtungen, die einerseits eine Betriebserlaubnis nach § 45 Sozialgesetzbuch VIII haben, nicht ausschließlich von ehrenamtlichen Personal betrieben werden, und die gleichen Aufgaben wie reguläre Kindertageseinrichtungen wahrnehmen, aber andererseits eine Sonderstellung haben, da sie aufgrund landesrechtlicher Bestimmungen geringere Mindestanforderungen beispielsweise im Hinblick auf die Gruppengröße sowie die bauliche und personelle Ausstattung zu erfüllen haben.

Tageseinrichtungen von Elterninitiativen

Hierzu zählen selbstorganisierte Einrichtungen in freier Vereinbarung von Eltern, alleinerziehenden Müttern und Vätern sowie anderen Sorgeberechtigten. Näheres

regeln die Jugendämter der Länder. Bezeichnungen für diese Formen sind Kinderladen, Elternkita, Spielstube, selbstorganisierte Tagesstätte, Eltern-Kind-Initiative usw. Meist sind auch die Unikitas von freien Trägern organisiert.

Altersgemischte Tageseinrichtungen

Es handelt sich um Einrichtungen, in denen Kinderkrippe, Kindergarten und Hort nicht mehr additiv, sondern integrativ in überschaubaren Gruppen angeboten werden. Bei Familiengruppen z.B. werden Kinder von ein bis ca. zwölf Jahren in einer Gruppe betreut. Die Öffnungszeit dieser Einrichtungen beträgt oft elf Stunden und mehr.

Träger

Öffentliche Träger

sind Gemeinden, Städte und Landkreise. Als Betreiber von Kindertagesstätten haben sie den größten Anteil. Als öffentliche Träger der Jugendhilfe sind sie verpflichtet, den Rechtsanspruch auf einen Kindergartenplatz zu erfüllen.

Freie Träger

sind Kirchen, Religionsgemeinschaften und Verbände der freien Wohlfahrtspflege. Die meisten Kindergärten werden hier von den Kirchen betrieben.

Private Träger

Zu den privaten Trägern zählen Elterninitiativen, betriebseigene Träger, sonstige juristische Personen und andere Vereinigungen. Im Vergleich zu den freien Trägern haben sie einen erhöhten Eigenanteil zu erbringen, haben aber den Vorteil, flexibler auf Elternwünsche eingehen zu können.

Gesetzliche Regelungen

§

Die derzeitig gültigen gesetzlichen Regelungen, die sich auf Kindertagesstätten (Kindergarten, Krippe und Hort) beziehen, sind nicht leicht zu überblicken. Der Bund gibt hier nur wenige Standards vor. Der wichtigste ist dabei der Rechtsanspruch auf einen Kindergartenplatz für jedes Kindes ab seinem 3. Geburtstag (seit dem 1.1.1996), wie er im § 24 des Sozialgesetzbuches VIII (Kinder- und Jugendhilfe) verankert ist. Einzelne Bundesländer, wie Rheinland-Pfalz, Niedersachsen, die Neuen Bundesländer mit Ausnahme Mecklenburg-Vorpommerns, schrieben diesen Rechtsanspruch schon länger vor. Trotzdem war vorauszusehen, dass viele Kommunen finanziell nicht in der Lage sein würden, diesen hohen Anspruch zu erfüllen.

Deshalb wurde eine gesetzliche Übergangsregelung (Stichtagsregelung) eingeführt, die vorsah, dass der sofortige Rechtsanspruch erst mit dem 1.1.99 in Kraft treten sollte. Allerdings erfolgt auch dessen Umsetzung in den einzelnen Bundesländern und Kommunen recht unterschiedlich. Da der Begriff „Kindergartenplatz" vom Gesetzgeber nicht eindeutig definiert ist, eröffnen sich bei der Umsetzung des gesetzlichen Anspruchs Interpretationsspielräume und damit unterschiedliche Qualitäten des Kindergartenplatzes. Je nach Kommune hat das Kind in seinem Wohnort einen Anspruch auf einen Ganztages- oder Teilzeitplatz, andernorts erfüllen bereits wenige Betreuungsstunden pro Woche die gesetzlichen Vorgaben. Auch werden in manchen Einrichtungen, um die Versorgungsquote zu erreichen, die Kindergartenplätze doppelt belegt,

d.h. das eine Kind erhält eine Vormittagsbetreuung, das andere eine am Nachmittag.

Natürlich ist die Erfüllung des gesetzlichen Anspruchs auf einen Kindergartenplatz eng verknüpft mit der demographischen Entwicklung, und hier besonders mit der aktuellen und der zu erwartenden Zahl der Kinder im Kindergartenalter. Hier wirklichkeitsnahe Prognosen abzugeben ist äußerst schwierig, da sich gegenwärtig abzeichnende Trends schnell wieder ändern können.

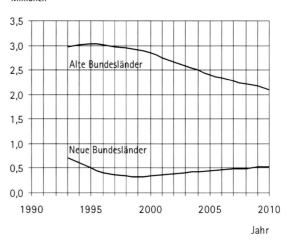

Prognose der Kinderzahl (3 bis 7 Jahren) bis zum Jahr 2010

Hinzu kommt, dass der Anspruch auf eine 100%-Versorgungsquote die Tatsache ins Auge zu fassen hat, dass nicht alle Eltern ihr Kind tatsächlich auch in den Kindergarten schicken werden.

Zurück zu den gesetzlichen Rahmenbedingungen für Kindertagesstätten. Hier haben die Bundesländer mit ihren Kindertagesstättengesetzen eigene Gesetzgebungskompetenz. In den meisten Vorgaben werden

Mindestanforderungen festgeschrieben, wobei es je nach Bundesland wiederum erhebliche Unterschiede gibt. Einige Standards finden sich jedoch durchgängig:

- die Festsetzung der Gruppenstärke, sie variiert zwischen 15 und 28 Kindern;
- die Dimensionierung der Gruppenraumfläche, sie variiert zwischen 1,5 und 2,5 m² pro Kind (eine Ausnahme bildet Berlin mit 4,5 m² pro Kind);
- die Festlegung des Personalschlüssels; in den meisten Bundesländern werden pro Gruppe 1,5 bis 2 Fachkräfte angesetzt.

Über die gesetzlichen Vorgaben hinaus gibt es von Seiten der Länder, Kommunen, Behörden und Verbände bloße Empfehlungen bzw. Erfahrungswerte meist in Broschürenform, die den Trägern und anderen Beteiligten wichtige Anhaltspunkte und praktische Richtwerte an die Hand geben. Wir nennen hier in Auswahl:

- Empfehlungen für den Bau und die Ausstattung von Kindertagesstätten: Land Rheinland-Pfalz;
- Raumbuch Kindertagesstätten: Stadtschulamt Frankfurt/Main;
- Planung und Bau von Kindertagesstätten - Hinweise für Träger und Architekten: Landesjugendamt Hessen, Wiesbaden;
- Verband Katholischer Tageseinrichtungen für Kinder: (KTK) - Bundesverband e.V., Freiburg.

Schließlich gibt es noch Vorschriften, die speziell auf die Situation in Kindertagesstätten hin entworfen sind,

so die Richtlinien des Bundesverbandes der Unfallkassen (BUK) über Bau und Ausrüstung von Kindergärten (GUV 16.4), über Spielgeräte in Kindergärten (GUV 26.14) und über Erste Hilfe in Kindergärten (GUV 20.38), u.a.

Spezielle Vorschriften und Regelwerke über den Bau von Kindertagesstätten gibt es nicht. Es gelten die Bauvorschrifen in den jeweiligen Landesbauordnungen nach allgemein anerkannten Regeln der Technik.

Auch besondere DIN-Vorschriften wie etwa im Schulbau existieren nicht. Vielfach wird auf die jeweilige Schulbaunorm verwiesen, die auf die die Situation in Taseseinrichtungen für Kinder anzuwenden ist (was allerdings nicht in jedem Fall problemlos übertragbar ist). Einige wichtige Vorschriften und Regelungen, die beim Bau und Betrieb von Kindertagesstätten zu beachten sind, führen wir im Folgenden auf:

- DIN EN 1729: Stühle und Tische für Bildungseinrichtungen;
- DIN 1946: Raumlufttechnik;
- DIN 4108: Wärmeschutz im Hochbau;
- DIN 4109: Schallschutz im Hochbau;
- DIN 5034: Tageslicht in Innenräumen;
- DIN 5035: Beleuchtung mit künstlichem Licht;
- DIN 7914: Turn- und Gymnastikgeräte;
- DIN 7926: Kinderspielgeräte;
- DIN 18034: Spielplätze und Freiflächen zum Spielen;
- Bundes-Immissionsschutzgesetz;
- Arbeitsstättenverordnung;
- Arbeitssicherheitsgesetz.

Typologien, Planungsprozess, Ausführungsbeispiele

Die seit den sechziger Jahren verwendete Typologie von Kindertagesstätten hat heute weitgehend ihre Gültigkeit für die Baupraxis verloren. Nicht nur die Ausgangsbedingungen für eine Kindergartenplanung haben sich entscheidend gewandelt; auch veränderte Erziehungsformen und Pädagogikkonzepte, Anpassung und Erweiterung im Hinblick auf Verschiebungen in der Bevölkerungsstruktur und die Frage der späteren (Um)Nutzung der Gebäude machen einen anderen Umgang mit den Raumprogrammen notwendig. Heute werden Kinder mehr altersübergreifend betreut, während früher streng nach Altersgruppen unterschieden und eingeteilt wurde: die Drei- bis Siebenjährigen besuchten den Kindergarten, ältere Kinder wurden im Hort, jüngere in der Krippe untergebracht, und in der Krippe selbst wurde noch einmal nach Altersgruppen unterschieden. Nach dem „Gutachten zur Erziehung im frühen Kindesalter" vom „Deutschen Ausschuß für das Erziehungs- und Bildungswesen" - ein vom Bundesinnenministerium und der Kultusministerkonferenz erstmals 1953 einberufenes gemeinsames Gremium unabhängiger Personen - wurde eine Größe von 15 Kindern pro Gruppe als ideal angesehen. Nach damaligen pädagogischen Vorstellungen konnte die Erziehung zur Gemeinschaft nur in festen Gruppen erfolgen. Man sah die pädagogische Notwendigkeit einer familienähnlichen Erziehung. Die bauliche Konsequenz dieser Erziehung war die Gruppenraumeinheit oder Gruppeneinheit. Auch die anderen Räume wurden zu funktionalen Bereichen zusammengefaßt, wobei Gruppenbereiche, Personalbereich, Wirtschaftsbereich und Verkehrsbereich funktionsoptimiert zugeordnet und eine Überschneidung möglichst vermieden werden sollte. Heute dagegen werden kombinierte Einrichtungen mit altersgemischter Struktur favorisiert, in denen die ursprüngliche Differenzierung als Grundlage aber noch vorhanden ist.

Die funktionalen Zuordnungen des Gruppenraumes unterschied man in direkte und indirekte Zuordnung, je nach dem, ob die Funktionsräume Garderobe und WC dem Gruppenraum angelagert oder zentral für alle Gruppen angeordnet sind.

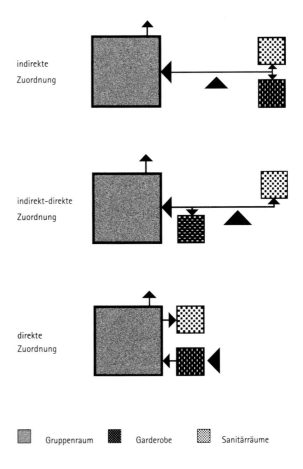

indirekte Zuordnung

indirekt-direkte Zuordnung

direkte Zuordnung

▨ Gruppenraum   ▦ Garderobe   ▧ Sanitärräume

Die für diese Bauaufgabe verwendeten Gebäudetypen reduzierten sich grundsätzlich in Blockbau und Pavillonbau, bei dem jedem Pavillon eine Funktion zugeordnet wurde.

Blockbau

Der Blockbau ist von seiner Form her wenig differenziert; er bildet die Gebäudehülle einer Reihung von Gruppen- und Gruppennebenräumen. Meist liegen ein- oder zweibündige Anlagen als Grundrisstypen zugrunde.

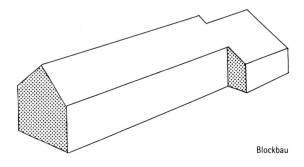

Blockbau

Pavillonbauten

Pavillonanlagen finden bei „Bauten für Kinder" in zwei verschiedenen Ausformungen Verwendung. Entweder ist die Anlage in Einzelbauten aufgelöst, die in ihrer Funktion differenziert sind; oder die einzelnen Gruppenräume sind von außen ablesbar. Darüber hinaus lassen sich Pavillonbauten differenzieren in den Einzelpavillon, wenn nur ein Gruppenraum vorhanden ist, die Pavillonreihung, bei der mehrere Gruppenräume linear verbunden sind, und schließlich die gruppierte Pavillonanlage. Als Grundrisstypen finden sich vorwiegend der Hallen- oder Hoftyp, vereinzelt auch ein- oder zweibündige Anlagen.

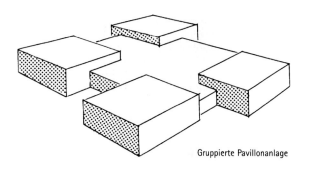

Gruppierte Pavillonanlage

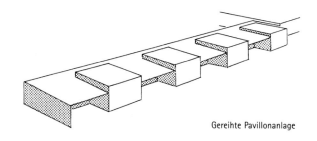

Gereihte Pavillonanlage

Ein weiteres Differenzierungsmerkmal der Gebäudetypen bildet das Erschließungssystem.

Einbündige Anlagen

Bei einer einbündigen Anlage werden die Räume von nur einer Flurseite erschlossen. Die andere Seite dient der direkten Belichtung und Belüftung des Flures und durch Oberlichter auch der angrenzenden Räume (Querlüftung). Diese Erschließungsform führt in der Regel zu langen Wegen und auch die Orientierung der Kinder kann unter Umständen erschwert sein.

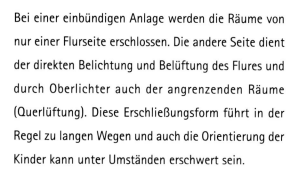

Einbündige Anlage

Zweibündige Anlagen

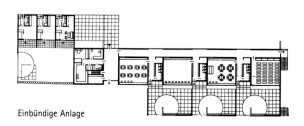

Kennzeichnend für die zweibündige Anlage ist ein Flur, der zu beiden Seiten die Räume erschließt. Die Belichtung und Belüftung des Flures kann hier nur von den Stirnseiten her oder über Oberlichter erfolgen. Vorteile dieser Erschließung sind kürzere Wege und eine klare Trennung der Funktionsbereiche. Als Gebäudeform eignen sich sowohl Block- als auch Pavillonbauten.

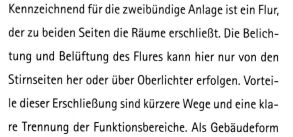

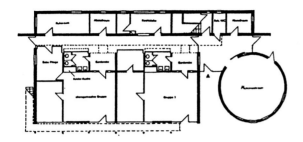

Zweibündige Anlage

Hallenanlagen

Die Hallenanlagen charakterisiert ein zentraler Verteiler, von dem aus alle Räume horizontal und vertikal erschlossen werden. Die Vorteile dieser Erschließung sind die Überschaubarkeit, die kommunikative Offenheit, die gute Verkehrsverteilung und die vielfältigen Nutzungsmöglichkeiten der Halle. Bei mehreren Geschossen können sich allerdings bedingt durch die Höhe der Halle akustische Probleme ergeben.

Hofanlagen

Die Hofanlagen weisen ein- oder zweibündige Erschließungen auf, wobei sich die Verkehrsfläche teilweise zu einer Halle erweitern kann. Durch die Gruppierung der Gruppenräume bzw. der Gruppeneinheiten, die durch die Verkehrswege untereinander und mit dem Wirtschafts- und Personalbereich verbunden werden, entstehen drei- oder vierseitig umschlossene Freiflächen. Hofanlagen bieten vielfältige Möglichkeiten der Grundrissgestaltung bei zentraler und linearer Verkehrsführung.

Flächenbedarf

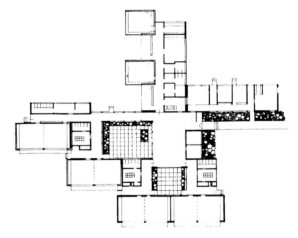

Hofanlage

Hallenanlage

Der gesetzliche Anspruch auf einen Kindergartenplatz und im Kontrast dazu die knappen Finanzmittel der Kommunen, aber auch die demographische Entwicklung der Gesellschaft, die örtlich spezifischen Verschiebungen in der Bevölkerungsstruktur und die daraus resultierenden Bedarfsänderungen stellen heute an das Selbstverständnis einer Kindertagesstätte neue und andere Ansprüche, die sich auch auf die Architektur auswirken. Wandlung und Anpassung des Angebots in der Kindertagesstätte, vielleicht später notwendige Erweiterungen, soziale Öffnung nach außen oder gar Umnutzungen sind hier einige Stichworte, auf die die Planung Antworten mit möglichst variablen Raumkonzepten finden muss.

Im Folgenden werden einige Kindertagesstätten vorgestellt, die auf unterschiedliche Weise versucht haben, den neuen Ansprüchen auch baulich gerecht zu werden.

Die Kindertagesstätte Alice Salomon in Hanau.

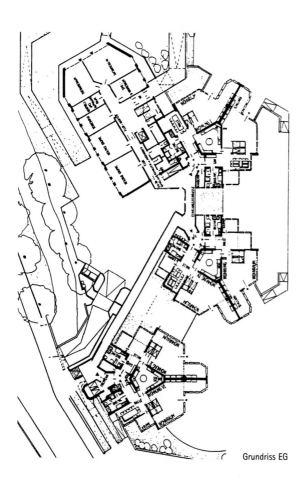

Grundriss EG

In der Gebäudeanordnung spiegelt sich die Kleingruppenkonzeption. Für sieben altersgemischte Gruppen mit Kindern im Alter von sechs Monaten bis 12 Jahren wurden untereinander verbundene, aber autonome funktionierende Häuser konzipiert, in denen jede Gruppe über eine eigene Wohneinheit verfügt. Obwohl die Planung dieses Kindergartens zunächst an der Umsetzung des pädagogischen Konzeptes mit Kleingruppen ausgerichtet war, lässt sich das Gebäude ohne größere Umbaumaßnahmen etwa für Angebote der Jugendhilfe, für betreutes Wohnen oder Therapiegruppen umzunutzen.

Das Neuwieder Model.

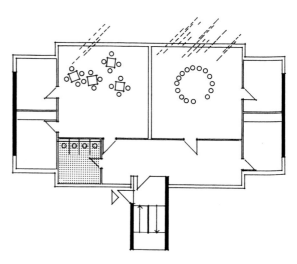

Grundriss EG

Planungsauftrag war in diesem Falle ein kostengünstiger und ohne Aufwand (für Wohnzwecke) umnutzbarer Kindergarten. Die Rahmenbedingungen waren geprägt von einem schmalen Finanzierungsspielraum und einem absehbaren Rückgang der Zahl der Vorschulkinder. Die Räume sollten deshalb ein Höchstmaß an Variabilität zulassen und sich mit minimalem baulichen Aufwand in Wohnraum verwandeln lassen.

Der Kindergarten in Röthenbach/Pegnitz.

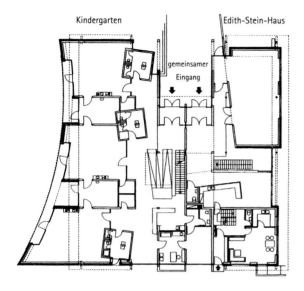

Grundriss EG

Hier standen zunächst Aspekte der Integration verschiedener Nutzungen und der Öffnung in das soziale Umfeld im Vordergrund der Planung. Im Edith-Stein-Haus, das nach Süden um einen Kindergarten erweitert wurde, befinden sich der Gemeindesaal, ein Senioren- und ein Jugendtreff. Ein gemeinsamer Eingang schafft Berührungspunkte für die unterschiedlichen Nutzer. Eine über die einzelnen Funktionsbereiche hinausreichende Nutzung der Räume ist in diesem Haus problemlos möglich.

Die Kindertagesstätte Sternheimweg in Hannover

Ähnlich wie bei den vorstehenden Beispielen kann dank der Grundrißkonfiguration und nutzungsneutralen Räumen diese Einrichtung problemlos auch anderen Nutzungen als der Betreuung von Kindern und Jugendlichen zugeführt werden; z.B. Volkshochschule, Jugendgruppen, Lesekreis, Therapiegruppen usw.
Die Hauptgewichtung lag aber darauf, die Kindertagesstätte aufgrund der unvorherzusehenden demographischen Entwicklung dieses Stadtteiles möglichst vielschichtig umnutzen zu können. Dies wurde durch ein

statisches System erreicht, das eine komplette Entkernung des Gebäudes ermöglicht. Die so übrig gebliebende Halle kann allen denkbaren Nutzungen vom Stadtteil- und Gemeindezentrum über kommerzielle Angebote im Freizeitbereich bis hin zum Supermarkt Raum bieten.

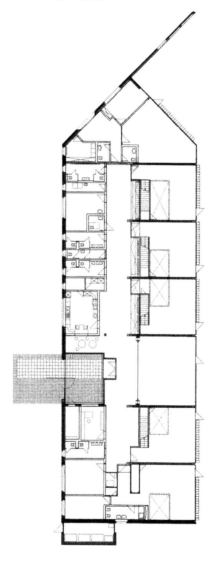

Grundriss EG

Eine Kindertagesstätte muss heute verstärkt ins öffentliche Leben und soziale Umfeld integriert werden. Nicht nur die Wohnbereichsnähe, die städtebauliche Einbindung, die Lage des Gebäudes auf dem Grundstück u.a. sind Faktoren, die die Planung zu berücksichtigen hat; ins Blickfeld rückt heute ebenso die Bevölkerungsstruktur des Umfeldes, die vorhandene Infrastruktur, die demographische Entwicklung des Einzugsgebietes. Fragen, die die Planung zu berücksichtigen hat, sind z.B.: Welcher zusätzliche Bedarf an sozialen Einrichtungen und Nutzungen besteht im Umfeld? Handelt es sich um ein Gebiet mit sozialen Brennpunkten? Wie hoch ist der Ausländeranteil? Welche Versammlungsmöglichkeiten bestehen in und für die Nachbarschaft? Können mit dem Außenbereich des Kindergartens verlorene Grünflächen zurückgewonnen werden? Gibt es Freizeiteinrichtungen für Jugendliche, Altenbegegnungsstätten, u.ä.? Gibt es bei sinkenden Kindergartenkinderzahlen einen erhöhten Bedarf an Hortplätzen? Was wird an Betreuungsangeboten fehlen? Werden verstärkt soziale Einrichtungen oder Wohnungen gebraucht? usw.

All diese Fragestellungen können in den Planungs-Prozess einbezogen werden. Denn mehr denn je stellt sich heute in Zeiten knapper Mittel die Frage der Mehrfachnutzung des Kindergartens etwa nach Betriebsschluß. Die Kommune, der Träger, aber auch der Kindergarten selbst könnten von dieser Mehrfachnutzung profitieren. Durch Vermietung nach Betriebsschluss z.B. könnte das Budget für Anschaffungen im Kindergarten aufgestockt werden. Die Öffnung der Kindertagesstätte zu einem Kommunikationsort für die Nachbarschaft könnte auch die Aufgeschlossenheit derselben für die Belange des Kindergartens positiv im Sinne von Spenden und Mitarbeit beeinflussen. Auch kann die Annäherung verschiedener Gruppierungen über die miteinander kommunizierenden Kinder gefördert werden und zum gegenseitigen Verständnis beitragen. Eine Zusammenarbeit mit anderen Institutionen könnte einen Austausch von Möglichkeiten, auch von Material und Hilfe initiieren. Natürlich müssen im Prozess der Planung diejenigen, für die gebaut wird, immer im Mittelpunkt stehen: die Kinder. Gute Betreuungsangebote sind heute wichtiger denn je, denn immer mehr Kinder verbringen ein Großteil des Tages in Kindereinrichtungen. Die Einrichtung ist häufig eine der wenigen Kommunikationsmöglichkeiten für Kinder. Darüberhinaus muss am Beginn der Planung ein Informationsaustausch aller Beteiligten stehen, indem die unterschiedlichen Interessen zusammengeführt werden.

Planungsprozess

Umfrageergebnis: 74 % der Leiterinnen meinen, daß ihre Einrichtung speziell für Kinder entworfen wurde. Nur 10 % hatten an der Planung durch den Architekten nichts auszusetzen.
34 % der Leiterinnen hatten Mitsprache bei der Planung der Einrichtung, wobei sich diese Mitsprache zum Großteil nur auf die Gestaltung des Innenbereiches bezog.

In einer Kindertagesstätte müssen flexible Räume geschaffen werden, die die vielfältigsten Nutzungsmöglichkeiten und pädagogischen Konzepte zulassen. Sie sollen nicht einschränken, sondern die kindliche Phantasie anregen, sie sollen die Kinder einladen, sich die Räume anzueignen, selbst zu verändern und mit Bedeutung auszustatten. Eine Kindertagesstätte braucht weite Räume, die dem Bewegungsdrang der Kinder Platz geben und Gelegenheit bieten, mit vielen Kindern gleichzeitig zu arbeiten. Sie benötigt in gleicher Weise auch kleine Räume als Rückzugsmöglichkeit für die Kinder oder um mit kleinen Gruppen gezielt und ungestört arbeiten zu können. Die Kindertagesstätte muss den Kindern darüber hinaus auch ein Erfahrungsfeld bieten, in dem sie Dinge ausprobieren können, in dem sie Vorgänge durch aktiven Nachvollzug (mitunter auch durch Fehler) begreifen lernen. Dazu gehören auch ganz alltägliche Dinge wie Treppensteigen, Fensteröffnen oder auch zu lernen, die Garderobe alleine zu benutzten.

Am Anfang der Planung steht idealer Weise ein Informationsaustausch, bei dem alle, manchmal auch gegensätzliche Interessen zusammengeführt werden. Es ist sinnvoll, wenn diese Zusammenarbeit aller Beteiligten die Planung auch in den weiteren Schritten begleitet. Betroffene zu Beteiligten machen, d.h. Kinder, Eltern, Erzieherinnen sollten hier zusammen mit den Architekten, Fachplanern, Behörden und nicht zuletzt Vertretern der Trägerinstitution an einem Strang ziehen.

Das Kind

Das Kind im Mittelpunkt: als zukünftiger Nutzer der Einrichtung sollte es auch im Zentrum aller Überlegungen und Planungen stehen und als Partner im PlanungsProzess ernst genommen werden. Da es seine Wünsche und Vorstellungen nicht immer in Worte fassen kann, sind die Erzieherinnen ein wichtiger Dolmetscher der kindlichen Bedürfnisse. Sie beobachten und kennen oft das kindliche Verhalten gegenüber der gebauten Umwelt und können dem Planer wichtige Fingerzeige geben: Wie eignen sich die Kinder die Räume an, wie bewegen sie sich täglich in ihnen, wie reagieren sie auf Gegebenheiten und Änderungen? - das alles sind wichtige Hinweise für die planerische Umsetzung.

Eltern

Eltern bei der Planung mit einzubeziehen wird in Zukunft immer wichtiger werden. Denn letztlich entscheiden sie darüber, in welche Einrichtung ihr Kind geschickt werden soll. Zwar liegen die Wünsche und Vorstellungen der Eltern nicht immer auf der Linie von Erzieherinnen und Architekten. Aber sie vertreten schließlich in erster Linie die Interessen ihrer Kinder. Die Elternwünsche richten sich meist auf ein flexibles und ausreichendes Betreuungsangebot. Darüber hinaus erhöht die Elternmitsprache die Identifikation mit der Einrichtung und die Bereitschaft zur Unterstützung, nicht zuletzt auch in finanzieller Hinsicht. Schließlich sind engagierte Eltern eine wichtige Schaltstelle für die Öffentlichkeitsarbeit, um z.B. Entscheidungsträger auf die Belange der Einrichtung aufmerksam zu machen.

Erzieherinnen, Pädagoginnen

Einen schwierigen Part im Planungsprozess einer Kindereinrichtung spielen die Erzieherinnen. Sie haben sowohl die Interessen der Kindes und der Eltern zu vertreten, als auch die des jeweiligen Trägers als ihrem Arbeitgeber, und schließlich müssen sie darauf achten, dass die Planung im Sinne optimaler Arbeitsbedingungen und der Realisierung des zugrunde liegenden Pädagogikkonzeptes erfolgt. Problematisch ist die Rolle der Erzieherinnen, die nicht nur auf die Durchsetzung eigener Interessen und Wünsche gehen dürfen, sondern auch stets die Verpflichtung dem Träger gegenüber im Auge behalten müssen.

Träger, Bauherr

Der Träger (und Bauherr) ist der Auftraggeber der Planung, ist für die Finanzierung zuständig und zugleich Arbeitgeber der Erzieherinnen. Er legt den Kostenrahmen fest und versucht diesen, in Absprache mit dem Planer und den Erzieherinnen möglichst genau einzuhalten. Auch hier sollten Entscheidungen immer zugunsten der Kinder getroffen werden.

Planer

Seine Rolle ist bei der Planung einer Kindereinrichtung zunächst dadurch gekennzeichnet, dass der Auftraggeber und der Nutzer (das Kind) nicht dieselbe Person ist. In pädagogischer Hinsicht ist der Planer ein Laie, dessen Vorstellungen von der alltäglichen Arbeit mit Kindern mehr oder (wie in den meisten Fällen) weniger ausgeprägt sind. Trotzdem muss er gewissermassen die Rolle des Moderators übernehmen: er muss Anwalt der Interessen des Kindes sein, er ist dem Bauherrn und dem Kostenrahmen verpflichtet, er muss die Belange der Eltern und Forderungen der Erzieher berücksichtigen und er muss die Arbeit der Fachplaner koordinieren. Je besser sich dabei der vielfältige Informationsfluss gestaltet, desto erfolgreicher wird letztendlich auch die Umsetzung sein.

Experten, Fachleute

Gerade angesichts der Komplexität dieser Bauaufgabe stoßen die Beteiligten in manchen Bereichen schnell an ihre Grenzen. Hier können die Probleme meist kompetent und schnell durch Hinzuziehung von Fachkräften gelöst werden.

Verwaltungen / Ämter

Die Vorgaben der Ämter sind zu beachten. Ausnahme-
regelungen können bezüglich der aktuellen Situation
in Absprache getroffen werden. Probleme entstehen
zumeist bei mangelnder Kompromißbereitschaft bei-
der Parteien sowie veralteten Vorgaben ohne jeglichen
Praxisbezug.

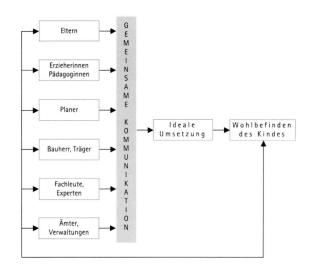

Schaubild einer idealen Planung

Ausführungsbeispiele

In Anlehnung an die Richtlinien des Unfallschutzes (Bundesverband der Unfallkassen - BUK) sowie an andere Vorschriften, Bestimmungen, Richtlinien und praktische Erfahrungen sollen in diesem Kapitel Informationen zusammengetragen werden, die bei der Planung und Bauausführung von Kindergärten/Kindertagesstätten hilfreich sind. Gerade beim Unfallschutz sind in Absprache mit den Verantwortlichen auch Abweichungen je nach erzieherischer oder pädagogischer Intension möglich. Natürlich können in diesem Zusammenhang nicht alle Detailfragen erschöpfend behandelt werden. Um den Rahmen des Buches nicht zu sprengen, beschränkt sich die Darstellung auf Wesentliches.

Materialien

Ökologisch und gesundheitlich unbedenkliche Baustoffe und Materialien sollten beim Bau eines Kindergartens/Kindertagesstätte eine Selbstverständlichkeit sein. Naturbelassenes Holz findet bei dieser Bauaufgabe immer häufiger Anwendung. Dabei ist vor allem auf Splitterfreiheit und die haptischen Eigenschaften zu achten. Hochwertige Materialien und Ausführungen sollten generell bevorzugt werden, um genügend robust gegenüber einer verschleissträchtigen Benutzung durch die Kinder zu sein. Türen müssen dem heftigen Zuschlagen standhalten und Klodeckel stabil genug sein für ein Herumturnen der Kinder darauf. Hochwertige Materialien sind selbstverständlich in der Anschaffung teurer, besitzen jedoch erfahrungsgemäss eine längere Lebensdauer, zeigen weniger Verschleissspuren und bieten so mutwilliger Zerstörungswut auch weniger Anreiz. Richtig eingesetzt tragen sie entscheidend mit zur Atmosphäre der Einrichtung bei, vermitteln eine gewisse Ästhetik und fördern so erheblich auch die Akzeptanz der Einrichtung.

Ökologie / Ökonomie

Eine Kindertagesstätte kann die Erziehung zu Nachhaltigkeit, Ökologie und Ökonomie selbst fördern und beeinflussen. Materialien und Ausstattungsgegenstände, die repariert oder aufgearbeitet werden können, vermitteln ein Gefühl vom Wert der Dinge und arbeiten einer Wegwerfmentalität entgegen. Durch entsprechende Ausstattung und Ausgestaltung des Hauses kann den Kindern ökologisches Verständnis nähergebracht werden. Eine Solarenergieanlage, solare Brauchwassererwärmung, Erdwärme oder die Nutzung von Regenwasser beispielsweise zur Gartenbewässerung oder Toilettenspülung lassen alternative Energienutzung und den schonenden Umgang mit Ressourcen anschaulich werden.

Einrichtungsgegenstände / -objekte

Grundsätzlich sollten die Einrichtungsgegenstände so ausgebildet sein, dass die Verletzungsgefahr minimiert wird. In Verkehrsflächen wie Fluren und Hallen sollten Stolperhindernisse wie Füsse und Streben von Stellwänden oder Ständer vermieden werden. Bei Stützen, Einrichtungsgegenständen und Kunstwerken ist eine deutliche Kennzeichnung vorzunehmen oder von vornherein eine Unterbringung in Nischen anzustreben. Einrichtungsgegenstände auf Rollen - etwa Tafeln, Overheadprojektoren oder Garderobenständer - sind für Kindergärten eher ungeeignet oder sind mit einer Feststellvorrichtung zu versehen. Schubfächer von Einrichtungsgegenständen sind gegen Herausfallen zu sichern. Nicht vermeidbare, in Aufenthaltsbereiche vorstehende Spitzen wie z.B. Gaderoben- und Handtuchhaken sind abzuschirmen.

Ecken und Kanten müssen abgerundet (Radius $r \geq$ 2 mm) oder entsprechend stark gefast sein; ausserdem dürfen sie keine Spitzen aufweisen. Muttern, Schrauben, Beschläge und sonstige Befestigungsteile von Einrichtungsgegenständen sind so auszuführen, dass sie keine scharfen Kanten aufweisen.

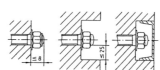

Beispiele zur Abdeckung von Muttern und Schrauben nach DIN EN 1176-1

Nach DIN ISO 5970: „Stühle und Tische für Bildungseinrichtungen" können richtig konstruierte und angepasste Stühle die Entstehung von Haltungsschäden bei Kindern verhindern, wenn gleichzeitig durch Sitzerziehung und sportliche Betätigung ein Ausgleich für langdauerndes Sitzen gegeben ist. Ein etwas zu niedriger Stuhl ist dabei besser als ein zu hoher. Anhaltspunkte gibt der nachfolgende Tabellenausschnitt aus DIN ISO 5970:

Kennzeichnung	Größe	0	1	2
	Farbe	weiß	orange	violett
Bezugsgröße (durchschnittliche Körperhöhe)		900	1050	1200
Sitzflächenhöhe		220	260	300
Effektive Sitztiefe		———	260	290
Mindestsitzbreite		———	250	270
Tischhöhe		400	460	520

Maße in mm

Heizkörper dienen nicht nur der Erwärmung des Raumes, sondern sind für Kinder dankbare Objekte, ihre motorischen Fähigkeiten zu erlernen und zu erweitern. Normale Wandhalterungen halten dem erfahrungsgemäß nicht stand.

Auf fertige Einrichtungsprogramme sollte man in der Regel nicht zurückgreifen. Mehr Abstimmungsmöglichkeiten auf die konkreten Erfordernisse und Bedürfnisse bietet die von einem Schreiner hergestellte Einrichtung, meist mit gleichem Kostenaufwand wie die Fertigsysteme. Auch kommt dies der der Atmosphäre und Wohnlichkeit zu gute. Innerhalb ihres zeitlich begrenzten Budgets haben die Leiterinnen der Kindereinrichtungen aber leider meist zu wenig Zeit, um die notwendige Einrichtung auch der Entwicklung des Kindergartens anzupassen. Meist soll das in kürzester Zeit nachgeholt werden - mit der Folge, das viel Unnötiges angeschafft wird.

Elektro

Schalter und Steckdosen sollten in ausreichender Anzahl vorhanden sein. Steckdosen müssen mit einer Kindersicherung, z.B. einer 2-poligen Verriegelung versehen sein. Die Anordnung der Schalter in Kinderhöhe ist normalerweise nicht vorgesehen. Die Lichtgestaltung sollte vielseitig sein, um auf die verschiedenen Aktivi

täten der Kinder und die unterschiedlichen Veranstaltungen reagieren zu können. Dimmbarkeit und indirekte, blendfreie Beleuchtung sind hier wesentliche Voraussetzungen. Von Kindern zugängliche Küchenbereiche sollten mit einem von Kindern nicht erreichbarem Zentralschalter ausgestattet sein. Für Notrufe muss ein Telefon mit Amtsleitung vorhanden sein. Batteriebetriebene Sicherheitsbeleuchtungen an den Einund Ausgängen kennzeichnen die Fluchtwege. Am Haupteingang ist eine Klingel mit Gegensprechanlage vorzusehen. Im Außenbereich sollte eine ausreichende Beleuchtung in Verbindung mit Bewegungsmelder die Einbruchsgefahr mindern.

Bodenbeläge

Bodenbeläge müssen über rutschhemmende Eigenschaften verfügen und sollten leicht zu reinigen sein. Für Gruppenräume eignen sich Linoleum, Laminat und Parkett, für Nassräume Fliesen und für Flure Fliesen, Parkett und Linoleum. Teppichboden ist aufgrund seiner Schmutzanfälligkeit weniger geeignet.

Schulen und Kindergärten	Bewertungsgruppe der Rutschgefahr (Richtwert)
Eingangsbereiche, Flure, Pausenhallen	R 9
Klassenräume, Gruppenräume	R 9
Treppen	R 9
Toiletten, Waschräume	R 10
Küchen in Kindertagesstätten	R 11
Fachräume für Werken	R 10

Tabelle aus GUV 26.18: Merkblatt für Fußböden in Arbeitsräumen und Arbeitsbereichen mit Rutschgefahr

Matten in Fluren oder Bewegungsflächen sind bündig zu verlegen ebenso Abdeckungen und Gitterroste, um nicht zu Stolperfallen zu werden. Ist ein Raum für gymnastische Übungen vorgesehen, sollten elastische Beläge oder Beläge mit elastischem Untergrund verwendet werden. Im Außenbereich sollten wegen der Verletzungsgefahr bei Stürzen Splitt-, Schlacken und Grobkiesbeläge keine Verwendung finden.

Podeste / Ebenen

Auf Spielebenen bis zu einer Höhe von 1,50 m müssen Umwehrungen von mindestens 70 cm Höhe, auf Spiel

ebenen von mehr als 1,50 m Höhe Umwehrungen von
mindestens 1 m vorgesehen werden. Für das Erreichen
der Spielebenen sind sichere Aufstiege anzubringen.
Treppen sind dafür besonders geeignet, allerdings besteht baurechtlich ein Unterschied zwischen:

- „notwendigen Treppen", wenn die erhöhten Spielebenen als Aufenthaltsräume gelten und
- „nicht notwendigen Treppen" bei erhöhten Spielebenen mit geringer Fläche.

Beide unterscheiden sich in den Vorschriften zur nutzbaren Treppenbreite, zur Geländerhöhe und zu den
Abmessungen der Stufen.

Podeste vor Gebäudeeingängen müssen bei nach außen
aufschlagenden Türen eine Mindesttiefe von Türblatt-
breite plus 40 cm aufweisen. Bei geringeren Höhenun-
terschieden sind flachgeneigte Rampen auszubilden.

Wände

Oberflächen von Wänden und Stützen dürfen vom Fußboden bis in eine Höhe von mindestens 1,50 m nicht
spitzig-rauh sein. Bis zu dieser Höhe ist darauf zu achten, dass die Materialen pflegeleicht und stoßab-
dämpfend sind. Ecken und Kanten von Wänden und
Stützen sind bei Stahl- und Holzausführung abzurun-
den (Radius $\geq$ 2 mm) oder entsprechend zu fasen. Bei
Beton- und Mauerwerksausführung müssen die Kanten gebrochen oder gerundet werden. Bei Putzaus-
führung sollten Eckputzschienen vorgesehen werden.
Bei gefliesten Wänden sind abgerundete Eckschienen
zu verwenden.

Türen / Fenster

Um Unfällen vorzubeugen, sollten Türen und Fenster
nicht in den Verkehrsbereich aufschlagen. Auch das
Aufschlagen von Türen nach innen in den Spielbereich
der Kinder ist möglichst zu vermeiden. Es bietet sich
an, Türen in Nischen unterzubringen. An den Türen
können auch Sichtfenster vorgesehen werden, die Ein-
und Durchblick gewähren und damit die Verletzungsgefahr von in Türnähe spielenden Kindern reduzieren.

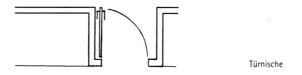

Türnische

Schiebetüren haben den Vorteil, dass sie platzsparend
sind, eine Raumerweiterung unterstützen und schließlich weniger unfallgefährlich (Einklemmen der Finger)
sind. Nachteile sind der hohe Anschaffungspreis und
u.U. akustische Nachteile durch Schwächung der Wand.
Pendeltüren sind in Kindergärten nicht zulässig. Bei den
Türen ist darauf zu achten, dass sie sich auch von Kin-
derhand leicht öffnen und schließen lassen; die Klinken-
höhe bleibt im Normalfall auf Erwachsenenniveau. Das
gilt auch für nach außen aufschlagende Ausgangstüren
und Brandschutztüren, die gegen ein Öffnen von außen gesichert sein sollen (Einbruchgefahr). Die An-
schlagseiten der Türen sollten generell mit Finger-
schutzdichtungen bzw. Klemmschutzprofilen versehen
sein, um Quetschungen und Einklemmen der Finger zu
verhindern. Griffe, Hebel und Schlösser müssen
quetsch- und scherstellensicher sein und dürfen keine
scharfen Kanten aufweisen.

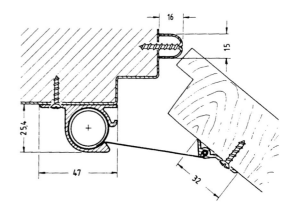

Die Türen im Bereich des Mehrzweckraumes sollten auf
der Innenseite flächenbündig sein und nach außen
aufschlagen. Dies bedeutet, dass auf eine größere
Rohbauöffnung zu achten ist (+ 5 cm). Nach innen sind
flächenbündige Turnhallenbeschläge empfehlenswert,
was allerdings eine Mindestdicke des Türblattes von
55 mm bedingt, aber dadurch auch akustische Vorteile
besitzt.

Geräteraumtore dürfen nicht in den Mehrzweckraum hineinragen. Bei der Ausführung als Schwingtor darf das Tor nicht von selbst zurücklaufen (Gefahr von Quetschungen), freiliegende Enden von Führungsschienen dürfen nicht scharfkantig sein. Der untere Torrand ist, um Fußverletzungen zu vermeiden, 8 cm elastisch auszuführen.

Lüftungsflügel sowie Betätigungshebel für Oberlichtflügel dürfen auf keinen Fall in die Aufenthaltsbereiche hineinragen. Sie sind so anzuordnen, dass sie oberhalb der Köpfe der Kleinkinder liegen (ca. 1,50 m) oder ein Hineinragen durch eine breite Fensterbank verhindert wird. Lüftungsflügel von Kipp- und Schwingfenster sind gegen Herabfallen zu sichern. Zusätzlich sind Schwingflügel mit einer Sperre gegen ein gefährliches Hinausbeugen beim Öffnen zu versehen. Beschläge u.ä. müssen so beschaffen bzw. angeordnet sein, dass Handverletzungen bei ihrer Benutzung ausgeschlossen sind. Bei Schiebefenster muss der Schiebevorgang abzubremsen sein, um die Gefahr des Einklemmens auszuschließen. Fenster in Obergeschossen sollten so angeordnet werden, dass sie von Kindern nicht selbsttätig geöffnet werden können.

Werden Brüstungen eingeplant, sollten sie eine Höhe von 60 cm nicht überschreiten, um dem Kind einen bequemen Ausblick nach außen zu ermöglichen. Verglasungen müssen bis in eine Höhe von 1,50 m in Sicherheitsglas oder gleichwertigen Materialien ausgeführt werden.

Ausgänge

Türen und Tore müssen abschließbar sein. Besteht an Grundstücksausgängen die Gefahr, dass Kinder in den Strassenverkehr hineinlaufen, sind Sicherungen wie Auffanggeländer oder Schleusen vorzusehen. Sicherheitsmaßnahmen außerhalb des Grundstückes sind mit der Strassenverkehrsbehörde abzustimmen. Der Haupteingang sollte mit einer Klingel und Gegensprechanlage versehen sein.

Brüstungen / Umwehrungen

Bei Absturzhöhen zwischen 1 und 12 m müssen Umwehrungen grundsätzlich mindestens 1 m hoch sein (mit Ausnahme von Fensterbrüstungen und Spielebenen). Bei über 12 m Absturzhöhe muss die Umwehrung 1,10 m hoch sein. Sie sind so auszuführen, dass Kinder nicht hindurch fallen können und nicht zum Klettern, Aufsitzen und Rutschen verleitet werden. Bei Umwehrungen und Brüstungen, die mit Durchblicken und Öffnungen vorgesehen werden, kann der Anreiz von Kindern, darauf zu steigen, um zu sehen, was dahinter ist, gemindert werden. Bei Umwehrungen mit senkrechten Zwischenstäben darf der lichte Abstand nicht mehr als 12 cm betragen.

Treppen

Treppen müssen an beiden Seiten mit Handläufen versehen sein. Sie müssen so gestaltet sein, dass sie durchgehend von Kinderhänden gefasst werden können. Die Enden sind so auszuführen, dass ein Hängenbleiben nicht möglich ist (also keine Kugeln oder spitze und scharfe Kanten am Handlauf). Bei den Treppen ist auf ein günstiges Steigungsverhältnis zu achten, nicht mehr als 14 bis 16 cm Steigung und 32 bis 30 cm Auftrittbreite. Die seitlichen Abstände zwischen Treppenwange und Geländer sollten 4 cm nicht überschreiten. Auftrittsflächen von Stufen müssen gut erkennbar und rutschhemmend sein, die Stufenvorderkanten leicht abgerundet oder angefast. Einzelstufen sind in Aufenthaltsräumen grundsätzlich nicht zulässig; wenn sie unvermeidlich sind, müssen sie farblich oder durch Materialwechsel deutlich hervorgehoben werden.

Behindertengerechter Ausbau

Ein behindertengerechter Ausbau in Kindergärten/Kindertagesstätten im voraus mit einzuplanen ist in Bezug auf eine Flexibilität der Einrichtungen (spätere Umnutzung, Fremdnutzung) und auf das Pädagogikkonzept (integrative Gruppen) sinnvoll, auch in Hinblick auf spätere erst recht teure Umbaumaßnahmen. Dies erfordert eine Anpassung der Umgebung, die es den Nutzern in ihrem Alltag erlaubt, weitgehend unabhängig von fremder Hilfe zu leben. Die Gestaltung richtet sich in erster Linie nach den Hilfsmitteln der Behinderten, also vor allem dem Rollstuhl und den dadurch verbundenen Bewegungsraum.

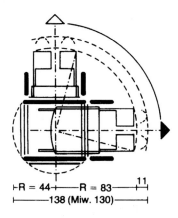

Anforderungen hierzu werden in DIN 18 024: Barrierefreies Bauen sowie DIN 18025: Barrierefreie Wohnungen geregelt. Die nachfolgende Tabelle soll nach DIN 18 024 wichtige Anforderungen an barrierefreies Bauen in Kindergärten/Kindertagesstätten nach DIN 18024 im Vergleich zu "normalen" Anforderungen aufzeigen.

	Anforderung nach DIN 18 024 Barrierefreies Bauen	„Normalfall"
Ungefähre Sanitär-Raumgröße bei Standardausstattung mit WC und Waschbecken *,**	Ca. 5,0 m²	Ca. 1,5 m²
Ungefähre Sanitär-Raumgröße bei Standardausstattung mit WC, Dusche und Waschbecken *,**	Ca. 6,0 m²	Ca. 3,5 m²
Dusche*	Schwellenfreier Duschplatz, 150 cm x 150 cm, mit angepaßtem Duschklappsitz inkl. Rückenlehne, Sitzhöhe 48 cm, Bewegungsfläche, Haltegriffe, Armaturen etc.	Duschwanne in Normalausführung 80/80 cm bzw. 90/90 cm.
Mindestflurbreite*	Mindestens 150 cm besser 200 cm; bei 180°-Drehung ist der Platzbedarf eines Rollstuhlfahrers 140 cm in Querrichtung und 170-180 cm in Längsrichtung.	90 - 100 cm
Türen*Mindestdurchgangsbreite	Lichte Breite mind. 90 cm (entspricht Baurichtmaß 100 cm).	kleinste Normdurchgangsbreite 62,5 cm (Baurichtmaß).
Mindestdurchgangshöhe	Lichte Höhe mindestens 210 cm.	Normhöhe 200 cm bzw. 212,5 cm (Baurichtmaß)
Aufschlagrichtung Sanitärräume	Nach außen.	Normalerweise nach innen; Ausnahme: zu Fluren hin in Fluchtrichtung.
Wände und Decken	Bedarfsgerechte Befestigung von Einrichtungs, Halte- Stütz- und Hebevorrichtungen muß möglich sein.	Im Bereich von 150 cm sind Wände pflegeleicht und stoß-abfedernd auszuführen
Bodenbelag	Rutschhemmend, rollstuhlgeeignet, fest verlegt, nicht elektrostatisch aufladbar	Rutschhemmend
Schränke, Sanitärgegenstände	Unterfahrbarkeit; Ablageflächen sollten eine Höhe von 85 cm haben.	——
Rampen	Steigung nicht mehr als 6%, mehr als 600 cm Rampenlänge ist ein Zwischenpodest von mind. 150 cm Länge erforderlich. Beidseitig sind an Rampe und Zwischenpodest Handläufe mit 3 bis 4,5 cm Durchmesser in 85 cm Höhe anzuordnen sowie 10 cm hohe Radabweiser; die Rampe ist ohne Quergefälle auszubilden.	Höchstens 6%
Treppen	Beidseitig sind Handläufe mit 3 bis 4,5 cm Durchmesser anzubringen. Der innere Handlauf am Treppenauge darf nicht unterbrochen sein. Äußere Handläufe müssen in 85 cm Höhe 30 cm waagerecht über den Anfang und das Ende der Treppe hinausragen.	——

* Bewegungsflächen beachten
** Ausstattungsvorgaben beachten

Raumprogramm

"Was ist schon kinderfreundlich? Ein zweiter Handlauf, niedrige Waschbecken, oder ein Fenster mit Brüstungshöhe auf 60 cm? Das alles sind doch Selbstverständlichkeiten, die mit Kinderfreundlichkeit nichts zu tun haben. - Architektur vermittelt entweder etwas Heiteres, etwas Ernstes oder etwas Düsteres!"

(Arno Lederer, Jórunn Ragnarsdóttir)

Grundvoraussetzung für die Planung von Kindereinrichtungen ist die Berücksichtigung der Maße und Maßverhältnisse von Kindern.

Alter	1	2	3	4	5	6	7	8	9	10	11	12
Körperhöhe in cm	75	85	94	101	108,5	115	121,5	127	131,5	137	143	148
Körpergewicht in kg	10	12,5	14	16	18	20	22,5	25	28	31	35	38,5
Augenhöhe in cm	64	74	83	91	96	103	108	113	117	122	127	131
Reichweite in cm	30	36	42	48	52	57	61	64	66	69	72	75

Durchschnittliche Maße und Maßverhältnisse von Kindern

Je nach Unterscheidung in Krippe, Kindergarten und Hort sind auch die Nutzungsanforderungen verschieden. Die Vorgaben oder Empfehlungen der Bundesländer bzw. Kommunen dazu zeigen zum Teil erhebliche Unterschiede. So gibt das Standardraumprogramm der Stadt Frankfurt am Main für einen dreigruppigen Kindergartenbereich mit je 20 Kinder pro Gruppe je 50 m² pro Gruppenraum, je 20 m² pro Kleingruppenraum, je 20 m² pro Raum für integrative Gruppen oder erweiterte Altersmischung und 20 m² für einen Spielmaterialraum vor. Alle anderen Räume werden mit entsprechenden Raumgrößenvorgaben als allgemeiner Bereich beschrieben. Im Gegensatz dazu sieht das Land Rheinland-Pfalz in seinen Empfehlungen für den Bau und die Ausstattung von Kindertagesstätten Kernbereiche für Kinder aller Altersgruppen pro Gruppe vor: einen zentralen Kommunikations- und Essbereich, zwei bis drei abgeteilte Bereiche für das ungestörte Spiel in Kleingruppen, ein Schlaf-, Ruhe- und Lesebereich bzw. entsprechender Nebenraum, ein Bereich für kreatives Gestalten und ein Bereich für Garderobe. Zusatzbereiche für Kleinkinder und Schulkinder werden gesondert angegeben.

Natürlich ist die Anordnung der Räume, ihre Aufteilung, ihre Austattung und Farbgebung auch abhängig von der pädagogischen Konzeption der Kindertageseinrichtung. Beispielsweise ist ein Waldorfkindergarten durch Gruppengeschlossenheit, klare Gestaltungsprinzipien, spezifische Raumaufteilung und Farbgebung charakterisiert, eine Reggio-Einrichtung ist dagegen geprägt vom Prinzip der Gruppenoffenheit; die Räume sollen möglichst lichtdurchflutet sein und Raumtrennungen erfolgen deshalb u.a. auch durch Glasscheiben.

Im nachfolgenden soll ein Überblick über mögliche Räumlichkeiten in Kindereinrichtungen gegeben werden. Es handelt sich hierbei nicht um Planvorgaben. Zusammengestellt sind hier Angaben von allgemeiner Gültigkeit, gewonnen nicht zuletzt aus den Schwachpunkten realisierter Bauten. Ein Anspruch auf Vollständigkeit besteht nicht. Zur besseren Übersicht werden die Kindereinrichtungen in Räume für Kinder, Verwaltung/Wirtschaft, Erschließung und Außenbereich eingeteilt. Die Räume für Kinder beinhalten die Gruppenräume, Gruppennebenräume, Bad- und WC-Bereich, Garderobe, Mehrzweckraum und sonstige Funktionsräume. Die Räume von Verwaltung/Wirtschaft beinhalten Leiterinnenbüro, Personalraum, Personal-WCs, Küche, Putzräume, Technikräume etc. Zum Erschließungsbereich wird der Eingangsbereich, Foyer, Halle, Flur bzw. Spielflur gezählt, auch wenn bei offeneren Konzeptionen die Nutzung weit über die Erschließungsfunktion hinausgeht.

Flächenbedarf

Die Anforderungen an die Raumgrößen von Kindereinrichtungen sind sehr unterschiedlich geregelt. Eine Standardgröße ist die Angabe der Fläche pro Kind im Gruppenraum. Sie variiert in den einzelnen Bundesländern zwischen 1,5 m² und 2,5 m². Angaben zu anderen Bedarfsflächen z.B. für den Mehrzweckraum, den Personalraum etc. finden sich nur vereinzelt.

Bundesland	Mindestfläche pro Kind im Gruppenraum
Baden-Württemberg	2,2 m² (ausgesetzt)
Bayern	2,0 m²
Berlin	pädagogische Nutzfläche von 4,5 m²
Brandenburg	2,5 m²
Bremen	2,5 m²
Hamburg	2,0 m²
Hessen	1,5 m²
Mecklenburg-Vorpommern	2,5 m²
Niedersachsen	2,0 m²
Nordrhein-Westfalen	keine Vorgabe
Rheinland-Pfalz	Für jedes Kind sollte soviel Raum da sein, dass es sich ohne Schwierigkeiten bei ausgestreckten Armen um sich selbst drehen kann, ohne irgendwo gegen zu stoßen.
Saarland	2,0 m²
Sachsen	2,5 m²
Sachsen-Anhalt	2,5 m²
Schleswig-Holstein	2,5 m² (Ausnahme 2,0 m²)
Thüringen	2,5 m²

Kinder

Gruppenraum

Im Gruppenraum spielt sich das Hauptgeschehen einer Gruppe ab, wobei sein Stellenwert in der Krippe und im Kindergarten wesentlich höher ist als im Hortbereich.

Im offener gestalteten Hortbereich gibt es mehrere gleichwertige Räume, die je nach Funktion wie für Hausaufgaben, Ruhen, Lesen etc. unterschieden werden und für alle Hortgruppen zugänglich sind.

Der Gruppenraum muss nutzungsneutral, flexibel und variabel sein, in der dritten Dimension nutzbar sein, im Zusammenspiel mit der Gesamteinrichtung die verschiedensten Nutzungen und pädagogischen Konzepte zulassen. Er muss dem Kind Behaglichkeit, Atmosphäre und Abwechslung bieten, sollte einerseits die Möglichkeit zur Ruhe bieten, andererseits lebhafte Aktivitäten zulassen. Höhenversprünge, Podeste, zweite Ebenen, unterschiedliche Fußbodenbeläge etc. unterstützen diese Absicht.

Der Gruppenraum sollte über eine möglichst kurze Anbindung an den Wasch- und WC-Bereich verfügen. Auch eine direkte Verbindung nach draußen ist vorzusehen. Dabei sollte der Übergang von innen nach außen über eine gewisse Gestaltungsqualität verfügen. Dies kann mittels eines Holzsteges oder einer Terrasse erfolgen, welche gleichzeitig den Schmutzeinfall reduziert.

Eine Ausrichtung und Belichtung der Gruppenräume von Süden her ist anzustreben. Ein Sonnenschutz muss ebenso eingeplant werden wie die Möglichkeit einer vollständigen Verdunkelung. Große, nicht zu kleinteilige Fenster vermitteln den Kindern den Bezug nach draußen, zur Natur. Niedrige Fensterbrüstungen gewähren dem Kind nicht nur Ausblick und ermöglichen ihm durch Hinaufklettern den Raum aus einer anderen Perspektive wahrzunehmen, sondern reduzieren auch den verschatteten Anteil des Fußbodens. So können tiefe Fensterbänke Aussichtspunkt, Ruhebank, Ablage oder auch Präsentationsfläche sein. Bis in 1,50 m Höhe ist bruchsicheres Glas zu verwenden.

Der Einbau von zweiten Ebenen hat mehrere Vorteile. Bei der Gestaltung wird die Raumhöhe miteinbezogen und so ergeben sich unterschiedlichste Zonen von halboffen (Spielpodeste) bis völlig abgeschlossen (Kuschelhöhle), die die Möglichkeit geben, verschiedene, sich von ihren Raumanforderungen widersprechende Aktivitäten gleichzeitig und ungestört stattfinden zu lassen. Dabei sind die Gedanken von Prof. Mahlke über Gliederung und Differenzierung von Räumen hervorzuheben. Ein Ansatz sind wünschenswerte, kalkulierbare Gefahren, wie sie sich aus Treppen, Kanten, Niveausprüngen ergeben. Wichtig dabei ist, dass Konstruktionen und Materialbehandlung „durchschaubar" bleiben. Mögliche Risiken und Gefährdungen werden auf diese Weise reduziert.

2. Ebene

Nicht nur unter dem Aspekt der Hygiene, sondern auch hinsichtlich der Behaglichkeit ist eine Fußbodenheizung vorzuziehen. Fußwarme Beläge wie Holz oder Linoleum sollten grundsätzlich verwendet werden.
Eine durchdachte Lichtführung unterstützt die Raumqualität unterschiedlich genutzter Bereiche. Anstelle von starren Deckenlampen sind einzeln schaltbare und dimmbare Wandlampen, Strahler oder Hängelampen zu bevorzugen.

Stauraum ist sehr wichtig und wird fast immer bei der Planung vernachlässigt. Ebenso sind Ablagemöglichkeiten in verschiedenen Höhen vorzusehen. Einbauschränke haben diesbezüglich zwar praktische Vorteile, mindern aber die Gestaltungsmöglichkeit der Wandfläche. Die Möglichkeit an Decken und Wänden etwas zu befestigen (Bilder, Tücher etc.) sollte generell gegeben sein.
Bei einer Fremdnutzung ist zu berücksichtigen, dass die Gruppenräume abgeschlossen werden können (Generalschlüssel).

Gruppennebenraum

Ein Gruppennebenraum ist ein kleiner Raum, der direkt an den Gruppenraum anschließt. Je nach Funktion kann der Gruppennebenraum als Kopplungszimmer, Stillbeschäftigungsraum, Leseraum, Toberaum, Rückzugsraum etc. erscheinen. Kinder brauchen Raum, um sich zurückzuziehen, auch mal die Tür hinter sich zumachen zu können. Je offener der Gruppenraum und je stärker sein Außenbezug, desto intimer sollte der Nebenraum etwa durch einen geringeren Fensterflächenanteil gestaltet werden. Die verschiedenen Anforderungen an Material und Ausstattung sollten genauso wie beim Gruppenraum beachtet werden.

Werkraum

Gehört der Werkraum im Hortbereich zum Standardprogramm, so findet man ihn immer häufiger auch für Kindergartengruppen. In kombinierten Einrichtungen kann er von allen Kindern genutzt werden. Er sollte als eigener Raum konzipiert sein mit einem Ausgang ins Freie. Genügend Platz für Werkbänke, Brennofen etc. sollte ebenso zur Verfügung stehen wie genügend Stauraum für Werkzeuge und Materialien. Ein Wasseranschluß mit Ausgußbecken und Gipsfangbecken gehören zur Grundausstattung. Die Materialien des Fußbodens und der Wände sollten einer stärkeren Beanspruchung standhalten.

Atelierraum

Immer größere Bedeutung kommt dem Atelierraum zu. Er sollte getrennt vom Werkraum liegen und die Möglichkeit bieten, künstlerische Arbeiten in Ruhe und ungestört anzufertigen. Optimales Tageslicht, gute Reinigungsmöglichkeit sowie ein Ausgang ins Freie sind wünschenswert. Die Materialien der Wände und Decke sollten robust und strapazierbar (Reinigungsmöglichkeit) sein. Malutensilien sind offen und für alle Kinder erreichbar zu lagern. Bei altersgemischter Nutzung sollte die Möglichkeit wie auch beim Werkraum vorhanden sein, auf zwei verschiedenen Tischhöhen zu arbeiten. Ein Wasseranschluß mit Ausgußbecken sollte eingeplant werden.

Matschraum

Der Matschraum ist ein raumhoch gekachelter Raum, idealerweise für Wasser- und Matschspiele. Er sollte einen Fußbodenablauf besitzen und ausspritzbar sein. Ein direkter Bezug nach draußen ist auch deswegen sinnvoll, um den Raum als Schmutzschleuse für den außenliegenden Matschbereich verwenden zu können.

Hausaufgabenraum

Der Hausaufgabenraum ist fester Bestandteil eines Hortes und bildet auch einen Rückzugsbereich für ruhige Tätigkeiten. Er sollte nicht die Atmosphäre eines Klassenzimmers vermitteln, sondern Vertrautheit bieten. Ein Arbeitsplatz mit ausreichender Belichtung und individueller Gestaltungsmöglichkeit sollte für jedes Kind vorgesehen werden. Neben den üblichen Aufbewahrungsmöglichkeiten sollte für jedes Kind ein abschließbares Fach vorhanden sein. Besonderer Wert sollte auf die Ausstattung mit schallschluckenden Materialien gelegt werden.

Essbereich / Essraum

Im Hort ist es üblich, dass Kinder nach der Schule zu individuellen Zeiten ihr Mittagessen einnehmen. Nachmittags wird meist noch eine kleine Mahlzeit gereicht.

Da im Raumprogramm normalerweise kein separater Speiseraum vorhanden ist, dient der Gruppenraum, die Küche oder Verkehrsflächen wie der erweiterte Flur oder die Halle als Essbereich. So kann aus der Verkehrsfläche durch vernünftige Gestaltung ein Treffpunkt und Kommunikationsort werden.

Leseraum

Der Leseraum gehört normalerweise zum Standardprogramm des Hortbereiches. Er sollte möglichst abgeschieden sein und nur durch eine Tür erschlossen werden. Große Fensterflächen würden hier eher ablenken; besonders auf die Akustik sollte geachtet werden.

Ruheraum

Nicht in allen Einrichtungen wird ein Ruhe- oder Schlafraum als notwendig angesehen. Wird er gefordert, sollte er abgeschieden liegen, möglichst nicht neben einem Bewegungsraum, einer Toilette oder Treppe. Da gerade vor dem Einschlafen und beim Aufwachen vieles auf die Kinder beängstigend wirkt, sollte eine liebevolle und ruheausstrahlende Atmosphäre eine Selbstverständlichkeit sein.

Isolierraum / Erste Hilfe Raum

Für verletzte oder erkrankte Kinder sollte ein Ruheraum vorgesehen werden - der Gruppenraum, das Leiterinnenbüro oder der Personalraum sind dafür ungeeignet. Zur Ausstattung gehören neben einer Liege ein Handwaschbecken und ein Erste-Hilfe-Kasten.

Wasch- und WC-Bereich

Umfrageergebnis: In 60 % der Kindergärten / Kindertagesstätten haben nach Meinung der Leiterinnen die Badbereiche der Kinder eine freundliche Ausstrahlung. Bei 40 % haben sie eher einen unterkühlten und neutralen Charakter.

Je nach pädagogischem Konzept oder nach wirtschaftlichen Überlegungen ist der Wasch- und WC-Bereich in Kindertagesstätten jedem Gruppenraum direkt angeschlossen - das erspart lange Wege - oder befindet sich als zentraler Wasch- und WC-Bereich für alle Gruppen auf derselben Ebene. Der Raum sollte natürlich belichtet und gut belüftet werden können, vor allem, wenn der Naßbereich direkt vom Gruppenraum aus zugänglich ist. Je jünger die Kinder sind, um so größer sollte dieser Bereich sein. Ist im Hort der WC-Bereich nach Geschlechtern getrennt und hat eine rein funktionelle Bedeutung, so ist er im Kindergarten- und Krippenbereich auch Aufenthalts- und Spielbereich mit dem Element Wasser.

Raum und Ausstattung sollen nicht einengen, sondern viel Bewegungsfreiheit zum Erlernen aller körperhygienischen Funktionen zulassen. Die Einübung von Prophylaxe, wie z.B. das Zähneputzen, erfolgt ja auch nicht nur mit einem Kind, sondern in den Gruppen.

Streß- und Stauzeiten wie z.B. beim Abholen oder bei den Mahlzeiten sollten Berücksichtigung finden.

Als Materialien für den Wasch- und WC-Bereich haben sich Keramik und polymergebundene Mineralwerkstoffe als hygienisch am günstigsten erwiesen. Der Fußbodenbelag wie z.B. Fliesen muss so beschaffen sein, dass er auch bei Nässe rutschhemmend ist.

Bei der Auswahl der Kinder-WCs ist zu beachten, dass wandhängende Kinder-WCs zwar in der Regel teurer, jedoch hygienische Vorteile besitzen (z.B. leichtere Reinigungsmöglichkeit). Die Sitzhöhe und damit Montagehöhe der Klosetts ist abhängig von der Körpergröße der Benutzer und damit von den verschiedenen Altersgruppen:

Einrichtung	Krippe	Kindergarten	Hort
Alter	≥ 1 bis ≤ 3	≥ 3 bis ≤ 6	≥ 6 bis ≤ 9
WC-Sitzhöhe	200 bis 250 mm	250 bis 300 mm	300 - 350 mm

Trennwände, falls vorgesehen, und Klodeckel sollten massiv und stabil ausgeführt sein. Kinder schlagen Türen oft heftig zu, und nichts ist interessanter als auf den Klodeckel zu steigen, um die Trennwand zu erklimmen. Aus diesem Grund sollte auch die „Steighilfe" Klorollenhalter nicht an der Trennwand angebracht werden, sondern in Kacheln eingelassen werden. Wasserspartasten senken zwar den Wasserverbrauch, allerdings kommt es in erhöhtem Maße zu Leitungsverstopfungen. Gibt es ein- bis dreijährige Kinder in der Gruppe, ist eine Toilette, die Kinder mit einem noch nicht so gut ausgeprägten Gleichgewichtssinn alleine benutzen können, wünschenswert (Schnabeltoilette).

Land	Anzahl Kinder je Toilette	Anzahl Kinder je Waschbecken
Bremen	10	10
Hessen	10-12	8-10
Mecklenburg -Vorpommern	10	10
Saarland	10-15	8-10
Sachsen	9	6
Schleswig-Holstein	10	6

Die Waschbecken sollten groß und tief genug sein, einen breiten Rand haben, um Dinge ablegen zu können. Sie sollten auch (Wasser-) Spielmöglichkeiten durch mehrere Kinder gleichzeitig zulassen (Waschtröge).

Eine Dusche oder ein Duschbecken sollten ebenso zur Ausstattung gehören.

Im Krippenbereich wird des öfteren die Dusche auf eine Höhe von 80 cm installiert, damit sich auch Kleinkinder im Stehen waschen können. Diese sind allerdings erfahrungsgemäß zu klein, um dem Kind Baden und Planschen zu ermöglichen. Ein eigener Raum als Planschbecken wäre sinnvoller. Ein Wickelplatz sollte idealerweise nicht nur in der Höhe verstellbar sein, sondern über eine Steighilfe den Kindern unter Mithilfe der Erzieherinnen die Möglichkeit geben, ihren

Wickelplatz selbst zu erreichen. Dies kommt nicht nur dem Bewegungsdrang der Kinder entgegen, sondern entlastet auch die Erzieherinnen.

Eine Badewanne ist vor allem in sozialen Brennpunkten sinnvoll.

Desweiteren sollte ein durchspülter Bodenablauf, Fußbodenheizung bzw. Warmwasserrücklauf, genügend Platz für Zahnputzbecher und Handtücher, große, möglichst verstellbare Spiegel vorgesehen werden. Eine Wasserzapfstelle sollte ebenso eingeplant werden. Sie ist gegen unbefugtes Benutzen zu sichern und darf aufgrund der Verletzungsgefahr nicht in den Raum hineinragen.

Vielfach wird eine große Verglasung in der Tür des Wasch- und WC-Bereiches als sinnvoll angesehen. Dadurch ist eine bessere Kontrolle möglich, und ängstliche Kinder behalten so den Blickkontakt nach außen.

Garderobe

Die Garderoben sind meist den Gruppenräumen vorgelagert, direkt an den Flur bzw. die Halle angeschlossen oder Bestandteil dieser. Sie werden in der Regel zu klein ausgelegt. Dies bewirkt beim Abholen und Bringen der Kinder, beim Turnen oder beim Aufbruch z.B. zu einem Spaziergang ein wildes Durcheinander. Durch die meist vorhandene Enge - wünschenswert wäre es, wenn 30 cm Garderobenbreite pro Kind nicht unterschritten werden - besteht daher selten die Möglichkeit, sich dem Kind entsprechend seinem momentanen Bedürfnis zuzuwenden. Eine Unterbringung in Nischen oder in abgetrennten Zonen wäre sinnvoll. Platz für Stiefel, Hausschuhe, Regenzeug, Turnsachen, Schlaftiere, Schulranzen (Hort) sollte vorhanden sein - am besten in Rollcontainern oder Holzkisten unter einer Sitzbank. Persönliche Fächer sind in der Regel nicht vorhanden, wären aber sinnvoll. Wird die Kindertagesstätte fremd genutzt, sollten die Fächer abschließbar sein. Die Garderobe sollte neben einer breiten auch eine möglichst tiefe Sitzfläche haben und so gestaltet sein, dass sie von den Kindern eigenständig benutzt werden kann.

Kinder- / Spielküche

Die Küche im Kindergarten kann je nach pädagogischem Konzept einen unterschiedlichen Stellenwert besitzen. In Reggio-Einrichtungen z.B. ist die Küche einer der wichtigsten Räume der Einrichtung.

Küchen können in jedem Gruppenraum als Küchenzeile (voll funktionsfähig), als Spielküche und/oder für alle Gruppen als zentrale Kinderküche vorhanden sein. Nachahmenswert ist eine Küchenzeile, die aufgrund unterschiedlicher Fußbodenhöhe ein gemeinsames Kochen von Kindern mit Erwachsenen zulässt.

Gegen unbefugtes Benutzen der Kinder sollte allerdings eine zentrale Schlüsselschaltung vorgesehen werden. Im Hortbereich ist eine normal große Küche vorhanden.

Im Krippenbereich dient die Milchküche der Vorbereitung von Fläschchen, dem Sterilisieren, dem Vorwärmen der Milch, Warmhalten, Spülen, etc.

Mehrzweckraum

Der Mehrzweckraum muss - wie der Name zum Ausdruck bringt - meist mehrere Funktionen erfüllen. Zum einen dient er der Einrichtung als Turn- oder Gymnastikraum, wobei alle Arten von Ballspielen möglich sein sollten (ausreichende Raumhöhe, keine herunterhängenden Lampen, keine Stützen im Weg, nicht zuviel Differenziertheit). Zum anderen sollten Vorträge, Theater, Spiel, Ruhen, etc. möglich sein. Die Größe sollte sich nach der Anzahl der vorhandenen Kinder richten. Durch verschiebbare Trennwände sollte er sich mit der Halle oder dem Flur zusammenschließen lassen, um Fremdnutzung oder festliche Aktivitäten zu ermöglichen. Hierbei ist die Akustik unbedingt zu beachten. Auch ist in diesem Fall für eine Unterbringung von Utensilien und für Umkleidemöglichkeiten zu sorgen.

Eine Verdunklungsmöglichkeit, etwa für Filmvorführungen oder Veranstaltungen auch außerhalb des Kindertagesstättenbetriebes, ist ebenfalls vorzusehen. Die Lichtführung sollte differenziert und dimmbar sein.

Um Gymnastik-, Turn- und Spielgeräte sowie Tische, Stühle und Ruheliegen unterzubringen, muss ein gesonderter, direkt angeschlossener Nebenraum vorhanden sein oder dafür geeignete Wandschränke oder Nischen.

Ein direkter Zugang nach Außen erscheint gerade bei Festlichkeiten im Sommer vorteilhaft.

Ballwurfsicheres Material der Raumbegrenzungen, Integration der Deckenbeleuchtung sind ebenso wichtig wie eine ausreichende Anzahl an Steckdosen (mit Kindersicherung) und Schalter.

Verwaltung / Wirtschaft

Büro der Leiterin

Das Büro der Leiterin sollte als eigener, ungestörter Raum in unmittelbarer Nähe des Eingangsbereiches liegen. Die Leiterin betreut in der Regel keine Gruppe mehr, sondern ist hauptsächlich für die Organisation und den Ablauf einer Kindereinrichtung zuständig. Der Raum muss groß genug sein, um in Ruhe am Computer arbeiten, zu zweit arbeiten und Gespräche mit Eltern führen zu können. Wird ein Isolierraum aus Kostengründen nicht ausgeführt, müssen hier Möglichkeiten geschaffen werden, die Kinder nach einem Unfall versorgen zu können. Außerdem sollte eine Garderobe und ein Vorraum mit WC vorhanden sein. Die Lärmimmission sollte auf ein Minimum begrenzt werden. Gegensprechanlage, Schalttableau und Türöffner sind ebenfalls einzuplanen.

Elternsprechzimmer

Nur in den seltensten Fällen existiert für die Eltern ein eigenes Besprechungszimmer oder ein Ort, in dem sich ungestört Gespräche führen lassen. Ob das Sprechzimmer durch den Kinderbereich erschlossen wird, hängt von der Auffassung der Leiterin ab.

Auch kann der Raum bei entsprechender Größe für Eltern- oder Gemeinwesenarbeit genutzt werden.

Personalraum

Der Personalraum dient als Besprechungsraum, als Vorbereitungsraum der Erzieherinnen, als Pausenraum und Umkleideraum. Der Raum sollte nicht zu klein konzipiert werden, denn neben der Leiterin und den Erzieherinnen nehmen häufig auch noch Praktikantinnen und sonstige Angestellte an Besprechungen teil. Ein Vorraum oder eine Garderobe sind in der Regel nicht vorhanden, wären aber wünschenswert. Für die notwendige Ruhe bei der Pause oder der Arbeitsvorbereitung ist die Lärmimmission zu minimieren. Ein kleines Waschbecken, eine Teeküche, ein persönlicher Spind für die Mitarbeiter sowie genügend Stauraum für Material und Literatur sollten vorgesehen werden.

Personal – WCs

Personal – WCs sollten pro Geschoss nach Geschlechtern getrennt und in behindertengerechter Ausführung vorhanden sein. Es ist dabei zu berücksichtigen, dass bei Festlichkeiten eine große Anzahl von Gästen anwesend sein kann. Eine Duschmöglichkeit für die Angestellten wäre ebenfalls sinnvoll.

Die Mitarbeitertoilette sollte nicht zugleich als Abstellraum für Putzmittel dienen.

Abstellräume

Abstellräume in Kindertageseinrichtungen sind immer zu klein und in nicht genügender Anzahl vorhanden. Gerade bei Platzproblemen ist eine geschickte Unterbringung von Abstellflächen in Giebelräumen oder Schrankeinbauten von Vorteil. Schrankeinbauten in Hallen oder Fluren können als zusätzlicher akustischer Puffer dienen.

Ein zusätzlicher Abstellraum für Außenspielzeug und -geräte mit zweitem Zugang von außen ist sinnvoll.

Abstellräume, die nur der Materialaufbewahrung dienen, sollten mit möglichst vielen überschaubaren Schränken und Regalen, einem Ablagepult oder Vorbereitungstisch und einem fahrbaren Container ausgestattet sein.

Küche

In der Regel befindet sich in Kindertagesstätten mit Ganztagsbetreuung eine größere Wirtschaftsküche.

Die Küche sollte groß genug sein, zentral liegen, einen Lagerraum (Kühlraum) besitzen und für Kinder einsehbar sein. Die Anlieferung von Essen oder Lebensmittel sollte über einen separaten Eingang stattfinden. Meist ist für das Küchenpersonal kein Platz oder Raum vorhanden, um sich umzuziehen oder um sich auszuruhen.

Dürfen oder sollen, je nach pädagogischem Konzept, die Kinder die Küche betreten, sind ausziehbare Podeste oder, bei beidseitig bedienbaren Küchenzeilen, unterschiedliche Fußbodenniveaus vorzusehen.

Die Küche, in der das Essen für die gesamte Einrichtung zubereitet wird, muss funktional sein, einen optimalen Arbeitsablauf gewährleisten und mit dem Gastronomiestandard entsprechenden Geräten ausgestattet sein.

Hauswirtschaftsraum / Waschküche

Vor allem in größeren Einrichtungen sollte die Möglichkeit gegeben werden, Wäsche zu waschen und zu trocknen. Platz zum Aufhängen der Wäsche und zum Lagern ist dabei ebenso wichtig.

Putzräume

Putzräume in Kindereinrichtungen sind häufig, wenn überhaupt vorhanden, nur winzige Kammern, oder sie sind in das Personal-WC integriert. Der Putzraum sollte ein eigenständiger Raum sein und bei Mehrgeschossigkeit in jedem Geschoß vorhanden sein. Zur Ausstattung eines Putzraumes gehören ein Ausgußbecken mit Warmwasseranschluss (Unterfahrbarkeit des Putzgerätes) und genügend Platz für Putzmittel und Reinigungsgerät. Für Reinigungs- und Desinfektionsmittel ist ein abschließbarer Aufbewahrungsort vorzusehen.

Keller

Umfrageergebnis: 26 % der untersuchten Einrichtungen besitzen einen Keller.

Kellerräume in Kindergärten / Kindertagesstätten sind selten, aber wünschenswert. Zum einen kann hier die gesamte Technik untergebracht werden, und zum anderen bieten sie Stauraum und Lagermöglichkeiten.

Technikräume

Technikräume (Heizung) sind meistens (wenn kein Keller vorhanden ist) im Erdgeschoß untergebracht, was vor allem für die Kinder nicht befriedigend ist (Tabuzone).

Erschließung

Eingangsbereich / Foyer

Der Eingangsbereich stellt die Übergangzone zwischen außen und innen dar. Diese sollte freundlich und einladend gestaltet sein, um die mögliche Schwellenangst der Kinder beim Betreten der Einrichtung abzumindern. Der Eingangsbereich sollte unbedingt vom Kinderbereich abgetrennt sein und Platz zum Verweilen und Kommunizieren bieten beim Bringen oder Abholen der Kinder (Elternecke, Besucherecke, ungestörter Austausch mit Erzieherinnen). Auch um die Ablösebereitschaft des Kindes zu vereinfachen, sollte ein Platz für Eltern vorhanden sein, um zur Stelle zu sein, wenn das Kind sie braucht. Eine Infoecke bietet Platz für die Selbstdarstellung der Einrichtung, gibt Aufschluss über die konzeptionelle, pädagogische Arbeit, erhöht die Akzeptanz bei den Eltern und kann zur Kommunikation zwischen Erzieherinnen und Eltern und der Eltern untereinander dienlich sein. Auch die Arbeiten der Kinder, in Vitrinen oder Nischen untergebracht, können hier ausgestellt werden - und damit das Selbstwertgefühl der Kinder unterstützen.

Auf einen besonders strapazierfähigen Fußbodenbelag sollte geachtet werden; der Verschleiß wird durch eine vorgeschaltete Schmutzschleuse (Roste oder Fußabstreifmatten) stark gemindert.

Bei Fremdnutzung ist eine Erwachsenengarderobe (stationär oder mobil) in diesem Bereich sicher sinnvoll.

Flur / Halle

Angrenzend an den Eingangsbereich folgt die Erschließung der Räumlichkeiten über einen Spielflur oder eine Halle mit der Anbindung der vertikalen Erschließung (Treppe). Bei den Erschließungen sollte eine gewisse Breite nicht unterschritten werden, die späteren Spielmöglichkeiten, auch Einbauten nicht entgegensteht. Lichtführung und Materialauswahl sollte bei Spielfluren zum Verweilen einladen und den Flur nicht nur als schnellstmöglichen „Verkehrsweg" zwischen zwei Punkten charakterisieren. Ein langer und schmaler Flur bietet keine Aufenthaltsqualität, animiert zum Durchrennen und fördert die Unruhe. Gliederungen, Nischen und Höhenversprünge wirken dem entgegen.

Stellt sich der Eingangsbereich nur als Windfang dar, so ist es sinnvoll, Bereiche für Eltern, Garderobe, Erschließung zu konzipieren, um ein wildes Durcheinander beim Bringen und Abholen der Kinder zu vermeiden. Ist die Halle gleichzeitig der Mehrzweckraum, was kosten- und platzsparend ist, ist andererseits der Übergangsbereich nicht mehr gegeben. Eltern platzen beim Abholen der Kinder gleich in den Kinderbereich.

2. Fluchtweg

Die Forderungen des Brandschutzes verlangen bei Mehrgeschossigkeit einen 2. Rettungsweg. Reine Fluchttreppen sind für die Kinder Tabuzonen und somit ein sichtbarer, aber unbefriedigender Teil einer Kindertageseinrichtung. Durch die Integration in den täglichen Ablauf ist die sichere Benutzung auch im Falle der Fälle selbstverständlich.

Außenbereich

von Günter Beltzig

(Kinderspielplatzentwerfer)

"Wie in einem Garten unter Gottes Schutz und unter der Sorgfalt erfahrener, einsichtiger Gärtner, im Einklang mit der Natur, den Gewächsen, die gepflegt werden, so sollen hier die edelsten Gewächse, Menschen, Kinder, als Keime und Glieder der Menschheit in Übereinstimmung mit sich, mit Gott und der Natur erzogen werden."

(Friedrich Fröbel, 1840)

Umfrageergebnis: 78 % der Einrichtungen haben ohne größeren Aufwand die Möglichkeit, Ausflüge in die nähere Umgebung zu unternehmen (vorwiegend Wald). Von den 22 %, die diese Möglichkeit nicht haben, sind 64 % städtische Einrichtungen.

20 % der Einrichtungen befinden sich in der Nähe einer stark befahrenen Straße.

In nur 14 % aller Einrichtungen ist ein alter Baumbestand vorhanden.

80 % der städtischen Einrichtungen sind mit dem Außengelände nicht zufrieden.

Das Außengelände eines Kindergartens ist mit entscheidend für das Funktionieren des Gesamtkonzeptes. Es muss Ansprüche und Aufgaben erfüllen (oder zumindest berücksichtigen), die sich nicht automatisch aus dem jeweiligen pädagogischen Konzept ableiten lassen, sondern aus örtlichen Gegebenheiten und den Erfordernissen eines reibungslosen Funktionsablaufs resultieren. Erste Gestaltungskonzepte des Außengeländes eines Kindergartens gehen auf Friedrich Fröbel zurück. Im Gartenplan seines Kindergartens in Blankenburg von 1840 ist der Garten fester Bestandteil der Einrichtung und in folgende Bereiche aufgeteilt:

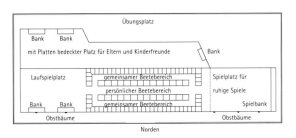

Gartenplan, ca. 1 : 500

- Beetegarten, in dem je ein Beet für ein Kind zur persönlichen Pflege vorgesehen ist. Diese Einzelbeete werden eingerahmt von Beetebereichen zur gemeinsamen Nutzung und Bewirtschaftung.

- Spielzonen, die auf der einen Seite der Beete für Lauf- und Bewegungsspiele vorgesehen sind mit Ruhebänken unter Obstbäumen, und auf der anderen Seite ein Spielbereich für ruhige Spiele mit einer langen Spielbank.

- Nach Süden orientierte Terrassen mit Sitzmöglichkeiten, von denen aus Eltern und Kinderfreunde das Geschehen der Kinder beobachten und beaufsichtigen können.

Stand bei Fröbel der Garten noch so im Zentrum, dass er für die von ihm geschaffene Institution, den Kindergarten, selbst namengebend wurde, wird heute auf die Gestaltung des Außengeländes weit weniger Sorgfalt verwendet. Meist erfolgt diese erst nach der Fertigstellung des Gebäudes und im Rahmen des Restbudgets des Trägers - eine allzu stiefmütterliche Behandlung, denkt man daran, dass sich die Kinder in der warmen Jahreszeit den Großteil ihrer Zeit im Freien aufhalten.

Die Gestaltung des Außengeländes sollte dagegen schon bei Planungsbeginn als Teil des Gesamtkonzeptes mit allen Beteiligten Berücksichtigung finden. Wie die Größe, der Zuschnitt, die Ausrichtung, die Zuordnung und der Verkehrsanschluss des Geländes, so sollte die Struktur der Oberfläche, die Topographie, die Bodenbeschaffenheit, die vorhandene Bepflanzung sowie Lärm- und Sichtschutz als Parameter in die Planung mit einfließen. Auch sollten wie bei Fröbel alle Formen des ruhigen und bewegten Spiels vorgesehen werden. Spielen in Aktivspielräumen z.B. verbessert die Motorik des Kindes und versetzt es in die Lage, auf verschiedene Lebenssituationen adäquater zu reagieren. Viele Unfälle sind oft genug auf eine ungenügende motorische Entwicklung des Kindes zurückzuführen. Bei Horten sollte idealer Weise ein Bolz- oder Spielplatz in der Nähe vorhanden sein, der dem Bewegungsdrang der Kinder Raum bietet. Auch sollten die Spielflächen Anpassungen zulassen an sich ändernde Spielweisen, Alters- und Gruppenstrukturen, sie sollten im Sommer und im Winter benutzbar sein und schließlich besonnte, verschattete und windgeschützte Bereiche aufweisen. Die Spielflächen wie auch die Ein- und Ausgänge der Freiflächen sollten barrierefrei ausgebildet werden.

Die folgende Tabelle gibt einen Überblick über den Flächenbedarf des Außengeländes anhand des von den Bundesländern vorgegebenen Mindestflächenbedarf pro Kind.

Bundesland	Mindestfläche pro Kind im Außenbereich
Baden-Württemberg	keine Vorgabe
Bayern	ausreichend groß
Berlin	keine Vorgabe
Brandenburg	keine Vorgabe
Bremen	keine Vorgabe
Hamburg	keine Vorgabe
Hessen	6,0 m²
Mecklenburg-Vorpommern	2,5 m²
Niedersachsen	eingruppig 200 m², sonst 10 m² pro Kind
Nordrhein-Westfalen	keine Vorgabe
Rheinland-Pfalz	keine Vorgabe
Saarland	mindestens 5,0 m²
Sachsen	10,0 m²
Sachsen-Anhalt	keine Vorgabe
Schleswig-Holstein	mindestens 300 m² bzw. 10 m² pro Kind
Thüringen	10,0 m²

Der Außenbereich eines Kindergartens läßt sich in zwei Bereiche gliedern:

Der externe Bereich

Hierzu gehört der Eingangsbereich, wo Eltern ihre Kinder abgeben, abholen oder warten, Kurzzeitparkplätze, die Parkplätze des Personals und eventuell eine Haltestelle des Öffentlichen Nahverkehrs. Hierzu zählen als weiterer, oft unterschätzter Bereich die Flächen des „Abstandsgrün" als Sichtschutz, schallabsorbierende Flächen als Schallschutz und Dekorations- oder Reserveflächen. Der externe Bereich ist während der Betreuungszeit für die Kinder nicht zugänglich und unterliegt deshalb nicht den Sicherheitsvorschriften des Spielbereichs. Der Eingangs- und Wartebereich sollte über Sitzgelegenheiten, Regendach, Windschutz und Schattenspender verfügen. Der Park- und Ladebereich sollte übersichtlich, aber „uninteressant" für die Kinder gestaltet sein.

Der interne Bereich

Dazu gehört der gesamte Außenbereich des Geländes, das den Benutzern während der Öffnungszeit zugänglich ist. Er ist für Außenstehende nicht frei betretbar und unterliegt den für die gesamte Anlage geltenden Sicherheits- und Ausführungsnormen.

Wie im Gebäude finden hier die Sicherheitsvorschriften (GUV) nach dem Bundesverband der Unfallkassen (BUK) Verwendung. Desweiteren gelten DIN EN 1176: Spielplatzgeräte, DIN EN 1177: Stoßdämpfende Spielplatzböden sowie DIN 18034: Spielplätze und Freiräume zum Spielen.

Spielflächen ohne jedes Risiko gibt es jedoch nicht. Und sie sind auch nicht sinnvoll, denn Kinder wollen und sollen ihre Kräfte, ihre Mobilität und ihre Geschicklichkeit erproben. Dennoch lassen sich für Kinder nicht erkennbare Gefahren vermeiden.

So sollten, um das Hängen- und Steckenbleiben möglichst auszuschließen, Öffnungen zum Schutz des Kopfes nicht zwischen 120 und 200 mm und zum Schutz der Finger nicht zwischen 8 und 25 mm dimensioniert werden. Eine Gefährdung durch scharfe, spitze und gesundheitsgefährdende Gegenstände und Materialien sollte selbstverständlich ausgeschlossen werden (z.B. bei umgrenzenden Stabgitterzäunen). Baumstämme zum Sitzen, Spielen oder Balancieren sollten von Kindern nicht ins Rollen gebracht werden können. Bei Stapelung von losem Spielmaterial ist darauf zu achten, dass erhöhtes Gewicht den Stapel nicht zum Einsturz bringen kann. Bei Spielflächen mit stehendem Wasser darf die Wassertiefe in Kindergärten 20 cm, in Horten 40 cm nicht überschreiten. Der Uferbereich sollte ein gleichmäßiges, flaches Gefälle aufweisen. Regensammelbehälter sollten so gesichert werden, dass Kinder nicht hineinfallen können.

Kinder klettern gern in die Höhe, auf Hütten und Dächer, auch wenn diese dafür nicht vorgesehen sind. Auch hier bewahrt eine vorausschauende Planung vor nachträglichem Sicherheitsumbau an den Gefahrstellen. Ab einer Fallhöhe von 2 m sind stoßdämpfende Untergründe, z.B. Sand oder Rindenmulch, als Fallschutz gefordert. Bei Kletterbäumen muss der Sicherheitsbereich unter den Bäumen frei von Teilen sein, an denen man sich beim Fallen verletzten kann.

Auch bei der Bepflanzung des Außengeländes gilt es, im Hinblick auf die Auswahl der Pflanzen, auf Nummer sicher zu gehen. Folgende Pflanzen sind giftig und dürfen nicht angepflanzt werden: Pfaffenhütchen (Euonymus europaea), Seidelblast (Daphne mezereum), Stechpalme (Ilex aquifolium) und Goldregen (Laburnum anagyroides). Auch auf den stark ätzenden Bärenklau (Heracleum mantegazzium) sollte man verzichten.

Die folgenden Pflanzen sind im Spielbereich von Kindern unter sechs Jahren nicht zu empfehlen, da ein Verzehr zu Übelkeit und Erbrechen führen kann: Eibe (Taxus baccata), Liguster (Ligustrum vulgare), Rote Heckenkirsche (Ramnus cathartica), Wolliger Schneeball (Viburnum lantana), Schneeball (Viburnum opulus), Efeu (Hedera helix) und Waldgeißblatt (Lonicera periclymenum).

Das Außengelände insgesamt ist also ein hochkomplexer Funktionsraum, der je nach Möglichkeit und Gestaltung das Funktionskonzept des Kindergartens unterstützen, ergänzen, ausgleichen, dämpfen, in widrigen Fällen auch zerstören kann. Im Außengelände muss sich das gewählte pädagogische Konzept nicht zwingend widerspiegeln, sondern sollte es entsprechend den Gegebenheiten, Möglichkeiten und Bedürfnissen unterstützen. Im Gegensatz zum Kindergartenhaus weist das Außengelände nur sehr selten ein einheitliches Konzept auf und bildet oft genug ein Sammelsurium von Zufälligkeiten. Wie schon erwähnt kann sich das „interne Außengelände" durchaus aus verschiedenen Funktionsbereichen zusammensetzen, die durchaus auch vermischt werden können; deren Gestaltung sollte aber nicht dem Zufall überlassen werden, sondern sich ausrichten an Benutzerverhalten, Benutzerbedürfnissen, den pädagogischen Ansprüchen und den örtlichen Möglichkeiten. Im Folgenden soll darauf genauer eingegangen werden.

Benutzer

Die Benutzer des Kindergarten-Außengeländes sind natürlich zunächst die Kinder des Kindergartens. Sie sind bekannt, kennen sich alle untereinander, sind vertraut mit dem Gelände, halten sich dort regelmäßig auf und haben ein bekanntes Repertoire an Spiel- und Verhaltensgewohnheiten. Die Kinder sind in Gruppen, die meist eine einheitliche Alters- und Leistungsstruktur besitzen. Die Kinder als Benutzergruppe sind deshalb auch berechenbar, leichter zu beeinflußen und zu beaufsichtigen. Die Regeln für die Benutzung sind hier also andere als auf einem öffentlichen Spielplatz mit einer inhomogenen Benutzerklientel. Im Kindergarten lassen sich deshalb auch sehr viel individuellere, sensiblere, empfindlichere und weniger genormte Spielsituationen verwirklichen.

Neben den Kindern bilden Erwachsene, Betreuer, Pflege- und Reinigungspersonal die zweite Benutzergruppe. Deshalb müssen alle Bereiche zugänglich und

überschaubar, Wege und Wegprofil erwachsenenge-
recht sein. Aufenthaltsmöglichkeiten für Betreuungs-
personal müssen ebenso eingeplant werden wie eine
Notbefahrbarkeit, weiterhin die Reinigungsmöglichkeit
der verschiedenen Flächen und Beläge und schließlich
auch die Pflege- und Wartungsintensität von Grünan-
lagen und Spielgeräten.

Kinder haben nicht nur spezifische Verhaltensweisen,
sondern auch spezifische Bedürfnisse, denen das
Außengelände entgegenkommen muss. Während sich
das Benutzerverhalten ebenso wie die Kindheit parallel zu den gesellschaftlichen Veränderungen wandelt,
ändern sich die Bedürfnisse der kleinen Benutzer kaum.
So kann und soll das Außengelände bei entsprechender Gestaltung die physiologischen Bedüfnisse mit ein-
hergehender Schulung der motorischen Fähigkeiten
über die Bewegungs- und Koordinierungsaktivitäten,
die Sinneswahrnehmung bis hin zu gesundheitlichen
Aspekten unterstützen und fördern, psychologische Bedürfnisse wie die Entwicklung von Selbstwertgefühl,
Selbstvertrauen und Eigenverantwortung, Anregung
von Phantasie und Kreativität, aber auch Erkennen von
Zusammenhängen und Abbau von Aggressionen unterstützen und die sozialen Bedürfnisse wie Gruppen-
verhalten, Konfliktbewältigung, Privatheit und Freund-
schaften beeinflussen.

Spielen

Was wird unter spielen verstanden, warum wird gespielt?
„Kinder spielen spontan, jederzeit, überall, mit allem,
im steten Wechsel, zweckfrei ohne Anfang und Ende."
Spielen bereitet Kinder auf das Leben vor. Sie lernen im
Spiel ihre Umwelt und die mit ihr verbundenen Bedingungen kennen. Spiel ist für Kinder ernsthaftes Tun und
nicht das Gegenteil von Arbeit.
Sicher gibt es Orte, an denen lieber, und andere, an
denen weniger gern gespielt wird, Orte, wo friedlicher
oder aggressiver, wo phantasievoller oder einfallslos gespielt wird, und schließlich Orte, an denen kein Spiel
aufkommen kann.

Der Ort beeinflußt also zweifellos das Spielen, kann es
stimulieren oder unterdrücken. Aber Spiel ist nicht
gleich Spiel. Spiele, bei denen Gegenstände verändert
und aus der alten Anordnung verrückt werden, treffen
oft auf Missbehagen, gar Missbilligung, stehen unter
dem Verdacht des Vandalismus, obwohl sie oft aus
Kreativität und Phantasie hervorgegangen sind
(Blumenpflücken, Graffiti). Wenn Spiele wegen angeb-
licher Unruhe oder Verschmutzung eingeschränkt werden, muss an anderer Stelle Ersatzraum geschaffen
werden, an dem sich der kindliche Entdeckungs- und
Bewegungsdrang ausleben kann.

Spielplatz

Auf die Frage, wie ein Spielplatz aussehen soll, wird
meist geantwortet: „Eine Schaukel, eine Rutsche, Wip-
pe, ein Karussell und ein Sandkasten." Wird nachge-
fragt, warum und was für einen pädagogischen Wert
oder welche Spielfunktion diese Geräte oder
Gerätekombinationen haben, wird meist achselzuckend
geantwortet: „Damit haben wir früher schon gespielt."
Spielen im Freien, im Garten, auf dem Spielplatz kann,
muss aber nicht geräteorientiert sein. Es gibt keine wissenschaftlichen Untersuchungen, die als Grundlage für
die Entwicklung von Spielgeräten herangezogen werden könnten. Trotz Einzeluntersuchungen gibt es wenig verlässliche Aussagen über unterschiedliche Spielsituationen oder Spielfunktionen und darüber, welche
Spielgeräte auf einem Spielplatz sinnvoll angeordnet
werden müssten. Damit die Spielgeräte nicht als
funktionslose Dekorationsartikel zur Geländegarnierung
herumstehen, sollten über die jeweilige Spielfunktion
und Gerätenutzung mehr als nur die Werbesprüche der
Herstellerfirmen bekannt sein. Spielräume entstehen
nicht einfach durch eine wahllose Ansammlung verschiedener Fertigprodukte.

Spielgeräte-Spielplatz

Spielgeräte können Auslöser und Katalysator für das
Spiel sein. Sie haben aber keinen isolierten Selbstwert,

sondern nur im Zusammenhang mit ihrer Funktion und den Möglichkeiten des Umfeldes erhalten sie ihre Spiel-attraktivität. Es ist deshalb sinnvoll, Gegebenheiten - wie Hanglage, Abhänge, Fluchtwege, Abkürzungen, Un-tergründe, offene Bereiche, uneinsehbare Bereiche usw. mit einzubeziehen und dafür entsprechende, die Situa-tion berücksichtigende Spielmöglichkeiten anzubieten. Manche Spielsituationen entstehen ohne Spielgerät, wie z.B. auf Treppen, Treppengeländern, Mauern zum Klettern, Rübersteigen, Rutschen oder an Büschen, Ni-schen, Dachüberständen, abgelagertem Gerümpel zum Verstecken, oder Bereichen, in die man sich zurückzie-hen kann. Durch bewußt geplanten Spielgeräteeinsatz können solche Spielsituationen aufgegriffen, verstärkt oder auch abgeleitet, gesichert oder gar verhindert wer-den. Das Spielgerät soll möglichst zu einer bestimm-ten, vorher erkannten und geplanten Handlungsweise anregen und nicht zweckentfremdet werden. Eine Spiel-funktion, die durch den Ort oder die Situation oder das Gerät den Benutzer nicht zum entsprechenden Spiel animiert, wird anders benutzt und kann zu Komplika-tionen führen: Dann wird die Rutsche zum Hochklet-tern benutzt, bei ruhigen Hausspielen wird rumgetobt, oder die Schaukel wird als Platz zum Träumen benutzt.

Schaukel

Sie wird vor allem von Erwachsenen als traditionelles Spielgerät hochgeschätzt, eignet sich für Kindergärten aber deshalb nicht, weil nur ein/zwei Kinder gleichzei-tig schaukeln können. Die anderen Kinder müssen war-ten, und gleichzeitig wird viel Fläche als Sicherheits-abstand blockiert. Schaukeln und Schwingen läßt sich für viele Kinder gleichzeitig und deshalb kindergarten-gerecht auch durch Hängematten, Schwingnetze, Schwing- und Hüpfmembrane realisieren.

Wippen

Wippen gehören ebenfalls zu den traditionellen Spiel-platz-Requisiten. Auch hier sollte nicht nur auf Stoß-dämpfungseinrichtungen gesehen werden, sondern

darauf, dass viele Kinder gleichzeitig Spielspaß haben. Die oft eingesetzten Federtiere und -figuren sind Einzel-wippen, die mehr isolieren als zum Zusammenspiel animieren.

Karussell

Zu achten ist hier auf einen geschlossenen, sich mit drehenden Boden und einen möglichst großen Durch-messer, damit mehrere Kinder es gleichzeitig benutzen können und die Drehgeschwindigkeit träger wird. Kleine Karussells verwirbeln die Kinder oft zu stark.

Klettergeräte

Klettern ist eine Tätigkeit, um von einem Ort zum an-deren, von unten nach oben oder auch umgekehrt zu gelangen. Klettern ist kein Spiel an sich, deshalb müs-sen Klettersituationen immer ein Ziel haben, eine Weg-abkürzung, eine Plattform oder eine Hütte, in die man gelangt. Isolierte Klettergeräte, auf denen man nur hochklettern kann, führen dazu, dass oben oft unter den Kindern Streit und Gerangel entsteht. Klettergeräte sind deshalb am besten mit anderen Spielmöglichkeiten zu verknüpfen (Hütten, Plattform, Rutschen, Hängebrük-ken). Es gibt Kletterseilkonstruktionen, die Schwingen, Klettern und Sitzen kombinieren.

Reck

Das Reck oder Hangelbogen ist eher ein Turn- als ein Spielgerät und wurde früher auf jedem Spielplatz auf-gestellt. Das „Sichaushängen" tut Kindern gut, lindert Wachstumsschmerzen und beugt Haltungsschäden vor. Aber die Geräte haben mehr die Wirkung eines „Trimm-Dich-Gerätes" als Pflichterfüllung anstatt eines spiel-auslösenden Spaßgerätes. Die gleichen Funktionen können Kletterkombinationen oder eine Seilbrücke übernehmen.

Rutschen

Rutschen zählen zu den beliebtesten Spielgeräten, ma-chen aber wie die Klettergeräte nur Sinn, wenn sie von einem Ort zum andern führen. Die oft verwendeten Bock-rutschen (Leiter hoch, Rutsche runter usw.) führen im Aufstiegs- und oberen Einsitzbereich der Rutsche nur zu Konflikten. Spielfunktion ist dann nicht mehr das Rutschen, sondern das Streiten wer der Erste ist. Geeigneter sind Rutschen als Plattformabgänge in Kombination mit Klettergeräten (Mehrfachkletter-möglichkeiten), Hängebrücken, Türmen oder als Hang-rutsche. Zu empfehlen sind auch in einem Hügel inte-grierte Breitrutschen, die auf verschiedenen Wegen durch Laufen, Gehen, Klettern oder Kriechen erreich-bar sind.

Eine besondere Funktion übernehmen Rutschen (mög-lichst als Tunnelrutschen) als Fluchtweg aus einem oberen Stockwerk. Täglich als Ausgang ins Spielgelände benutzt, wird ihnen die panikauslösende Sonder-funktion genommen, und sie werden im Extremfall si-cher benutzt.

Brücken, Übergänge

Auf andere herunterschauen, einmal größer als die anderen sein ist für Kinder von besonderem Reiz. Hoch und Tief ist nicht nur ein Sinnenerlebnis; es werden hier auch Gefahrabschätzung, Koordination und Körper-kräfte spielerisch trainiert. Übergänge von einem Ort zum nächsten werden zum Spiel. Diese Übergänge soll-ten durch verschiedene Höhen, Konstruktionen, Gelän-der und Schwingung von verschiedenem Schwierig-keitsgrad sein. Hängebrücken, Klettersteige, Netz- und Seilbrücken dazu einfache Seile eröffnen dem Kind hier verschiedene Erlebnis- und Spielmöglichkeiten.

Hütten, Plattformen, Türme

Neben dem Höhenerlebnis bieten sie ideale Vorausset-zungen für das Versteckspiel oder können als Unter-stand bei schlechter Witterung genutzt werden. Sie eignen sich besonders zum Anbau und zur Kombinati-on mit anderen Spielgeräten und bieten so vielschich-tige Spielmöglichkeiten. Um möglichst vielen Kindern gleichzeitig das Spiel zu ermöglichen, sollten sie sehr

stabil sein und mit mehreren gleichzeitig benutzbaren Auf- und Abgängen versehen sein. Zu beachten ist, dass es an diesen Einrichtungen meist laut und hektisch zugeht. Für ruhiges, verträumtes und verstecktes Spie-len sollten zusätzlich Busch-, Weidenhütten oder in Bü-sche geschnittene Unterstände vorgesehen werde, die kein Klettern zulassen.

Bauen

Kinder würden am liebsten ihre Spielhütten selber bau-en. Geeignet dazu wären Holzbretter, Balkenzuschnitte, Styroporblöcke, Kunststoffkanister oder Getränke-kästen. Dieser Wunsch scheitert leider am Unfallrisiko und der damit verbundenen personalintensiven Anleitungs- und Aufsichtspflicht. Überall, wo mit Kin-dern mit guten Ergebnissen selbst gebaut wurde (Aben-teuerspielplätze, alternative Kindergartenprojekte, Ferienkinderlager), funktionierte dies gerade so lange, wie überdurchschnittlich engagierte und fähige Betreuer sich eingesetzt haben. Im normalen Alltagsbetrieb ist dies in der Regel kaum zu leisten.

Sand

Der Sandkasten als vielseitiger Spielbereich ist von al-ters her der Inbegriff des Spielplatzes. Der Spiel-phantasie der Kinder sind hier, wie bei keinem anderen Gerät, kaum Grenzen gesetzt. Ein gut gewaschener, rei-ner Sand hat gegenüber einem mit lehmig-bindigen An-teile Vorteile. Letzterer verfestigt und verhärtet sich schnell, wodurch die Kinder nur noch mit Mühe gra-ben können. Der reine, gewaschene Sand hat im abso-lut trockenen Zustand keine Klebeeigenschaften, aber er ermöglicht viele Spiele, bei denen Schaufeln, Rieseln und Schütteln wichtig sind. Im angefeuchteten Zustand entwickelt er durchaus Klebeeigenschaften. Die Emp-fehlung, den Spielsand aus Hygienegründen öfters aus-zuwechseln, ist wenig praxisgerecht. Der Spielsand ist nicht schmutziger als irgendeine andere Erde, in der Kinder spielen. Durch die biologische Selbstreinigungs-kraft sind kleinere Verunreinigungen nach ein paar Tagen nicht mehr wahrnehmbar. Sand chemisch zu desinfizieren heißt ihn zu verseuchen.

Sandkästen sollten nicht bündig mit dem Gelände eingebaut werden und mit Mauern, Balken oder Kunststoffbarrieren abgetrennt werden. Geeignet dagegen ist, den Sandkasten etwa 20 cm abzusenken und als muldenartigen Trockenteich oder als Sandkuhle mit geeigneter Einfassung auszubilden. Sand fällt beim Spielen weniger nach außen und kann durch eine geeignete Einfassung leicht wieder zurückfallen. Die kleine Stufe bietet sich zudem als gute Sitzposition an.

Wasser

Wasser hat auf alle Kinder eine magische Anziehung, als Spielelement eine Vielzahl von Möglichkeiten, kann in allen Aggregatzuständen direkt erlebt werden, und wirkt sogar auf aggressive Kinder beruhigend. Zur Realisierung als Spiel reichen die einfachsten Mittel aus: Eimer, Schüssel und Gießkanne. Mit dem Gartenschlauch, dem Wassersprenger und Sprühgießer lassen sich im Sommer ganze Wasserschlachten arrangieren. Das Spielwasser sollte grundsätzlich Trinkwasserqualität haben. Der Wasserlauf sollte über einen breiten Erdbereich als Sickerfläche über einen Sandabscheider abgeführt werden (falls nicht die Möglichkeit der Versickerung auf dem Grundstück gegeben ist). Ein direkter Wasserablauf in den Kanal führt leicht zur Versandung und wird oft aus Spielfreude verschlossen - kostspielige Überschwemmungen sind oft die Folge. Ist eine größere Wasser-Matsch-Spielanlage geplant, sollte auf eine Schmutzschleuse mit Waschbecken und Dusche nicht verzichtet werden, um diese Anlage auch im Alltag praktisch nutzen zu können.

Wenn Matschen im Spielkonzept nicht erwünscht ist, kann über Beton- und Pflasterkanäle, Metallrinnen, Röhren, Archimedische Schrauben, Schöpfbecken und Springbrunnen eine Vielzahl von Wasserspielen ermöglicht werden.

Wasserteiche, Planschbecken oder Badebecken müssen den Vorschriften und Normen der öffentlichen Bade-

anstalten entsprechen. Es werden auf jeden Fall Filter- und Pumpanlagen benötigt, deren Wartung geld- und personalintensiv ist.

Feuer

Auch vom Feuer werden Kinder „magisch" angezogen, es ist faszinierend und vermittelt eine Atmosphäre, die von Geborgenheit bis hin zu Abenteuer und Naturerfahrung reicht. Der Umgang damit will freilich gelernt sein. Etwa jede dritte fahrlässige Brandstiftung wird nach den Statistiken der Polizei und der Versicherungen von Kindern ab drei Jahren und Jugendlichen verursacht. Der richtige, sorgfältige und verantwortungsbewusste Umgang mit Feuer kann statt eines strikten Verbotes durchaus Gegenstand des Lernens im Kindergarten sein. Natürlich müssen diese Lernerfahrungen unter Aufsicht erfolgen. Feuerstellen und Grillmulden müssen seitlich begrenzt werden und ein schneller Zugiff des Personals möglich gemacht werden.

Spielfiguren

Spielfiguren - sei es als künstlerisch ambitionierte Stein- oder Holzplastiken, als bunte abstrakte oder naturalistisch-konkrete Kunststofffiguren, als Federwackeltiere, als Baumstammlokomotive oder Fliegenpilzhütte - sind bloße Dekorationsartikel. Die Kinder, von attraktiver Buntheit angezogen, werden schnell herausfinden, ob diese zum Spielen taugen und wenn nicht, sich schnell anderen Sachen zuwenden.

Der Spielplatz mittig- oder randorientiert

Bei der traditionellen Anordnung eines Spielplatzes dominieren und okkupieren die Geräte die Mitte, während die Kinder darumherum spielen. Diese Anordnung kommt aus dem Dekorationsgedanken. Viel Platz geht dabei als Sicherheitsabstand und Fallschutzuntergrund verloren. In Zeiten, wo Spielplätze in großen Freigeländen als für sich selbst werbende, Ausflugsstimmung vermittelnde Attraktion geplant wurden und die Benutzer eher in Kauf genommen als gewünscht waren, mag diese raumverschenkende Anordnung Sinn gemacht werden. Gerade wo Platzmangel herrscht - und das ist in der Regel bei Kindergärten der Fall - sollten nicht die Spielgeräte, sondern die Kinder in den Mittelpunkt gestellt werden. Wenn die Spielgeräte, Spielmöglichkeiten und Spielfunktionen als einseitig benutzbare Spielwände bis an den Platzrand als Zaun, Mauerverkleidung oder Wandteil angeordnet werden, können die mittigen Flächen als Spielfreiräume z.B. fürs Ballspiel genutzt werden.

Der randorientierte Spielplatz bietet die bessere Raumausnutzung. Spielgeräte als spielauslösende Katalysatoren brauchen nicht wie Monumente die Mitte besetzen, sondern können auch vom Rand her das Spiel stimulieren. Kurz: der randorientierte Spielplatz ist der kindgerechtere Spielplatz, weil er den Kindern mehr Platz lässt.

Spielgelände

Das Außengelände des Kindergartens kann durch eine vielschichtige Gestaltung, durch Hügel, Täler, Felssteine, Wegeführung, durch Büsche, Bäume, Wiesen, durch Sandflächen, Kies- und Erdbereiche zu einer reichhaltigen Erlebnis- und Erfahrungswelt für Kinder werden, die Spielen stimulieren und auslösen kann. Ein Hügel etwa kann Auslöser werden für bewegtes Spiel mit Rennen, Rutschen, Purzeln, Balancieren, Sich verstecken, er kann erobert und verteidigt oder zum Aussichts- und Treffpunkt werden, zu baulichen Maßnahmen wie Burgen, Höhlen, Treppenanlagen anregen oder Ruhepunkt werden, um die Phantasie schweifen zu lassen. Ebenso können Sitzmulden, Rasentribünen, Ballspielwiesen, Feuerplatz in die Landschaft mit eingeplant werden. Oft ist diese natürliche oder nachgestaltete Spieltopographie nicht verschleißfest und stabil genug und bedarf dadurch intensiver Pflege. Spielgeräte können hier nützliche Dienste als Spielauslöser, zum Aggressionsabbau und als Verschleißschutz leisten:

Brücken über Täler, Netze zum Klettern, Rutschen am Hügel, Sandbagger in Sandmulden können eine sensibel geplant und gebaute Landschaft kinder- und spielstabil machen.

Biotope, wie sie vor einigen Jahren sehr in Mode waren, können wegen der räumlichen Enge und der ständigen Anwesenheit der kindlichen Benutzer niemals ins biologische Gleichgewicht in einem Kindergarten gebracht werden. Dagegen sind kleine Pflanzgärten, in denen Kinder unter Anleitung Blumen und Gemüse züchten, Obstbüsche und -bäume abernten können, sinnvoller.

Im Gegensatz zur üblichen Garten- und Landschaftsplanung, die gerne überschaubare, gegliederte, mit Sichtachsen versehene Landschaften gestaltet, sollte ein Kindergarten-Garten den oft beschränkten Platz möglichst fein gliedern mit einer fast labyrinthhaften Struktur. Ähnlich wie in japanischen Gärten mit ihren vielfältigen Perspektiven und Landschaftseindrücken sollte auch der Kindergarten bei beengten räumlichen Gegebenheiten ein Maximum an Erlebnismöglichkeiten vermitteln, auf die kleine Größe der Benutzer eingehen und Sinne, Bewegung, Phantasie und Tätigkeit auf verschiedene Weise stimulieren. Neben den Niveauunterschieden tragen Pflanzen erheblich zur Strukturierung des Geländes bei. Mit Bäumen, Sträuchern, Stauden und Gräsern lassen sich atmosphärisch ganz unterschiedliche Spielräume gestalten. So können auch auf relativ beengtem Platz zahlreiche Spielmöglichkeiten wie Verstecken und Klettern, Erfahrungsmöglichkeiten wie Werden, Wachsen und Absterben, jahreszeitliche Veränderungen und unangenehme Erfahrungen durch Brennesseln, dornige oder stachelige Pflanzen wie Rosen und Brombeeren eröffnet werden; eine unmittelbare körperliche Naturerfahrung. Andere Pflanzen, wie zum Beispiel Haselnuss oder Weiden haben den Vorteil, dass sie rasch wachsen und biegsam sind. Mit ihnen lassen sich mit entsprechenden Verknüpfungstechniken Verstecke, lebendige Mauern, Gänge, Hütten, Tunnels, Begrenzungen und Klettergerüste anlegen.

Alter Baumbestand ist, wenn vorhanden, unbedingt in die Planung einzubeziehen. Die Anpflanzungen sollten auch die Funktion eines Witterungsschutzes erfüllen, d.h als Wind- und Sonnenschutz und Schutz vor Niederschlag. Für Neuanpflanzungen und Nachpflanzungen sollten in großer Artenvielfalt standortgerechte und rasch wachsende Gehölze gewählt werden. Werden Pflanzen in den direkten Spielbereich mit einbezogen, sollten angesichts der starken Beanspruchung durch spielende Kinder neu gepflanzte Sträucher mindestens 1 bis 2 Meter Höhe, neu gesetzte Bäume mindestens 14 Zentimeter Stammumfang aufweisen.

Der Stellenwert des Außengeländes kann nicht hoch genug veranschlagt werden. Ergänzend zu einer guten, kindgerechten Spielplatzgestaltung kann es das Kindergartenkonzeptz so unterstützen, dass der Kindergarten wirklich ein „Kindergarten" wird.

Günter Beltzig

Akustik

Umfrageergebnis: In 48 % der untersuchten Einrichtungen gab es mehr oder weniger Probleme mit der Akustik. Maßnahmen zur Verbesserung der Akustik wie z. B. Akustikdecken, Akustikputz wurden nur in 12 % der Fälle vorgenommen.

Schädigungen des Gehörs zählen heute zu den häufigst anerkannten Berufskrankheiten. Das Gehör ist ständig lauten und leisen Geräuschen ausgesetzt, die je nach individueller Disposition ganz unterschiedlich wahrgenommen werden.

Bereits ab einem Schalldruckpegel von 60 dB im Wachzustand oder 30 bis 40 dB im Schlaf - der Schallpegel einer normalen Unterhaltung beträgt ca. 50 dB - können Geräuscheinwirkungen u.U. unbewusste vegetative Reaktionen wie beschleunigte Herzfrequenz, erhöhten Blutdruck, erweiterte Pupillen, herabgesetzte Hauttemperatur, gesteigerten Stoffwechsel auslösen. Ein ständiger Lärmpegel kann irreparable Hörschäden zur Folge haben, Stress, Aggressivität, Konzentrationsstörungen verursachen und zu chronischen Krankheiten etwa Herz-Kreislaufstörungen und Schlaflosigkeit führen.

Gerade in Kindergärten sollte deshalb akustischen Anforderungen besondere Aufmerksamkeit gewidmet werden, um allen Nutzern einen möglichst störungs- und damit stressfreien Tagesablauf zu ermöglichen. Die Praxis zeigt, dass eine gute Sprachverständlichkeit gewährleistet ist, wenn der Sprachschallpegel mindestens 10 dB über dem Pegel des Störgeräusches liegt.

Nachträgliche akustische Maßnahmen sind teuer und können bereits im Vorfeld umgangen werden.

Im Rahmen einer Diplomarbeit wurden 1998 im Großraum Kaiserslautern Erzieherinnen zur akustischen Situation im Gruppenraum befragt. Dabei wurden insgesamt 124 verschiedene Gruppenräume bewertet. Die Fragen wurden den Erzieherinnen so gestellt, dass eine objektive Bewertung - mit den Noten 1 für sehr gut bis 5 für schlecht - der momentanen akustischen Situation im Kindergarten möglich ist. Um die Tendenz klarer darzustellen, wurden die Noten 1 und 2 sowie 4 und 5 zu je einer zusammengefasst, wobei folgende Ergebnisse entstanden:

Bewertung	gut	mittelmäßig	schlecht
Lärm von außen	82 %	10 %	8 %
Lärm aus der Nachbargruppe	63 %	25 %	12 %
Lärm aus dem Flur	43 %	32 %	25 %
Lärm aus der Gruppe selbst	31 %	27 %	42 %
Gesamtsituation	36 %	51 %	13 %

Die Bewertung der Kategorie „Lärm von außen" ist hier nicht repräsentativ, da der Großraum Kaiserslautern eher ländliche Gebiete umfasst. In den untersuchten Einrichtungen ist jedoch die Wahl des Standorts überwiegend gut und sorgfältig erfolgt. Die überwiegend positive Bewertung „Lärm aus der Nachbargruppe" ist darauf zurückzuführen, dass die einzelnen Gruppenräume in den Einrichtungen nicht direkt aneinander liegen, sondern akustische „Puffer" wie Lager, Garderobe oder Küche dazwischengeschaltet sind. „Lärm aus dem Flur" stellt in vielen Kindergärten ein Problem dar, da der Flur auch als Aufenthalts- und Spielfläche genutzt wird und seine Wandbereiche mit Fensteröffnungen und Türen versehen sind. Die hohe „Schlecht"-Bewertung bei der Kategorie „Lärm aus der Gruppe selbst" ist ein deutlicher Hinweis, dass die Raumakustik im Gruppenraum in den meisten Einrich tungen problematisch ist. Darauf verweist auch der hohe Wert „mittelmäßig" bei der Beurteilung der Gesamtsituation.

Die Akustik umfaßt im allgemeinen zwei große Themenbereiche: Zum einen die Bauakustik, die sich mit „Störungen" aus fremden Bereichen beschäftigt, und zum anderen die Raumakustik, in deren Mittelpunkt das Schallvermögen des Raumes selbst steht.

Da es, abgesehen von einigen Empfehlungen, keine Vorschriften zur Akustik in Kindergärten gibt, sollen Bau- und Raumakustik (im Vergleich zu Schulen und ähnlichen Unterrichtsstätten) näher betrachtet und erläutert werden.

Bauakustik (Schallschutz)

Die Bauakustik unterscheidet zwischen Lärm von außen und Lärm innerhalb eines Gebäudes. Hinsichtlich der Anforderungen an die Luftschalldämmung von Außenbauteilen fordert die DIN 4109 (Schallschutz im Hochbau) von Lärmpegelbereich I mit einem maßgeblichen Außenlärmpegel bis zu 55 dB bis Lärmpegelbereich VII mit über 80 dB u.a. bei Unterrichtsstätten oder ähnlichen Räumen ein erforderliches resultierendes Schalldämm-Maß des Außenbauteils zwischen 30 dB für Lärmpegelbereich I und 50 dB für Lärmpegelbereich VI. Lärmpegelbereich VII muss „aufgrund der örtlichen Gegebenheiten festgelegt werden" (DIN 4109, Tab. 8, Z. 7).

Im Hinblick auf die Akustik innerhalb des Gebäudes sind selbstverständlich die unterschiedlichen Nutzungen ausschlaggebend, d.h. vor allem welche Bereiche (laute oder leise Räume) aneinander grenzen. Nach DIN 4109 handelt es sich bei Unterrichtsräumen in Schulen, Hochschulen und ähnlichen Einrichtungen um schutzbedürftige Räume, die gegen Geräuscheinwirkung zu schützen sind.

Bei Schulen und vergleichbaren Unterrichtsstätten werden Mindestschalldämm-Maße von trennenden Bauteilen gefordert und dafür geeignete Konstruktio-

nen beschrieben. Dabei sind die Nebenwegübertragungen durch Luftschall über Luftschächte, Kanäle, abgehängte Decken etc. unbedingt zu beachten. Ausschnitt aus DIN 4109, Tab. 3:
Erforderliche Luftdämmung zum Schutz gegen Schallübertragung aus einem fremden Wohn- oder Arbeitsbereich.

Zeile		Bauteile	erf. R´$_W$ dB
5 Schulen und vergleichbare Unterrichtsräume			
41	Wände	Wände zwischen Unterrichtsräumen oder ähnlichen Räumen	47
42		Wände zwischen Unterrichtsräumen oder ähnlichen Räumen und Fluren	47
43		Wände zwischen Unterrichtsräumen oder ähnlichen Räumen und Treppenhäusern	52
44		Wände zwischen Unterrichtsräumen oder ähnlichen Räumen und "besonders lauten" Räumen (z.B. Sporthallen, Musikräumen, Werkräumen)	55
45	Türen	Türen zwischen Unterrichtsräumen oder ähnlichen Räumen und Fluren	32

Um bei der Untersuchung die subjektiven Umfrageaussagen der Erzieherinnen in den Kategorien „Lärm von außen", „Lärm aus dem Flur", „Lärm aus der Nachbargruppe" zu bewerten, wurden sie mit den vor Ort gewonnenen Messergebnissen in Zusammenhang gebracht und folgende Noten wie bereits zuvor festgelegt:

Kategorie	Bau-Schalldämm-Maß R´$_W$ [dB] in Gruppenräumen
gut	> 45
mittel	45 - 30
schlecht	< 30

Diese Einteilung bestätigt sich, wenn man hierzu die Anforderungen des Raumbuches Kindertagesstätten der

Stadt Frankfurt/Main, welches ein bewertetes Schalldämm-Maß zwischen Gruppenräumen von R_w = 47 dB sowie R_w = 31 dB von Türen im eingebauten Zustand verlangt, sowie den der DIN 4109 für „Schulen und vergleichbare Unterrichtsstätten" s.o. vergleicht.

Bei der Festlegung des Fensterflächenanteils in Gruppenräumen ist zu berücksichtigen, dass bereits kleine Öffnungen der Wand durch ein Fenster oder eine Tür das Schalldämm-Maß dieser Wandkonstruktion erheblich reduzieren können. Auch Schiebe- oder Faltwände z.B. beim Mehrzweckraum können sich ungünstig auf das Schalldämm-Maß auswirken.

Beispiel:
Einfluß auf das Schalldämm-Maß einer Wand-Fenster-Konstruktion mit den Schalldämm-Maßen einer einschaligen Wand (24 cm Kalksandsteinmauerwerk mit einer Rohdichte von 1.800 kg/m³, beidseitig verputzt) von R_w = 55 dB und eines Fensters (Verbundfenster mit 1 Einfachscheibe und 1 Isolierglasscheibe) von R_w = 30 dB bei steigendem Fensterflächenanteil.

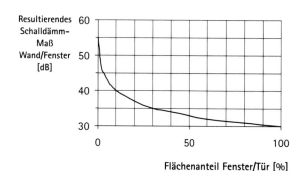

Resultierendes Schalldämm-Maß Wand/Fenster [dB]

Flächenanteil Fenster/Tür [%]

Bereits bei einem Fensterflächenanteil von nur 10 % zeigt die Grafik ein deutliches Absinken des resultierenden Schalldämm-Maßes $R_{W,res}$ auf ca. 40 dB.

Raumakustik

Bei üblichen Grundrissformen und kleinen Raumgeometrien ist die wichtigste Größe der Raumakustik die Nachhallzeit. Sie kennzeichnet im allgemeinen die Halligkeit eines Raumes in den verschiedenen

Frequenzbereichen und wird vereinfacht in Abhängigkeit des Raumvolumens V und der Schallabsorptionsfläche A nach der Sabine'schen Formel ermittelt:
$$T = 0,163 \ V/A$$
Die Schallabsorptionsfläche setzt sich aus den jeweiligen Schallabsorptionsgraden der Raumflächen, Einrichtungen und Personen zusammen.

DIN 18041 "Hörsamkeit kleiner bis mittelgroßer Räume" gibt für Zuhörerräume bei 500 Hz eine Nachhallzeit von T = 0,65 s +/- 20 % an, was bedeutet, dass bei Nachhallzeiten zwischen 0,5 s und 0,8 s zufriedenstellende Ergebnisse zu erwarten sind. Das Raumbuch Kindertagesstätten der Stadt Frankfurt/M. fordert Nachhallzeiten zwischen 0,6 s und 0,8 s, Werte, die auch in den Schulbaurichtlinien zu finden sind. Diese Werte können zur Orientierung dienen. Es gilt allerdings einen wichtigen Unterschied zwischen einem Schulklassenraum und Gruppenraum eines Kindergartens zu berücksichtigen. In der Schule steht zunächst die gute und ungestörte Sprachverständlichkeit des Lehrers bei (im Idealfall) still zuhörender Klasse im Mittelpunkt. Im Gruppenraum eines Kindergartens dagegen können sich bis zu 25 Lärm erzeugende Kinder aufhalten, d.h. die Lautstärke der Erzieherin müsste 10 dB über dem Geräuschpegel der Kinder sein, um verständlich gehört zu werden. Deshalb sind hier auch andere Maßstäbe, also geringere Nachhallzeiten anzusetzen. Doch welches ist ein angemessenes Maß für die Nachhallzeit in Kindergartengruppen?

Bei der Umfrageuntersuchung in der Kategorie „Lärm aus der Gruppe selbst" lässt sich Folgendes feststellen: Um die subjektive Bewertung durch die Erzieherinnen mit den durchgeführten Messergebnissen in den Gruppenräumen (Raumvolumina von 100 bis 200 m³) in Zusammenhang zu bringen, wurden die Werte für die Nachhallzeit in 3 Kategorien eingeteilt. Dies war notwendig, da die Messwerte frequenzabhängig sind und sich somit für jeden Raum 16 unterschiedliche Werte ergaben, die Erzieherinnen jedoch den Raum lediglich mit einer Gesamtbewertungsnote zwischen 1 und 5 beschrieben hatten.

Kategorie	Nachhallzeiten T [s] in Gruppenräumen
gut	< 0,5
mittel	0,5 - 0,7
schlecht	> 0,7

Gut ein Drittel der untersuchten Gruppenräume sind mit einer Akustikdecke bestückt, was sich in den Ergebnissen so niederschlägt, dass diese Gruppenräume Nachhallzeiten von weniger als 0,7 s haben, also im schlechtesten Fall mit mittelmäßig zu beurteilen sind.

Ein wichtiger Faktor, der die Nachhallzeit beeinflusst, ist die Raumhöhe. Eine Nachhallzeitberechnung bei 500 Hz mit den Schallabsorptionsgraden üblicher Materialien: Linoleumfußboden (0,04), Holzbalkendecke (0,14), verputzte Wände (0,03) ergibt bei einem 50 m² großen Gruppenraum im unbesetzten Zustand, ohne Berücksichtigung von Fenstern und Türen, folgendes Diagramm:

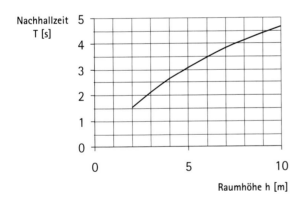

Die Grafik zeigt ein deutliches Ansteigen der Nachhallzeit T bei gleichzeitigem Ansteigen der Raumhöhe h. Bereits bei einer Raumhöhe von 3 m beträgt die Nachhallzeit T ca. 2 s. Bei Gruppenräumen, die manchmal Raumhöhen bis zu 5 m aufweisen, steigt die Nachhallzeit bis auf 3 s an.

Zur Verringerung der Nachhallzeit bilden günstigere Schallabsorptionsgrade der Oberflächen, die die Schall-

absorptionsfläche des Raumes vergrößern, eine geeignete Maßnahme. Verschiedene Akustiksysteme können hier ihre Anwendung finden:

- Akustikplatten auf Unterkonstruktionen,
- Akustikputze oder Beschichtungen auf Unterkonstruktionen,
- Perforierte Abdeckungen aus verschiedenen Materialien (Holz, Gipskarton, Metall, etc.) mit Schallschluckeinlage und entsprechendem Luftraum dahinter.

Positiv beeinflussen lässt sich die Nachhallzeit durch die Gestaltung von Ruhezonen im Raum, etwa durch Kuschelecken oder Höhlen mit Teppichboden. Ebenso brechen Podeste aus Holz den Schall im Raum und vergrößern dadurch die Schallabsorptionsfläche. Biegeweiche Vorsatzschalen auf Holzkonstruktionen nach DIN 4109 können nicht nur die Schallabsorption begünstigen, sondern erhöhen auch gleichzeitig das Schalldämm-Maß der Wand. Allerdings können sie sich negativ auf die Schall-Längsleitung auswirken. Jedoch erlauben sie den Raumnutzern, etwas an der Wand zu befestigen.

Umfrageergebnis: In 59 % der Einrichtungen war es nicht möglich, etwas mit einem Nagel oder einer Reißzwecke an der Wand zu befestigen.

Ungünstige Grundrissanordnungen können darüber hinaus Ursache für das Ansteigen der Lautstärke und eine hohe Nachhallzeit sein. Gekrümmte Flächen, kreisrunde Grundrisse, Tonnengewölbe oder Kuppeln können sich akustisch ungünstig auswirken, z.B. durch Klangverzerrungen, Schallkonzentrationen u.a. Abhilfe können dabei strukturierte Oberflächen schaffen, die bei schalltechnisch unkomplizierten Räumen lediglich eine zusätzliche Optimierung der Gegebenheiten bewirken.

Licht / Belüftung

Umfrageergebnis: In 62% der Einrichtungen wird die Belichtung als ausreichend oder eher zu hell empfunden.
In 56% der Kindergärten wird von den Erzieherinnen die mangelnde Verdunklungsmöglichkeit beklagt.

Licht als Grundlage des Sehens und der Wahrnehmung beeinflusst unser Wohlbefinden, kann Irritation ebenso wie Ruhe auslösen, lässt uns die Beschaffenheit von Objekten erkennen und ist deshalb bei der Planung von Kindertageseinrichtungen besonders wichtig.

Licht unterscheidet sich in natürliches und künstliches Licht.

Natürliches Licht in seiner Zusammensetzung aller sichtbaren, elektromagnetischen Strahlungen (380 - 780 µm) und dem angrenzenden Ultraviolett und Infrarot ist für das Wohlbefinden und die Gesundheit des Menschen unentbehrlich und sollte generell künstlichem Licht vorgezogen werden. Gute Belichtung trägt zur Erhöhung der Raumqualität bei, fördert Motivation und Aktivität und steigert Konzentration ebenso wie die Aufnahmefähigkeit. Die Folgen schlechter Belichtung sind oft Unbehaglichkeit, Unwohlsein und Depression. Um eine gute Belichtung von Tageslicht und künstlichem Licht zu gewährleisten, ist eine sorgfältige Planung notwendig, bei der die Komponenten Mensch, Raum, Klima, Material und Farbe zusammenspielen müssen.

Blendungen sind möglichst zu vermeiden. Man unterscheidet die psychologische von der physiologische Blendung. Bei der psychologischen Blendung handelt es sich um eine subjektive Störempfindung im Blickfeld, die die Aufmerksamkeit des Betrachters immer wieder auf sich zieht und durch ständigen Blickwechsel ein Unbehagen erzeugt. So verursachen z.B. dunkle Flächen in unmittelbarere Nähe von Lichtöffnungen eine Blendung durch die ständig zu wiederholende Anpassung des Auges an unterschiedliche Helligkeitsniveaus. Blendung kann auf der anderen Seite auch auftreten, wenn eine helle, informationslose Fläche den Blick auf sich zieht. Man spricht von einer physiologischen Blendung, wenn die Grenzwerte der Leuchtdichte und Leuchtdichtekontraste überschritten werden, d.h. wenn die Sehkraft objektiv beeinträchtigt ist. Dies kann im extremen bis zur Absolutblendung führen, z.B. durch den Blick in die Sonne.

Beide, physiologische und psychologische Blendung, können als Direktblendung und als Reflexblendung auftreten: Eine Direktblendung ist vorhanden, wenn die Blendlichtquelle selbst im Sichtfeld wahrgenommen wird; die Reflexblendung dagegen entsteht aufgrund reflektierender Oberflächen der vorhandenen Materialien und ihrer Anordnung im Raum.

Neben Lichtstrom in der Einheit „Lumen", Lichtstärke in „Candela" und Leuchtdichte in „Candela pro Meter" ist die Beleuchtungsstärke die gängigste Bewertungsgröße der Beleuchtung. Sie gibt das Maß des Lichtes an, das auf eine Fläche oder einen Körper im Raum trifft, und wird in „Lux" bemessen.

Richtlinien hinsichtlich der Beleuchtung in Kindertagesstätten gibt es kaum; auch hier beziehen sich die Forderungen überwiegend auf den Schulbau. Lediglich die DIN 5035-4 (Innenraumbeleuchtung mit künstlichem Licht) empfiehlt für Vorschulräume ein Beleuchtungsniveau von 300 lx. Eine bessere Orientierung zur Beleuchtung von Gruppenräumen bietet hingegen der Entwurf der DIN 5035-2 (Angewandte Lichttechnik) für Ausbildungseinrichtungen.

Ref. Nr.	Art des Raumes, Sehaufgabe oder Tätigkeit	E_m [lx] Mittlerer Wartungswert der Beleuchtungsstärke	UGR Max. Höchstwert der Blendung einer Beleuchtungsanlage	R_a Allgemeiner Farbwiedergabe-Index R_a (max. 100)
6.1	Kindergärten, Spielschulen (Vorschulen)			
6.1.1	Spielzimmer	200	19	80
6.1.2	Krippenräume	200	19	80
6.1.3	Bastelräume (Handarbeitsräume)	300	19	80

Da feste Sitzanordnungen in Kindertageseinrichtungen keine oder nur eine untergeordnete Rolle spielen, werden die Planungsfaktoren nach DIN 5035-4 für Unterrichtsräume mit freier Sitzordnung am ehesten zur Anwendung kommen: Lichtfarbe warmweiß, neutralweiß und eine gute Farbwiedergabeeigenschaft der Beleuchtung der Stufe 2. Die Fördergemeinschaft Gutes Licht empfiehlt hingegen für Kindergärten und Kindertagesstätten eine sehr gute Farbwiedergabeeigenschaft der Stufe 1A, da Farben in der Welt des Kindes eine große Bedeutung haben.

Auf jeden Fall muss die Beleuchtung so beschaffen sein, dass eine Blendung für Kinder und Erzieher aus allen Blickwinkeln ausgeschlossen ist. Der Glanz von Oberflächen sollte höchstens halbmatt bis seidenmatt sein, um dadurch die Reflexblendung zu reduzieren. Ebenso bewirken dies helle Decken und Wände durch hohe Reflexionsgrade, die dadurch zum Gesamthelligkeitseindruck des Raumes beitragen.

Leuchtdichteunterschiede sollten ausgewogen verteilt sein, denn sowohl zu hohe Leuchtdichtekontraste (Beeinträchtigung des Sehens) als auch zu geringe Leuchtdichtekontraste (Monotonie) können Ermüdungserscheinungen zur Folge haben. Die Beleuchtung muss so ausgelegt sein, dass sie sich verschiedenen Veranstaltungen oder Nutzungsformen in Kindertageseinrichtungen anpassen lässt.

Die Forderung nach gut besonnten und belüfteten Räumen in Kindergärten wurde in der Vergangenheit auch mit hygienischen Argumenten unterstrichen: man glaubte dadurch Infektionskrankheiten zu vermeiden. Die Südausrichtung der Gruppenräume hat aber auch heute noch ihre Berechtigung. Eine Südausrichtung von ± 15° gewährleistet im Winter eine gute gleichmäßige

Durchsonnung und Wärmegewinne, im Sommer hingegen eine geringere Sonnenwärmebelastung und Aufheizung als eine reine Ost- oder Westorientierung, da der steile Sonneneinfallswinkel eine geringere Einstrahlungstiefe in den Raum zur Folge hat.

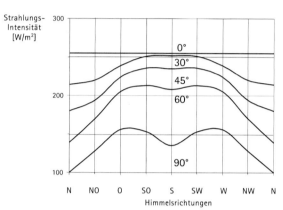

Durchschnittliche monatliche Strahlungsintensität (W/m²) im Juli von Nord bis Nord in den Neigungen 0 bis 90° nach DIN 4108-6 (04/1995), Tab A1.

Gleiches gilt auch für die Aufheizung von Wänden. Räume mit nach Westen orientierten Fenstern erwärmen sich schon im Tagesverlauf infolge der diffusen Strahlung, so dass es nachmittags zu höheren Temperaturspitzen im Raum kommt. Nach Osten orientierte Räume erhalten ihr Strahlungsmaximum morgens in einem durch die Nacht ausgekühlten Zustand. Die Sonnenstandshöhe der verschiedenen Jahreszeiten sollte also bei der Planung immer berücksichtigt werden.

Da es vor allem in Räumen, in denen sich Kinder längere Zeit aufhalten, durch menschliche Wärmeabgabe zu großen Belastungen kommen kann, sollten diese Räume im Sommer möglichst nicht direkt von der Sonne beschienen werden. In den Übergangsmonaten sollte dies kontrolliert geschehen. Dem ist vor allem bei Räumen aus leichten Bauteilen oder dämmend bekleideten Raumbegrenzungen verstärkt Beachtung zu schenken, da diese Räume ein geringeres Wärmespeichervermögen besitzen und für diese Art der Aufheizung besonders anfällig sind; Temperaturspitzen können nicht abgepuffert werden.

Vor allem bei großflächigen Verglasungen sollte an einen außenliegenden Sonnenschutz gedacht werden.

Steuerbare, außenliegende Jalousien oder Lamellen blocken die Wärmestrahlung außen ab (Verschattung der Glasfläche), sind optimal an den Sonnenstand anzupassen und verhindern durch Hinterlüftung einen Wärmestau. Markisen oder Rolläden begünstigen durch mangelnde Hinterlüftung einen Wärmestau. Innenliegende Vorhänge verhindern zwar das direkte Auftreffen der Strahlung, die Wärme gelangt jedoch in den Innenraum und staut sich hinter der Glasscheibe.

Raumgeometrien und Fensteröffnungen sind so aufeinander abzustimmen, dass eine möglichst gleichmäßige natürliche Belichtung und kein zu starker Lichtabfall vorliegt. Tiefliegende Fensterbrüstungen ermöglichen Kindern nicht nur die Sichtbeziehung nach außen und durch Hinaufklettern den Raum aus einer anderen Perspektive wahrzunehmen, sondern reduzieren den sonst von normal hohen Brüstungen verschatteten Fußbodenanteil.

Der Reinhaltung der Luft durch eine ständige und regulierbare Lufterneuerung ist gerade in Kindertageseinrichtungen eine besondere Aufmerksamkeit zu widmen, um ein erträgliches Raumklima zu gewährleisten. Dabei können Faktoren wie körperliche Tätigkeit, Kleidung, Raumlufttemperatur, -geschwindigkeit, -feuchte, aber auch menschliche Ausscheidungen wie Gerüche, Wasserdampf, Kohlendioxid usw. das Raumklima mehr oder weniger stark beeinflussen.

Spezielle Vorschriften über Luftwechselgrößen in Kindertageseinrichtungen existieren kaum. Lediglich das Land Sachsen schreibt einen Luftwechsel von 20 m^3 je Stunde und Person bei Vermeidung von Zug-erscheinungen vor, was bei einem durchschnittlichen Gruppenraumvolumen zwischen 150 bis 200 m^3 und 20 bis 25 darin befindlichen Kindern einen $2^{1/2}$ bis $3^{1/2}$-fachen Luftwechsel zur Folge hätte. Hingegen fordert die DIN 1946-2 für Klassenräume, Hörsäle u.ä. einen Mindestaußenluftstrom je Person von 30 m^3/h.

In Kindertageseinrichtungen genügt es im allgemeinen, die erforderliche Luftwechselrate über die natürliche Lüftung zu erreichen. Dabei kommt der Anordnung, Ausbildung und Größe der Fenster die wichtigste Bedeutung zu. Lüftungstechnisch muss aber gewährleistet sein, dass gleichzeitig die frische Luft eindringen und die verbrauchte Luft wieder ausströmen kann. Reine Kippfenster gewährleisten dies nicht. Bei Drehfenster und Schwingfenster hingegen ist die Gefahr von Zugerscheinungen groß, hinzu kommt, dass sie im geöffneten Zustand in den Laufbereich der Kinder hineinragen können, was nach GUV 16.4 zu vermeiden ist. Bei Schiebefenstern - ebenso wie bei Schwing- und Wendeflügeln - ist das Herabfallen zu sichern, hinzukommt, dass die Anschaffung dieser Fenster mit hohen Kosten verbunden ist. Die Anordnung von Dreh-Kippfenstern oberhalb der Kopfhöhe von Kindern (1,50 m) mit zusätzlichem Oberlicht als Kippfenster oder statt dessen unter Vermeidung von Zugerscheinungen eine Querlüftung vorzusehen, erscheint daher am sinnvollsten.

Bei richtiger und genauer Planung verbessern Licht und Luft als Grundlage von Sehen und Orientierung, von Wohlbefinden und Gesundheit die Alltags- und Umgebungsbedingungen von Kindern und Erzieherinnen.

Hygiene

". . . So wie eine große Anzahl Kinder mehr als einen Lehrer nöthig hat; so ist auch ein nur einer geringeren Menge von Schülern ange-messenes Gebäude, der Gesundheit einer größeren Anzahl von Kin-dern besonders nachtheilig. Die Ausdünstung ist bei Kindern sehr häufig, der Wohlstand und die Reinlichkeit werden unter denselben selten genau beobachtet. Da sie bei nasser Witterung wo ihre Klei-der manchmal von Wasser ganz durchdrungen sind, die Schule gleichwohl zu besuchen haben, und oft mit schwitzendem Leibe in derselben ankommen; so wird die Schulstube in kurzer Zeitfrist zu einer sehr ungesunden Badstube in deren ungesunden Dünsten Lehrer und Lehrlinge gleiche Gefahr für ihre Gesundheit zu laufen haben, wenn nicht eine gewisse Vorsicht gebraucht wird. . . "
(Johann Peter Frank, 1780)

Orte, an denen sich Kinder aufhalten, sind hygienisch besonders sensible Bereiche. Sie bedürfen einer beson-deren planerischen Aufmerksamkeit, denn Kinder be-sitzen ein viel schwächeres Immunsystem als Erwach-sene und sind daher anfälliger gegenüber Krankheits-erregern.

Bereits im Jahr 1780 veröffentlichte der im pfälzischen Rodalben geborene Johann Peter Frank, der damals zu den bedeutendsten Ärzten seiner Zeit gehörte, das wohl wichtigste Werk über Hygiene: "System einer vollstän-digen medicinischen Polizey". Dieses Standardwerk ent-hält bereits wichtige Forderungen zur Hygiene im schu-lischen Bereich.

Bundesweite Vorschriften über Hygieneanforderungen in Kindertageseinrichtungen sind im Bundesseuchen-gesetz (BSeuchG) und der Lebensmittelhygiene-Verord-nung (LMHV) verankert und beziehen sich in erster Li-nie auf Räumlichkeiten zur Lebensmittelzubereitung und -lagerung.

Der Planer hat jedoch schon im Entwurfsstadium die Möglichkeit, die hygienischen Verhältnisse entschei-dend mit zu beeinflussen. Es gilt hier insbesondere, neben den ästhetischen und Funktionsansprüchen auch die hygienischen Aspekte abzuwägen. Neben konstruk-tiven und bauphysikalischen Gesichtspunkten sind z.B. bei der Auswahl von Baumaterialien in diesem Zusam-menhang auch psychologische und haptische Qualitä-ten in Betracht zu ziehen: So muss vor der Material-wahl genau überlegt werden, was die Verschmutzung für die jeweilige Raumqualität bedeutet, inwieweit die gewählten Materialien durch ihre Eigenschaften die

Aneignung des Raumes und die Bewegungsfähigkeit einschränken. Letztendlich geht es hier um einen Kom-promiß, der sowohl die Nutzungsangemessenheit als auch die Hygienefreundlichkeit berücksichtigt.

Besondere Bedeutung kommt in diesem Zusammen-hang dem Eingangsbereich der Kindertagesstätte zu. 90 % des anfallenden Schmutzes werden über die Ein-gänge ins Haus getragen, und es gilt, diese Zonen als Schmutzschleusen, Sauberlaufzonen oder ähnliches zu gestalten.

Staubnester entstehen in Bereichen, die nur umständ-lich und teuer zu reinigen sind und deshalb in der Re-gel vernachlässigt werden: Sichtinstallationen, die dem Kind die Technik näher bringen sollen, die Decken-flächen von Eingangsboxen (Windfang), die von Kin-dern gern als Zielscheibe auserkoren werden, oder Heiz-körperabdeckungen zum Schutz vor Verletzungen. Un-abhängig von der gestalterischen Bedeutung von Vor- und Rücksprüngen, der Ablesbarkeit der Konstruk-tion durch sichtbare Elemente und der dadurch gege-benen Möglichkeit, Kindern den Aufbau ihres Hauses näherzubringen, sind solche Bereiche für das Reini-gungspersonal nur unter erschwerten Bedingungen zu-gänglich und Staubansammlungen unvermeidlich. Ein Grund für viele Einrichtungen, deshalb zur Selbstreini-gung zu greifen.

Eine besondere Bedeutung kommt in diesem Zusam-menhang der Oberflächenbeschaffenheit der verwen-deten Materialien zu. Poröse Oberflächen wie Rauh- oder Strukturputz an den Wänden sind allein durch ihre Oberflächenbeschaffenheit prädestiniert, zu verschmutzen und zu verstauben. Glatte Oberflächen sind in der Regel hygienefreundlicher. Ausnahmen bilden Edelstahlflächen, die sehr empfindlich sind (Kratzer) und eine kühle Ausstrahlung haben, sowie Kunststoffflächen, die aufgrund der statischen Aufladung leicht ungepflegt und ungemütlich erscheinen. Glatte Oberflächen können sich hinsichtlich der Akustik ungünstig auswirken, während Akustiksysteme mit Lochanteilen Reinigungsprobleme mit sich bringen.

Die ausschließliche Verwendung von pflegeleichten Materialien kann zu Monotonieeffekten führen, weckt negative Assoziationen (Krankenhaus) und sollte deshalb eher vermieden werden.

Schwer zugängliche, großflächige Verglasungen gerade in hohen Hallen- oder Flurbereichen sind mit einem erhöhten Reinigungsaufwand verbunden (fahrbare Gerüste, Fahrkörbe, etc.) und werden daher aus Kostengründen kaum gereinigt.

> Umfrageergebnis: Der Bodenbelag in den untersuchten Einrichtungen war zu 54 % in Linoleum ausgeführt, 38 % hatten einen Holzfußboden (Parkett, Dielen) und 8 % hatten Fußböden aus anderen Materialien.

Kriterien für die Auswahl von Fußbodenbelägen sollten lange Lebensdauer, ein gewisses Maß an Fußwärme und schließlich die problemlose Reinigung sein. Großflächig verlegte Teppichböden entsprechen diesen Anforderungen nicht. Noppenbeläge in Nassräumen oder im Eingangsbereich haben zwar den Vorteil der Rutschfestigkeit; sie lassen sich aber nicht gründlich reinigen. Bei der Auswahl von Heizkörpern gilt es folgendes zu beachten: der Konvektionsanteil sollte möglichst gering gehalten werden (Hausstaubaufwirbelung), sie sollten reingungsfreundlich angeordnet werden (Nischen sind dafür nicht unbedingt geeignet) und eine reinigungsfreundliche Heizkörperstruktur sollte gesichert sein (z.B. bei Plattenheizkörpern). Auch bei der Entscheidung für eine Heizkörperverkleidung muss abgewogen werden: sie helfen Unfälle vermeiden, bilden

andererseits aber unhygienische Staubnester und mindern so die Aufheizung.

> Umfrageergebnis: In 49 % der untersuchten Einrichtungen wurde eine Fußbodenheizung installiert.

Diese Probleme tauchen bei Flächenheizungen in Fußböden oder Wänden nicht auf. Vor allem Fußbodenheizungen oder Fußbodenrücklaufsysteme bieten enorme Vorteile, vor allem in Bereichen, wo die Kinder häufigen Bodenkontakt, etwa beim Spielen, haben.

Der Fußboden ist dabei gleichzeitig der Heizkörper. Die obligate Reinigung der Fußböden beinhaltet somit immer auch die „Heizkörperreinigung". Eine eventuell einmal erforderliche Scheuer-/Wischdesinfektion wird damit zu einem unproblematischen Arbeitsvorgang.

Staubnester können bei einer Fußbodenheizung nicht auftreten. Die geringe Temperaturdifferenz zwischen Fußboden und Raumtemperatur (ca. 4°C im Durchschnitt) minimiert den Staubauftrieb und somit auch die Ausbreitung luftgetragener Allergene. Hinzu kommt, dass die geringe Oberflächentemperatur Staubverschwelungen unmöglich macht. Darüberhinaus wurde durch Untersuchungen der „Gesellschaft für angewandte und experimentelle Allergieforschung" (GAF) nachgewiesen, dass Fußbodenheizungen Hausstaubmilben deutlich und nachhaltig selbst über die Heizperiode hinaus reduzieren, teilweise sogar eliminieren, indem sie den Milben eine ihrer Lebensgrundlagen, die Feuchtigkeit, entziehen.

Auch das Pilzsporenvorkommen wird durch eine Fußbodenheizung begrenzt. Und schließlich wird durch die gleichmäßige Wärmeabgabe über die gesamte Bodenfläche auch Erkältungskrankheiten vorgebeugt.

Eine Fußbodenheizung bedarf keiner besonderen Wartung oder Reinigung. Die niedrigen Betriebstemperaturen wirken sich darüber hinaus auch auf den Energieverbrauch günstig aus.

Vor allem im Sanitärbereich ist eine angenehme Atmosphäre in Verbindung mit einer guten und leichten Reinigungsmöglichkeit von besonderer Bedeutung.

Umfrageergebnis: 22 % der Einrichtungen verfügen über wandhängende Kinder-WCs;
Bodenabläufe und Duschen sind meist nicht
vorhanden.

Wandhängende Kinder- WCs in Tiefspülausführung, die erst seit wenigen Jahren erhältlich sind, besitzen generell den Vorteil der problemlosen Reinigung und einer Reduzierung von Geruchsbelästigung. Kinder-WCs in Flachspülausführung haben dagegen den Vorteil der frühen Krankheitserkennung. Da das Element Wasser eine große Anziehung auf die Kinder ausübt und bei einem größer werdenden Teil der Einrichtungen der Umgang mit Wasser ins pädagogische Konzept mit einbezogen wird, sollte neben dem Vorhandensein eines Fußbodenablaufes auch die Gesamtplanung des Badbereiches darauf ausgerichtet sein.

Insgesamt gilt, dass Hygieneanforderungen in Kindereinrichtungen nicht immer nach Augenschein bewertet werden können, sondern in einem gesunden Kompromiss zwischen Notwendigkeiten, Atmosphäre, Architektur und Konzeption sowie anderen bautechnischen Bedingungen stehen müssen und dadurch das Gesamt-Kindergartenkonzept unterstützen können.

Farbe

Welche Farben nehmen wir? Auf diese Frage hat Otl Aicher in den siebziger Jahren folgendermaßen geantwortet: Man sollte aus dem Farbkreis all diejenigen Farben und Töne herausstreichen, die durch Macht, Gewalt, Anmaßung, usw. im Laufe der Geschichte verbraucht worden sind. Was dann noch übrig bleibt, könne man getrost verwenden.

Umfrageergebnis: 68% der untersuchten Einrichtungen verfügen über ein vowiegend vom Architekten bestimmtes Farbkonzept, das zumeist die Primärfarben rot, blau und gelb umfasst. 32 % der Einrichtungen besitzen kein Farbkonzept.

Die farbliche Gestaltung von Kindertageseinrichtungen ist eine sensible Aufgabe, die im engen Zusammenhang mit der Architektur, der Lichtführung und der Oberflächenbeschaffenheit der verwendeten Materialien steht. Kinder im Kindergartenalter benötigen eine Umgebung, die ihnen Sicherheit und Geborgenheit gewährt, ihre Kreativität nicht einschränkt und eine Atmosphäre schafft, in der sie sich wohlfühlen. Kinder erleben einen Raum schließlich anders als Erwachsene - dies gilt auch hinsichtlich der Wirkung von Farben.

Wie aber kann Farbe die vorgesehene Raumnutzung und Raumatmosphäre und damit die Raumqualität positiv beeinflussen?

Für die Wirkungen von Farben auf den Menschen und seine Reaktion darauf gibt es keine festen Richtwerte, denn Farbempfindungen sind individuell ganz unterschiedlich. Fest steht aber, dass Farben nicht nur psychologisch auf den Menschen einwirken, sondern ihn auch physiologisch beeinflussen. Durch die nicht absorbierte Reststrahlung des Lichtes wird ein Farbreiz erzeugt, der vom Menschen visuell mit Hilfe des Auges wahrgenommen, über das Gehirn weiterverarbeitet wird und eine Reaktion im Innern hervorruft. Neben der individuellen Farbempfindung sind als weitere maßgeblich psychologisch wirksame Faktoren zu nennen: Buntton, Kontraste, räumliche Lage und Proportionen.

Direkte physiologische Reaktionen zeigt der Mensch bei Reizüberflutung und Reizarmut, die zu Konzentrationsschwäche und Ruhelosigkeit führen, aber auch auf Atmung und Blutdruck Auswirkungen zeigen können. Physiologische Größen sind in diesem Zusammenhang:

Blendwirkung, Beleuchtungsstärken, harmonische Lichtverteilung, Schattigkeit, Lichtfarbe und Farbwiedergabeeigenschaften.

Intensive Bunttöne und starke Kontraste sind generell zu vermeiden. Auch die unbunten Farben schwarz und reines weiß, aber auch grau, die alles andere als neutral wirken können, sollten eher gemieden werden.

Generelle Aussagen über die Wirkung von Farben lassen sich kaum machen. Denn Rot z.B. ist nicht gleich Rot: als Farbton kann es leicht, aber auch beengend wirken, immer abhängig von den Lichtverhältnissen, den Farbabstufungen und der individuellen Einschätzung. Auch wirken gleiche Farben auf unterschiedlichen Materialien anders. Dabei bewirken natürliche Materialien, schon allein durch ihre Eigenfarbe und ihre vielfältige Textur, aber auch durch ihre haptischen Qualitäten beim Betrachter Anregung und Interesse.

Kinder benötigen eine harmonische, ausgewogene Farbgestaltung, ohne harte Kontraste und Gegensätze. Intensive Farbtupfer können, sparsam verwendet, etwa an Handläufen und Türen, die Orientierung der Kinder unterstützen. Auch lassen sich durch unterschiedliche Farbigkeit oder materialtypische Akzentuierung Gefahrensituationen z.B. bei leichten Niveausprüngen für die Kinder besser erkennen.

Farbe soll nicht als oberflächliche, plakative Buntheit dominieren. Farbe und Architektur sollen durch Akzentuierung und Begleitung, durch Oberflächen und Materialien in ein feinfühliges Wechselspiel treten. Formen, Materialien, Licht und Farbe im Wechsel- und Zusammenspiel sprechen Stimmungen des Menschen an; jedoch ist eine sinnvolle Farbgebung nur dann möglich unter Beachtung der Bezüge der Farbe zu Mensch, Kultur, Raum, Funktion und trägt erst dann zum Wohlbefinden und Motivation der Bewohner bei.

In der folgenden Übersicht werden mögliche Wirkungen von Farbtönen an den wichtigsten Begrenzungsflächen eines Raumes (also Boden, Decke und Wand) zusammengestellt, wobei natürlich nach Helligkeits- und Sättigungsgraden zu unterscheiden ist.

	von oben (Decke)	von der Seite (Wand, Umgebung)	von unten (Boden)
Gelb wirkt	leuchtend anregend	bei satter Farbe eher erregend bis irritierend, wärmend	berührungsfremd, ablenkend (wenn satt), als Streifen: trennend-fordernd motorisch-bewegend
Orange wirkt	anregend bis aufregend	wärmend leuchtend kommunikativ	motorisch erregend
Rot wirkt	eingreifend beunruhigend, schwer	sich nähernd bis aggressiv	bewußt machend (man schreite auf rotem Teppich
Violett wirkt	verunsichernd lastend	magisch	ungewisser Aufforderungscharakter
Blau wirkt	wenn hell: himmelartig, wenig greifbar, erhöhend. Wenn dunkel: schwer bis sogar drückend	kühlend fern (wenn hell) ermutigend und vertiefend (sich sammeln lassen), wenn tief: beruhigend, raumerweiternd	besonders bei heller Nuance: enthebend, zum Gleiten anregend, zuweilen verfremdend, dunkles Blau: raumvertiefend, besonders als Teppich
Grün wirkt	hegend, deckend (Blaugrün auch kühlend) Vorsicht: eventuelle Reflexe auf Gesichtsfarbe	kalt bis neutral umgrenzend sichernd beruhigend grell: irritierend	natürlich bis zu einem gewissen Sättigungsgrad auch weich und trittfreudig, erholsam. Mehr blaugrün und glatt geboten: kalt, rutschig
Weiß wirkt	offen	neutral leer avital	unbetretbar, fremd, als Streifen säuberlich
Grau wirkt	schattend	neutral bis langweilig	neutral, texturgemäß
Schwarz wirkt	lochartig bis drückend	verlieshaft	abstrakt vertiefend befremdend
Braun wirkt	deckend wenn dunkel: drückend	umgebend; einengend, sichernd (besonders als Holz, weniger als Anstrich, noch weniger als Glanzoberfläche)	erdhaft trittsicher (besonders als Teppich)

Mit Hilfe der Farbgestaltung kann die Funktion eines Raumes, z.B. eines Stillbeschäftigungsraumes, unterstützt werden. Flächige Bauteile sind hinsichtlich der Farbgebung zurückhaltender zu behandeln, denn das Raumlicht kann leicht durch Farbreflexionen einen entsprechenden Farbstich erhalten, wodurch die Farbwiedergabe verfälscht wird: weißes Papier wirkt dann nicht mehr weiß.

Ebenso sorgfältig sollte die farbliche Gestaltung von Raumelementen behandelt werden. Dunkel gestrichene Fensterrahmen können z.B. ein Gefühl des Eingesperrtseins vermitteln (siehe auch Kapitel Licht/Belüftung, S. 56). Wenn Türblätter und Zargen in unterschiedlichen Farben gestaltet sind, können dem Kind die Funktionsweise dieser Elemente nähergebracht werden. Bunte Fensterdekorationen wiederum können ein störendes, farbiges Raumlicht verursachen. Durch helle, nicht blendende, kontrastarme Tischflächen lassen sich Simultankontraste vermeiden.

Allgemein können sensible, fließende Farbübergänge bei Anstrichen z.B. in Lasurtechnik o.ä. die Lebendigkeit und Transparenz eines Raumes unterstützen.

Eine möglichst frühe Einbeziehung eines im Umgang mit Farben erfahrenen Beraters sollte angestrebt werden, denn letztendlich ist das farbige Erscheinungsbild eines Raumes maßgebend und beeinflusst ganzheitlich.

Formen

Umfrageergebnis: 54% der befragten Einrichtungen tendieren eher zu offener Gruppenarbeit, 17% tendieren zu geschlossenen Gruppen und 26% zu teiloffenen Gruppen.

In diesem Kapitel sollen die verschiedenen Erziehungskonzeptionen, nach denen Kindertageseinrichtungen heute arbeiten, vorgestellt werden. Selbstverständlich sollten diese unterschiedlichen Konzeptionen Berücksichtigung finden bei den spezifischen baulichen Lösungen. Die oben, im Umfrageergebnis genannte Einteilung nach gruppenoffenen, gruppengeschlossenen und teiloffenen Konzepten umfasst im Prinzip alle gängigen Betreuungsformen. Bei Neubauten, aber auch Umnutzungen ist zunächst darauf zu achten, dass diese Konzepte in der Ausformulierung der Räume und deren funktioneller Anordnung auch Berücksichtigung finden. Ein gruppenoffenes Konzept lässt sich eben nur mit erheblichen Einschränkungen in einem Gebäude realisieren, das ursprünglich auf ein gruppengeschlossenes Konzept zugeschnitten wurde.

Gruppengeschlossen

Der Gruppenbereich bildet hier eine selbständige Einheit. Es bestehen in der Regel keine Verbindungen, etwa durch Türen oder Emporen, zu den anderen Gruppenräumen. Pro Gruppe ist ein WC-Bereich vorhanden, der meistens in direkter Verbindung mit dem Gruppenraum steht. Das Wechseln der Kinder in andere Gruppenbereiche oder spontane Besuche dort ist hier nicht vorgesehen. Häufig findet sich das gruppengeschlossene Konzept in Regelkindergärten.

Gruppenoffen

Mehr und mehr wird heute in Kindergärten/Kindertagesstätten mit einer gruppenoffenen Pädagogik gear-

beitet. Es existieren keine Gruppenräume im herkömmlichen Sinne mehr, sondern Funktionsräume. Die strenge Gruppenordnung ist aufgehoben, das Hinundher-Wechseln in die unterschiedlichen Räume ist dem Kind freigestellt. Eine altersgemäße Trennung findet hier nicht mehr statt. Pro Geschoss gibt es einen gemeinsamen Bad- und WC-Bereich für alle Kinder.

Teiloffen

Zwar herrscht hier eine feste Gruppenordung, aber die Kinder können auch in andere Gruppen wechseln und sie besuchen. Verbindungsmöglichkeiten der einzelnen Räume untereinander sind vorhanden.

Im Folgenden werden die verschiedenen Betreuungsformen, wie sie in städtischen, kommunalen, kirchlichen und freien Einrichtungen praktiziert werden, kurz vorgestellt. Am Anfang erläutert wird zunächst eine pädagogische Grundrichtung bzw. ein Ansatz - nämlich der situationsorientierte Ansatz -, der seit den Bildungsreformen der siebziger Jahre den Tagesablauf in den meisten Einrichtungen bestimmt.

Situationsorientierter Ansatz

Das Anliegen einer grundlegenden Bildungsreform in den siebziger Jahren tangierte auch die herkömmliche Pädagogik im Kindergarten. Ins Fadenkreuz der Kritik geriet dabei der starre Tagesablauf, die strikte Wochenplanung, die Verschulung und Pädagogisierung der Kinder, die Trennung der Kinder von dem Lebensalltag der Erwachsenen und die Behandlung der Eltern als zu

Belehrende. Als Gegenentwurf dazu wurde vom Deutschen Jugendinstitut das pädagogische Konzept des situationsorientierten Lernens in Modellkindergärten 1971 - 1976 in Hessen und Rheinland - Pfalz, in Zusammenarbeit mit Erziehern, Eltern und Wissenschaftlern entwickelt und erprobt. Andere Bezeichnungen sind Situationsansatz, situativer Ansatz oder situationsorientiertes Curriculum. Der situationsorientierte Ansatz geht von den Lebenssituationen und Erfahrungsbereichen der Kinder aus und möchte ihnen dazu verhelfen, die Situationen ihres gegenwärtigen, aber auch zukünftigen Lebens selbständig und kompetent zu bewältigen. Nicht die künstlich geschaffene Lernsituation in der geschlossenen Kindergartenwelt, sondern die konkrete Lebenssituation an ganz unterschiedlichen Orten sind dabei Schauplätze des Lernens. Die pädagogische Arbeit ist weitgehend frei von Curriculae; Ziele und Inhalte werden aus der konkreten Situation des Kindes oder der Gruppe abgeleitet. Kinderspezifische Themen im althergebrachten Sinne gibt es nicht mehr, sondern es werden Alltagsthemen behandelt, und den Kindern wird ermöglicht, diese auf ihre eigene Art, mit eigenen Thesen und Fragen zu behandeln. Die Grundsätze „Lernen in Erfahrungszusammenhängen" und „Lernen für Lebenssituationen" öffnen den Kindergarten für die Lebenswirklichkeit seiner Wohnumgebung. Somit wird die Kindertagesstätte idealerweise in den Stadtteil integriert.

Funktionsorientierter Ansatz

Im Gegensatz zum Situationsorientierten Ansatz legt dieser Ansatz Fähigkeiten, Schlüsselqualifikationen und Verhaltensweisen fest, die in der frühen Kindheit erworben werden sollen. Diese in Zielkatalogen festgeschriebenen Funktionen sollen trainiert werden. Dies umfasst die Bereiche Motorik, Sprache, aber auch Wahrnehmung. Die in den siebziger Jahren entwickelten Lern- und Trainingsformen wie Mengenlehre, Intelligenztraining oder Funktionsübungen basieren auf diesem Ansatz.

Fröbels Spielpädagogik

Friedrich Fröbel (1782-1852) gilt als der Begründer des Kindergartens und seiner Pädagogik. Die außerhäusliche Betreuung von Kleinkindern war mit der beginnenden Industrialisierung zu einem aktuellen sozialpolitischen Thema geworden. Fröbel verstand es, dieses Anliegen mit einer kindorientierten pädagogischen Konzeption zu verbinden, die den Wert des Spiels über den der Arbeitsvorbereitung auf das Arbeitsleben setzte. Seine Anschauungen müssen vor dem Hintergrund erziehungsphilosophischer Gedanken der Romantik gesehen werden, wie sie z.B. Jean Paul in seiner Erziehungslehre "Levana" beschrieb. Die spielerische Phantasie des Kindes sollte von ihrer didaktischen Einbindung und der dem Lernen dienenden Funktion befreit werden. Fröbel hat die Strömungen seiner Zeit gebündelt und eine umfassende Erziehungslehre geschaffen. Für Fröbel, einem Schüler von Pestalozzi, steht die erziehende Familie im Mittelpunkt. Sein Kindergarten war deshalb nicht nur auf die Erziehung von Kleinkindern ausgerichtet; er sollte vor allem auch Ausbildungsstätte für Mütter zur Vorbereitung auf ihre Erziehungsaufgaben sein. Die Fremderziehung im Kindergarten als ergänzende Familienerziehung sah Fröbel nur als gerechtfertigt, wenn die Familie versagt oder die sozialen Umstände es nicht erlaubten, sich entsprechend um die Kinder zu kümmern. Der konzeptionelle Ansatz spricht dem Kindergarten den Auftrag der Gemeinschaftserziehung zu. Fröbels Ziel: die Bildung freier, denkender und selbsttätiger Menschen. In seinem ganzheitlichen Erziehungskonzept sollte das Spiel nicht mehr an die Arbeitserziehung gebunden sein. Nach seiner Überzeugung, dass das Greifen dem Begreifen vorangehen müsse, sollte das spielerische Lernen gefördert werden, wobei die Erzieherin nur noch leitend und weniger bestimmend und vorschreibend eingreifen sollte. Zur Spielförderung ersann Fröbel verschiedene Spielgaben, die je nach Alter und Fortschritt der Kinder gereicht werden sollten. Am Anfang standen Bälle und Bauklötze, ergänzt durch Stäbchen und Legetafeln. Daran schlossen sich Falt- und Bastelspiele sowie Handarbeiten, Gemeinschaftsspiele, Bewegungsspiele und Gartenarbeit an. Das Spiel war für Fröbel eine ernstzunehmende Tätigkeit der Kinder, und er hat als erster seine Bedeutung für die Persönlichkeitsentwicklung erkannt und genutzt.

Integrativ

Es werden behinderte und nichtbehinderte Kinder zusammen und gemeinsam betreut. Wie im Bereich der Regelschule wird auch in den Kindergärten der Integrationsgedanke in Zukunft zunehmend die pädagogische Arbeit prägen. In einigen Einrichtungen wird bei der Betreuung ausdrücklich auf ein psychoanalytisches Konzept hingewiesen. Diese Einrichtungen werden als psychoanalytisch orientierte Kindertagesstätten bezeichnet.

Altersgemischt

In altersgemischten Gruppen liegt das Alter der betreuten Kinder in der Regel zwischen sechs Monaten und sechs Jahren, im Regelkindergarten zwischen drei und sechs Jahren.

Interkulturell

Das interkulturelle Konzept beinhaltet eine gezielte Integration von ausländischen Kindern in eine Kindereinrichtung. Die Kinder lernen dabei die andere Herkunft und Kultur zu verstehen und als Bereicherung der eigenen zu tolerieren. Die Betreuung erfolgt gemeinsam durch deutsche und ausländische Erzieherinnen.

Alterseinheitlich

Nur noch ganz selten werden die verschiedenen Gruppen in Kindereinrichtungen nach Alter getrennt betreut.

Familiengruppen

Im Unterschied zur altersgemischten Betreuung werden in Familiengruppen Kinder zwischen sechs Monaten und zwölf Jahren betreut.

Sonderformen

Montessori

„Hilf mir, es selbst zu tun"

(Maria Montessori)

Das nach der italienischen Kinderärztin Maria Montessori (1870 - 1952) benannte pädagogische Konzept ging aus Erfahrungen hervor, die diese in der psychiatrischen Abteilung einer Kinderklinik in Rom sammelte. Sie stellte fest, dass geistig zurückgebliebene Kinder, die von ihr nach einer speziellen Methode gefördert wurden, nicht nur in der Lage waren, Rückstände aufzuholen, sondern auch die Anforderungen in ganz normalen Schulen zu bewältigen, bis hin zur erfolgreichen Ablegung von Prüfungen. Sie beschäftigte sich intensiv mit den Arbeiten der französischen Ärzte Jean-Marc-Gaspard Itard (1775-1838), der als Begründer der Heilpädagogik gilt, und seinem Schüler und Kritiker Edouard Onesimo Séguin (1812-1880), dem Gründer der ersten Geistigbehindertenschule. Durch sie erlangte sie wichtige Anregungen für das später berühmt gewordene Montessori-Material. Die Erkenntnis, dass „Schwachsinnigkeit" kein medizinisch zu behandelnder Zutand ist, bildete einen wichtigen Grundstein für ihre Pädagogik. Die bei behinderten Kindern erfolgreiche Arbeitsmethode übertrug sie auch auf die Betreuung nicht behinderter Kinder. Bezeichnend für die Montessori-Pädagogik ist denn auch die gemeinsame Unterrichtung von behinderten mit nicht behinderten Kindern - ein Gedanke, der heute in integrativen Kindergärten zunehmend realisiert wird.

Ihrer Kritik an Reglementierung, Drill und Unfreiheit in der Erziehung stellt Maria Montessori die Forderung nach einer Erziehung ohne Zwang zur Seite - eine wichtige Voraussetzung für die freie Entfaltung der Kräfte des Kindes. Disziplin heißt nicht mehr ruhig sitzen, sondern mit Geschicklichkeit und Rücksichtnahme tätig werden. Sie führte den kindlichen Maßstab ein, d.h. alle Gegenstände müssen den kindlichen Proportionen entsprechen. Zu den Eckpfeilern ihrer Pädagogik gehört die systematische Beschreibung der kindlichen Entwicklung. Montessori teilt die Erziehung in vier Stufen bzw. Perioden ein. Die erste bezeichnet sie als die schöpferische Periode, die Zeit des Lernens mit allen Sinnen. Innerhalb dieser gibt es verschiedene „sensible Phasen", die von den Erzieherinnen genau beobachtet und entsprechend individuell gefördert werden können. Das Ziel der Montessori-Pädagogik ist deshalb zunächst, beim Kind schon im frühen Alter, in einer sensiblen Phase besonderer Aufnahmefähigkeit, die Freude am Lernen auszulösen. Das Kind soll in einer für es vorbereiteten, friedvoll und ruhigen Umgebung seine innere Welt nach eigenen Gesetzen durch selbsttätiges Auswählen seiner Tätigkeit aufbauen und entfalten können. Das bedeutet, dass ein Kind je nach Alter und Fähigkeit selbst entscheiden kann, mit wem es oder ob es überhaupt spielen und was es entsprechend seinen Fähigkeiten arbeiten will. Eine Lenkung und Kontrolle durch Erwachsene soll hier soweit wie möglich ausgeschlossen sein. Die Erzieherin steht hier nicht über dem Kind; sie ist vielmehr Wächterin und Beobachterin der kindlichen Bedürfnisse. Um die sogenannte „Freiarbeit" sind die

Montessori-Materialien - von Montessori auch „Mittel zur Selbsterziehung" genannt - und die Montessori-Lernmittel als wesentliche Bestandteile eines Gruppenraumes bzw. Klassenzimmers unverzichtbar. In jedem Material wird eine Eigenschaft besonders hervorgehoben, bestimmte Schwierigkeiten werden isoliert und dem Kind somit eine klare Gliederung seines Lernens ermöglicht. Außerdem enthält jedes Material eine Lernkontrolle, welche das Kind unabhängig von der Kontrolle, dem Lob oder Tadel des Erwachsenen macht. Beispiele für die Montessori-Materialien sind „der rosa Turm", „die braune Treppe", „die roten Stangen" oder „die Einsatzzylinder".

Die Einsatzzylinder beispielsweise bestehen aus vier Holzblöcken mit 10 unterschiedlichen Bohrungen und entsprechenden Holzzylindern. Im Block A bleibt der Durchmesser gleich, aber die Höhe nimmt ab, im Block B verändern sich gleichmäßig Durchmesser und Tiefe, im Block C nehmen Höhe und Durchmesser gleichmäßig ab und in Block D nimmt die Höhe gleichmäßig ab und der Durchmesser gleichmäßig zu. Die Holzzylinder sind mit kleinen Knöpfen ausgestattet, so dass hier schon der Schreibgriff beim Stifthalten indirekt vorbereitet wird. Das Kind lernt das Unterscheiden von Dimensionen bei gleichbleibender Form und erkennt die Beziehung zwischen Hohlraum und Körper.

Jede Gruppe bzw. Klasse besitzt darüber hinaus eine "Bibliothek" mit Kinderliteratur und Fachbüchern; dagegen sind Puppen und anderes Spielzeug neben dem Beschäftigungsmaterial kaum anzutreffen. Auch können Eltern und Erzieher in großer Freiheit individuelle Vorstellungen einbringen. Eine wichtige weitere Voraussetzung für die Montessori-Pädagogik ist ausreichender Platz für den Bewegungsdrang des Kindes als einem seiner elementarsten Bedürfnisse. Bewegungserziehung versteht Montessori als Willensbildung und Erziehung zu Selbstbeherrschung und Sittlichkeit, indem Bewegung, Haltung und Betragen bewusst gemacht werden, z.B. durch das konzentrierte Laufen auf einer ellipsenförmigen Linie.

Dieser ganzheitliche pädagogische Ansatz der Montessori-Pädagogik fördert einerseits das soziale Miteinander und regt andererseits die individuelle Entwicklung der Kinder an. Es entsteht somit ein Gesamtkonzept für unterschiedliche Neigungen und Begabungen.

Die Räumlichkeiten eines Montessori-Kindergartens wirken auf den ersten Blick fast nüchtern. Auf offenen Regalen steht für alle Kinder griffbereit das Montessori-Material. Architektonische Gestaltungsmerkmale spielen bei der pädagogischen Arbeit eine untergeordnete Rolle.

Waldorf

„Die Freiheit ist das rein menschliche Ziel der Erziehung"

(Rudolf Steiner)

Die Waldorfkindergärten sind ursprünglich aus den Waldorfschulen hervorgegangen. Die Idee eines Waldorfkindergartens regte Rudolf Steiner, der Begründer der Anthroposophie, bereits frühzeitig an, die erste Gründung im Jahre 1926 erlebte er jedoch nicht mehr.

Die zusammen mit Emil Molt, Direktor der Zigarettenfabrik Waldorf Astoria, 1919 gegründete erste freie Waldorfschule Stuttgart-Uhlandshöhe war zunächst als Betriebsschule für die Kinder der Arbeiter und Angestellten vorgesehen. Sie wurde staatsunabhängig von Lehrern und Eltern selbstverwaltet.

Die Waldorfschule sollte das Modell einer von Rudolf Steiner angestrebten Neuordnung der Gesellschaft bzw. neue freiheitliche Sozialordnung darstellen, die geprägt war von der Gleichberechtigung der Bürger, einer sozialeren Wirtschaftsordnung und einem obrigkeitsfreien Bildungswesen und Kulturleben. Diese anspruchsvolle und weitreichende Idee der „sozialen Dreigliederung" fand nach anfänglichen Erfolgen im neuen Deutschland nach dem 1. Weltkrieg kaum Resonanz. Sie blieb letztlich prägend für die Waldorfpädagogik: im pädagogischen Impuls einer Erziehung zur Freiheit, im sozialen Impuls einer Überwindung der Klassengegensätze und schließlich im gesellschaftspolitischen Impuls einer staatsfreien Selbstverwaltung.

Die Waldorfschule ist alles andere als eine Weltanschauungsschule, in der Anthroposophie gelehrt wird. Sie steht viel mehr für eine allgemeine Menschenbildung, in der die Erziehung zwar bestimmten Regeln folgt, aber auf individuelle Art stattfinden soll.

Die Waldorfschule tritt für eine Befreiung der Pädagogik von staatlichen Richtlinien und wirtschaftlichen Verwertungsinteressen ein. Sie zielt gleichwohl auf eine soziale Idee, in dem das Wohl des Ganzen im Einklang steht mit der Entwicklung individueller Fähigkeiten des Einzelnen.

Die Grundlagen der Waldorfpädagogik bildet der Einblick in die Menschennatur nach Rudolf Steiner. Nach ihm erfolgt die Entwicklung des Menschen in Siebenjahresrythmen, den Jahrsiebten. In der Zeit von der Geburt bis zum 7. Lebensjahr ist der Mensch dazu veranlagt, sich für alles, was an ihm zu erziehen ist, ganz an die ihm nächststehende menschliche Umgebung hinzugeben und aus dem nachahmenden Instinkt heraus die eigenen werdenden Kräfte zu gestalten. Von diesem Zeitpunkt an wird die Seele offen für ein bewusstes Hinnehmen dessen, was vom Erzieher und Lehrer auf der Grundlage einer selbstverständlichen Autorität auf das Kind wirkt. Die Waldorfpädagogik gibt dem Kind einen Unterricht und eine Erziehung, die seinen Leib, seinen Bedürfnissen gemäß, sich gesund entwickeln lässt, weil die Seele, deren Ausdruck dieser Leib ist, in der Richtung ihrer Entwicklungskräfte entfaltet wird.

Nach dem Zweiten Weltkrieg gab es zahlreiche Neugründungen von Waldorfkindergärten durch Elterninitiativen. Basierend auf der Menschenkunde von Rudolf Steiner arbeiteten Erzieher, Lehrer, Ärzte gemeinsam mit den Eltern an einer zeitgemäßen Methodik und Didaktik, die Erziehungskunst für Kindergarten- und Elternarbeit zu entwickeln. Grundfragen, auf die es eine Antwort zu finden galt, waren und sind bis heute z.B.: Wie kann man die Kindheit beschützen und vor dem Verschwinden bewahren? Wie kann sie zu einer Kraftquelle werden für das ganze Erziehungsalter, für eine lebenslange Lern- und Werdefreude? Wie können in der frühen Kindheit die Grundlagen geschaffen werden für spätere Fähigkeiten und Kräfte, für Reife und Urteilskraft, für Initiative und Verantwortungsbereitschaft? Im Spiel - so eine Grundeinsicht der Waldorfpädagogik - übt das Kind seinen Willen, verarbeitet es seine Erlebnisse, formt es seine Phantasie als schöpferische Grundlage seiner Intelligenz. Gerade deshalb wird in den Waldorfkindergärten besonderer Wert gelegt auf einfachstes Spielzeug, auf Rohmaterialien der Natur, die Raum lassen für kindliches Spiel - anders als die in ihrem Zweck und in ihrer Funktion festgelegten mechanischen oder automatischen Spielzeuge. Die Hingabe zum Spiel gilt es im Verlauf der Schulzeit umzuwandeln in Aufmerksamkeit, Hingebung und Fleiß. Aber diese Kraft kann nur in der Kindheit veranlagt werden.

Die architektonische Gestaltung, die ihren Ursprung in dem von Rudolf Steiner als Sichtbetonbau entworfenen zweiten Goetheanum im schweizerischen Dornach hat, ist unverkennbar und prägend. Dabei leitete Steiner seine Gestaltungsprinzipien von der organischen Natur ab, inspiriert von der Metamorphoselehre Johann Wolfgang von Goethes. Stilprägend sind vor allem die Dominanz stumpfer Winkel, geichzeitig das Nichtvorhandensein des 90°-Winkels, die oft vieleckigen Grundrisse, die ausgeprägte, alles beschützende Dachform, die betonten Raumübergänge mittels Schwellen (Schwellenerlebnis), die starke Betonung der Fensterrahmen und -laibungen, die geprägten sichtbaren Fundamente (Erdverbundenheit), der Eurythmiesaal anstelle des Mehrzweckraumes und schließlich die mit einem lasierenden Farbauftrag je nach Raumbestimmung ausgestalteten Innenräume.

Reggio

*„Das Kind ist ein Forscher.
Es stellt sich Probleme und löst sie.
Es ist fähig, selbst zu lernen."*

(Loris Malaguzzi)

Reggio-Pädagogik bezeichnet die Konzeption und Praxis der kommunalen Kindertagesstätten in der italienischen Reggio-Emilia. Inzwischen orientieren sich Reformbemühungen pädagogischer Einrichtungen verstärkt an der Konzeption Reggio, die auf mehreren Ebenen ansetzt: Neben der Kleinkindpädagogik bezieht sie auch die Erwachsenenbildung und die Gemeinwesenpädagogik mit ein.

Entstanden ist die Reggio-Pädagogik unmittelbar nach dem Zweiten Weltkrieg als Gegenentwurf und Antwort auf das faschistische Gesellschaftssystem und das von ihm geprägten Vorschulwesen. Demokratische und soziale Erziehungsformen sollten hier neu verankert werden, nicht zuletzt auch in Konkurrenz zur Dominaz der Kirche im Bildungsbereich. Es wurde eine kollektive Leitung durch Eltern und Erzieher eingeführt, die Erziehung der Kinder, und damit der Aufbau einer neuen Gesellschaft, sollte sich an den Werten Solidarität, Demokratie und sozialen Gerechtigkeit ausrichten. Kindererziehung wird hier als gemeinschaftliche Aufgabe von Eltern, Erziehern, Fachberatern und Bürger des Stadtteils angesehen.

Die Reggio-Pädagogik versteht sich als eine „Pädagogik des Werdens", was zum Ausdruck bringen soll, dass

hier ein ständiger Kontakt und Austausch der pädagogischen Einrichtungen mit dem sozio-kulturellen Umfeld stattfindet und wahrgenommene gesellschaftliche Veränderungen richtungsweisend auch für neue Wege der Erziehung sind. Die Reggio-Pädagogik ist so gesehen keine feste, in sich geschlossene Konzeption - so dass man nicht von **der** Reggio-Pädagogik sprechen kann -, sondern sucht für die unterschiedlichen Einrichtungen adäquate pädagogische Lösungen. Eine neue Entwicklung sind Nachtkindergärten, die 24 Stunden geöffnet haben.

Diese Offenheit gegenüber gesellschaftlichen Prozessen setzt sich auch in der Architektur fort. Nach Loris Malaguzzi wirkt der Raum als dritter Erzieher. Die Raumgestaltung muss deshalb auch der Praxis des offenen Modells (modello aperto) entsprechen. Die zentrale, lichtdurchflutete Halle, die Piazza, bildet den Mittelpunkt der gesamten Raumanlage. Von hier aus gelangt man in die verschiedenen frei zugänglichen Teilbezirke, von denen einige Räume wie Küche, Atelier, Bibliothek, Werkstatt von der Piazza mittels Glasscheiben getrennt sind. Dagegen scheint der nahtlose Übergang von Essbereich und Piazza besondere Bedeutung zu haben, ebenso wie die Köchin als wesentlicher Bestandteil des pädagogischen Teams. Spiegel und Bilder, die je nach Lichteinfall neue Schatten hervorrufen, die Räume optisch größer machen oder Objekte aus mehreren Perspektiven gleichzeitig beobachten lassen, sind ein weiteres Merkmal dieser Einrichtungen. Flure versucht man weitgehend auszuschließen, da sie von-einander isolieren. Auch auf standardisierte Einrichtungen wird möglichst verzichtet. Den Eltern wird jederzeit Zutritt gewährt und die Kinder zum Hinausgehen ins soziale Umfeld angehalten. Das Öffnen und Offenhalten der Räume sollen das Kind in einen engen Bezug zu seiner äußeren Umgebung bringen. Im Vordergrund steht dabei die sinnliche Wahrnehmung der Umgebung durch das Kind, das dadurch zur Selbstwahrnehmung und Identitätsfindung angeregt wird. Die äußere Natur wird grosszügig hereingelassen, die innere Natur der Kinder nirgendwo unnötig eingeschränkt. So ist auch die Rolle des Erziehers hier in erster Linie die des Beobachters und Beraters. Respekt gegenüber dem Kind als aktivem Gestalter seines eigenen Lern- und Lebensweges, Kommunikation als gegenseitiger, kontinuierlicher Übergang von Informationen sind zentrale, pädagogische Ansätze. Ausgehend von einem Schlüsselsatz „Das Kind hat 100 Sprachen und die Gesellschaft raubt ihm 99, nämlich alle außer der Verbalsprache", sind Wahrnehmungs- und Ausdrucksbildung zentrale pädagogische Anliegen. So gehören neben Ateliers und Werkräumen auch eine Kunsterzieherin in jede reggianische Kindertagesstätte

Freinet

„Das Kind muss sich selbst erziehen, sich selbst bilden, mit Hilfe der Erwachsenen"

(Celestine Freinet)

Der französische Dorfschullehrer und Reformpädagoge Celestine Freinet entwickelte unter dem Einfluss der reformpädagogischen Entwürfe von Peter Petersen und Maria Montessori in der zweiklassigen Landschule Bar-sur-Loup in Südfrankreich seit 1920 seine „Bewegung der modernen französischen Schule" (ecole moderne). In Deutschland existieren seit Mitte der sechziger Jahre Arbeitsgruppen der Freinet-Bewegung, seit Ende der siebziger Jahre begannen Erzieherinnen sich an der Freinet-Pädagogik zu orientieren. Die Arbeitsmethoden

wurden zunächst im Hort entwickelt, dann im Kindergarten und schließlich auch seit einiger Zeit in Gruppen mit erweiterter Altersmischung.

Kennzeichnend für diese Form der Pädagogik ist ihre Entstehung aus der Praxis des täglichen Schulunterrichtes. Eine pädagogische Richtung, die den Anspruch hat, das Kind in den Mittelpunkt zu stellen, seine Bedürfnisse und Möglichkeiten zum Angelpunkt der Praxis zu machen, muss ihre Organisationsform, Arbeitsweise, Methode und Arbeitsmittel im Dialog mit dem Kind selbst finden. Das pädagogische Konzept ist so in einem Prozess ständiger Entwicklung.

Es ist Freinets Auffassung vom Kind, die es möglich macht, seine Schulpädagogik auf den Kindergarten zu übertragen. Den Kindern wird hier die Fähigkeit zuerkannt, eigene Bedürfnisse zu erkennen, sie auszudrükken und handelnd zu bewältigen. Das was Kinder tun, wird hier nicht an Zielvorgaben, die in der Zunkunft liegen, gemessen, sondern als Ausdruck ihrer augenblicklichen Bedürfnisse ernstgenommen. Die Kinder werden so selbst zu Akteuren ihrer eigenen Entwicklung, und sie sind kompetent und frei, dazu ausgestattet mit genügend Eigeninitiative, in tastenden Versuchen selbst entdeckend voranzuschreiten. Die pädagogische Hauptaufgabe der Erwachsenen besteht darin, dem Kind einen Entwicklungsraum offenzuhalten.

Waldkindergarten

Waldkindergärten, auch als Wanderkindergärten bezeichnet, gibt es erst seit wenigen Jahren. Es sind Kindergärten ohne feste Räumlichkeiten, die Betreuungszeit ist auf einige Stunden am Tag begrenzt. Meist von Elterninitiativen gegründet, gibt es für diese Kindergartenform kaum öffentliche Träger.

Sieht man sich die Entwicklung der letzten Jahre an, ist die Idee gar nicht ungewöhnlich. Bezugnehmend auf das Sinnesentwicklungsmodell wird in immer mehr

Kindereinrichtungen versucht, die Natur in die Kindergärten hereinzuholen, das „Erfahren" in die Erziehung miteinzubeziehen. Auch werden Waldtage in Kindergärten immer beliebter, das bewußte Auseinandersetzen mit der Natur gefördert.

Bei den Waldkindergärten wird der Wald zum Spielzimmer ohne Grenzen, ohne kindgerechte Ausstattung und pädagogisches Spielzeug, ohne sorgfältig gestalteten Gruppenraum, ohne dass Phantasie und Kreativität durch vorgefertigtes Material eingeschränkt werden. Lernen über direkte Sinneserfahrung liegt diesem pädagogischen Konzept zugrunde. Die Kinder sollen sich selbst und ihre Umwelt intensiver erfahren; die Rücksicht gegenüber Mensch und Natur zu erlernen ist eine der wichtigsten Regeln in Waldkindergärten.

Dem Bewegungsdrang der Kinder wird hier freier Lauf gelassen. Meditative Konzentration wird über Entspannungsübungen und Anleitung zur Eigenmeditation (z.B. bei der Betrachtung eine Baches) geübt. Wichtig sind Fix- und Bezugspunkte mit Wiedererkennungswert, die das Fehlen eines Gebäudes kompensieren helfen und den Kindern Sicherheit und Orientierung vermitteln. Die Integration dieses Ansatzes auch in reguläre Kindereinrichtungen scheitert meist an der Furcht vor Elternbeschwerden, die Erzieherinnen von Aktionen im Freien abhalten.

Spielzeugfreier Kindergarten

Dieses Konzept, ursprünglich entwickelt zur Suchtvorbeugung bei Kindern, wurde vom Suchtarbeitskreis Weilheim in Bayern initiiert. Zum besseren Verständnis von Suchtgewohnheiten nahm man hier auch die alltäglichen Konsumgewohnheiten genauer unter die Lupe. Eines der beliebtesten Konsumgüter ist zweifellos das Spielzeug. Das Produktangebot ist hier kaum mehr überschaubar, die Werbung ebenso wie die Konkurrenz- und Prestigegedenken unter Kindern und Eltern fördern den Konsum. Das Projekt, das seit Mitte der neunziger Jahre läuft und in zahlreichen Kinder-

einrichtungen durchgeführt und ausgewertet wurde, will an diesem Punkt bewusst, auch im Sinne einer Sucht- und Konsumprävention, gegensteuern.

Ziel ist es, Freiräume neu zu schaffen, die neues Erleben und eigene Erfahrungen der Kinder zulassen, auch Spielräume, um Phantasie, Kreativität und nicht zuletzt Selbstbestätigung zu erfahren.

Nach einem vorbereitenden Gespräch mit den Kindern wird alles Spiel- und Beschäftigungsmaterial aus einer Gruppe herausgenommen. Die Kinder wissen, dass sie zwar Materialien und Werkzeuge aus dem Nebenraum holen können, nicht aber das Spielzeug.

Es wurde festgestellt, dass die Kinder daraufhin nicht verloren auf Anregungen von aussen warten, sondern dass das Spielen miteinander, das gemeinsame Gespräch und die gemeinsame Verwirklichung selbst entworfener Ideen in das Zentrum der Aktivitäten zurückkehren. Nach Abschluss des Projekts ließ sich teilweise feststellen, dass die deutliche Mehrheit der Kinder auch weiterhin auf Spielzeug verzichtete, dass Zeit- und Leistungsdruck, der sich früher beim Spielen einstellte, kaum noch auftrat und ebenso wenig Streitereien wegen „meiner" und „deiner" Sachen.

Sportkindergarten

Das pädagogische Konzept basiert auf Erkenntnissen der Psychomotorik, wie sie sich seit Mitte der fünfziger Jahre entwickelt hat. Dabei wird davon ausgegangen, dass eine enge Verbindung zwischen dem körperlich-motorischen Bereich und dem geistig-seelischen besteht.

Ziel der psychomotorischen Erziehung ist es, die Eigentätigkeit des Kindes zu fördern, es zum selbsttätigen Handeln anzuregen, durch Erfahrungen in der Gruppe zu einer Erweiterung seiner Handlungskompetenzen und Kommunikationsfähigkeiten beizutragen. Durch kindgemäße Übungsangebote sollen Körper-, Material-, Umwelt- und Sozialerfahrung gefördert werden.

Kindheit

"Weil unsere Kinder unsere einzige reale Verbindung zur Zukunft sind, und weil sie die Schwächsten sind, gehören sie an die erste Stelle der Gesellschaft."

(Olof Palme)

Kinder an erster Stelle in der Gesellschaft – vom Wunsch oder der Vision des ehemaligen schwedischen Ministerpräsidenten sind wir auch heute noch (oder wieder) meilenweit entfernt. Im Gegenteil: In der Bundesrepublik, immerhin eines der reichsten Industrieländer der Welt, geraten immer mehr Kinder auf die letzten Plätze der Gesellschaft. Der 10. Kinder- und Jugendhilfebericht von 1998 dokumentiert die dramatische Zunahme des Anteils der Kinder, die an der Armutsgrenze leben. Und es sind gerade kinderreiche Familien, die zunehmend von diesem Armutspegel erreicht werden. Bekannte Erscheinungsformen wie hohe Arbeitslosigkeit, Perspektivlosigkeit, eine große Zahl an Zuwanderungen lassen Konflikte von vornherein entstehen und schüren Neid, Hass und Kriminalität untereinander.

Aber es sind nicht nur die sozialen und wirtschaftlichen Risiken, denen sich immer mehr Kinder und Familien gegenüber sehen. Es sind ebenso die rasanten gesellschaftlichen Umbrüche, die in den letzten Jahrzehnten die Lebenswelt der Erwachsenen und mit ihr die der Kinder umformten und veränderten. Die Welt, in der Kinder ihren Platz finden müssen, ist zunehmend komplexer geworden, und das soziale Gelände, in dem die Kinder ihren Weg nehmen müssen, ist gegenüber früheren Zeiten erheblich unübersichtlicher.

Das gilt z.B. schon für die Familie. Die klassische Klein-Familienstruktur mit zusammenlebenden Elternpaaren und meist mehr als einem Kind ist zwar nach wie vor die verbreiteste Form, aber längst nicht mehr unangefochtenes Modell des Zusammenlebens der Generationen. Enorm gestiegen ist die Zahl der Alleinerziehenden und Einelternfamilien, der nicht verheirateten Gemeinschaften, der Stieffamilien mit Kindern aus unterschiedlichen Partnerschaften und der Wechsel der elterlichen Bezugspersonen (z.B. nach Trennung und Scheidung). Drei viertel aller Kinder wachsen dabei nur mit einem Geschwisterteil oder allein auf. Aber auch innerhalb der Familien hat sich entscheidendes gewandelt – z.B. die traditionelle Rollenzuweisung der Partner oder die Vorstellung davon, worin die Erziehung der Kinder bestehen solle.

Und mit der Familie hat sich auch die Umwelt, in der Kinder aufwachsen, entscheidend verändert. Kinder haben – gerade in unseren Städten – immer weniger die Möglichkeit, ihre engere Umgebung und Nachbarschaft selbständig zu entdecken. Die Verstädterung sowie die Versiegelung von Flächen nimmt zu. Einfallslose, lieblose und monotone Wohnbauten prägen immer mehr das Bild vieler Städte und lassen keine Indentität aufkommen, im Gegenteil, sie fördern sogar Aggression und Gewaltbereitschaft.

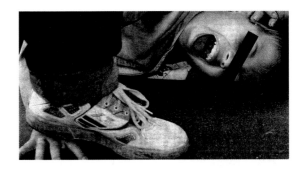

Mit der zunehmenden Spezialisierung der städtischen Außenräume in die Bereiche Verkehr, Arbeiten, Wohnen, Einkaufen, Freizeit, die überwiegend den Erwachsenen vorbehalten sind, schrumpft der kindliche Erfahrungsbereich oft auf die umzäunte Restfläche eines Spielplatzes. Für Kinder wird es immer schwerer, durch Bewegung und Erkundung im Nahbereich unmittelbar sinnlich-gegenständliche Erfahrungen zu sammeln. So geht der Bezug zur Natur vollends verloren, wie eine Studie der Universität Marburg aus dem Jahre 1998 erschreckend feststellen musste.

Für diesen Verlust an Erfahrung in der gegenständlichen und sozialen Lebenswelt durch die eigenen Sinne gibt es aber heute einen medialen (Schein-)Ersatz: im isolierten Privatbereich ihrer Kinderzimmer haben immer mehr Kinder heute mittels elektronischer Medien ein breites Angebot an medialer Information verfügbar. Schon 1982 hat der Amerikaner Neil Postmann in einem viel beachteten Buch "The Disappearance of Childhood" im Hinblick auf die unkontrollierte Mediennutzung von Kindern vom "Verschwinden der Kindheit" gesprochen. Gerade das Fernsehen mache ihnen den gesamten Inhalt der Erwachsenenwelt zugänglich und ebne die Grenzen zwischen Erwachsenen und Kindern ein. Trotz kritischer Stimmen ist in den 90-er Jahren – wie eine Studie des ZDF feststellt – die durchschnittlich täglich vor dem Fernseher verbrachte Zeit der 3- bis 5Jährigen von 55 auf 80 Minuten gestiegen. Aber auch der Computer zählt heute beinahe schon zur Grundausstattung der Kinderzimmer, obwohl auch hier Pädagogen – wie etwa Hartmut von Hentig – deutliche Einwände formuliert haben: "Der Computer hält das Kind an seinem Stuhl fest, grenzt seine Lebensregungen auf das Feld zwischen Bildschirm und Taste ein, legt alle Sinne lahm, schaltet andere Kontakte aus, bannt den Geist des Kindes auf das Frage- und Antwort-Schema des Programms." Die Folgen dieses unkontrollierten Medienkonsums können erschreckend sein. Nicht nur Konzentrationsschwächen, Nervosität, Haltungsschäden, Übergewicht aufgrund mangelnder Bewegung, sondern auch Abgestumpftheit, geistige Verarmung durch "Dauerberieβelung", Realitätsverlust, ag

gressives Verhalten sowie ein Rückgang an Sprach- und Kulturkompetenz sind festzustellen.

Kindheit heute – das machen diese wenigen Schlaglichter klar – ist riskanter als in früheren Zeiten. Es gibt dafür auf der anderen Seite aber auch Vielzahl neuerer Konzepte, Ideen, Ansätze vor allem im Kindergartenbereich, diesen Risiken – etwa dem des Realitäts- und Erlebnisverlustes, der Auslieferung an kommerzielle Angebote, der medialen Isolation oder den motorischen Störungen – gegenzusteuern. Einfaches Spielzeug oder Spielmaterial aus natürlichen Materialien ist in Kindergärten heute gefragter denn je. Ausrangiert werden dagegen die vielen bunten Kindersachen, die nur vordergründig kindgerecht sind. Ja es gibt sogar immer mehr spielzeugfreie Kindergärten, die ursprünglich aus einem Konzept zur Suchtvorbeugung bei Kindern hervorgegangen sind. Ebenso können spezielle Bewegungstherapien hinsichtlich motorischer Mängel für einen Ausgleich sorgen.

Für immer mehr Eltern ist der Kindergarten mehr als eine temporäre Aufbewahrungsanstalt für ihre Kinder. Das wird deutlich an der wachsenden Zahl der Elterninitiativen, die im Kindergarten Verantwortung übernehmen, sei es bei gemeinsam mit den Erzieherinnen durchgeführten Projekten, sei es bei der Mitbestimmung in Fragen der Erziehung und der Kindergartenpädagogik. Und es sind nicht zuletzt solche Initiativen, die helfen bei der Erschließung naturnaher Spiel- und Erfahrungsräumen – wie sie zum Beispiel die vielen neu entstandenen Waldkindergärten bieten. Naturerleben über sinnliche Wahrnehmung, selbstbestimmte, ganzheitliche und handlungsorientierte Formen des Lernens sind hier ebenso möglich wie eine Erziehung zu umweltbewusstem Umgang mit der Natur.

Aber auch auf einem ganz anderen Feld kommt dem Kindergarten heute eine besondere pädagogische Aufgabe zu: es gehört längst zu den alltäglichen Erfahrungen der Kinder, dass sie in ihrem Kindergarten Kindern begegnen, die eine andere Muttersprache sprechen und sich vielleicht auch anders verhalten. Kinder aus anderen Kulturen machen den Kindern der "Mehrheitskultur" deutlich, dass das Fremde, Ungewohnte und Andersartige fester Bestandteil der modernen Lebenswelt ist. Gerade im Kindergarten wird so soziales Lernen möglich und mit ihm die Erziehung zu Toleranz, Einfühlungsvermögen, Kooperation und Solidarität. Das gilt insbesondere auch für Kindergärten, in denen behinderte mit nicht behinderten Kindern integrativ betreut werden. Auch Kontakte zu älteren Generationen werden verstärkt gesucht - Altersheim trifft Kindergarten -, dabei lernen die Kinder besser mit älteren Menschen umzugehen, Generationskonflikte werden abgebaut und das gemeinsame Miteinander von Jung und Alt gefördert.

Sicherlich: in einer sich rapide verändernden Lebenswelt kommen auf den Kindergarten viele neue Aufgaben zu, die Balance herzustellen zwischen dem Kind und seiner Umwelt. Es bleibt aber vielleicht eine seiner wichtigsten Aufgaben, für das Kind auch Freiräume offenzuhalten, in dem es seine Fähigkeit und Lust zu spielen leben kann.

Und drinnen leben müssen wir! (Erzieherinnen und Kinder)

Ein Erfahrungsbericht von Dagmar Ben Yagoub
(Leiterin der Kindertagesstätte Wichtelpark e.V., Stuttgart)

Auch wenn im Folgenden viele wichtige Vor-
überlegungen aufgezeigt werden, heißt das nicht, dass
der/die Architekt/in auf eine Zusammenarbeit mit einer erfahrenen Erzieherin bzw. Leiterin oder einer Kin-
dergarten-Fachberaterin verzichten kann.

Die zukünftige Leiterin sollte von Anfang an in das Pla-
nungsteam (Leiter/in, Architekt, Fachberater/in, Träger)
mit eingebunden werden.

Das Erstellen einer Checkliste mit den wesentlichen
Punkten, in die der/die Architekt/in und Leiter/in ihr Pro
und Kontra eintragen, könnte dabei hilfreich sein.

Beispiel Checkliste:

Vorhaben	Architekt		Erzieherin		Träger	
	Pro	Kontra	Pro	Kontra	Pro	Kontra
Putzraum						

Ein paar wichtige Punkte aus meiner Sicht und langjäh-
riger Praxis zur Planung von Kindertagesstätten will ich
hier aufzählen:

Bei der Planung der Einrichtung muss ganz genau überlegt werden, wie viele Kinder (welchen Alters) in dieser Einrichtung durch wie viele Mitarbeiter täglich betreut werden, wie sehen die Öffnungszeiten aus, gibt
es Schichtdienst, gibt es Schließtage, oder bleibt die
Einrichtung das ganze Jahr über geöffnet, welches Alter der Kinder wird hier betreut?

Soll die Einrichtung unter einem besonderen pädagogischen Konzept stehen, oder soll sie so gebaut werden, dass das pädagogische Konzept nicht für immer
und ewig in einer Richtung festgelegt ist? Soll die Einrichtung die Möglichkeit zur Erweiterung oder Verän-
derung bieten?

Ein offenes Haus wirkt einladend, sollte aber auch für
die Kinder eine Gruppenatmosphäre vermitteln, gerade wenn sie den ganzen Tag darin leben. Die Einrichtung soll für die Kinder auch noch etwas Familiäres
vermitteln, wie Geborgenheit, Zugehörigkeit in eine
Gruppe und das wichtige Gefühl: das sind meine Erzieherinnen, die sind für mich da, und die verbringen
viel Zeit mit mir. Bei einem Haus, das offen konzipiert
wird, kommt oft hinzu, dass es einen ständigen Lärmpegel gibt, wenige Türen, viele Durchgangs-
möglichkeiten, etc.

Ich plädiere dafür, dass ganz bestimmte Feste, besonders die das Kind persönlich betreffenden wie Geburts-
tagsfeier, Abschiedsfest und Neuanfang, im Gruppenraum stattfinden können. Dazu gehört, dass der Raum
in einen ruhigen und stimmungsvollen Raum umge-
wandelt werden kann (Türen zu, Verdunklungsmöglichkeit). Große Störfaktoren wie Durchgänge zu
Garten, Büro, Werkraum, Turnraum etc. sollten von
vornherein ausgeklammert werden.

Noch eine Anmerkung hierzu:

In einer Zeit, in der alles so schnelllebig und austausch-
bar ist, möchte ich dem Kind ganz besonders an solchen persönlichen Tagen ein Gefühl von Geborgenheit,
Sicherheit und Vertrauen mit auf den Weg geben. Überlegen Sie einmal, wie sich ein Kind fühlt, wenn seine
Freunde aus der Gruppe den ihm wohlvertrauten

Gruppenraum festlich schmücken und eine stimmungsvolle Atmosphäre schaffen, in dem es dann für eine bestimmte Zeit der Mittelpunkt sein darf.

Wieviel Kontaktzeit und wieviel Vorbereitungszeit haben die Mitarbeiterinnen?

Wenn man davon ausgeht, dass alle Mitarbeiterinnen Pause haben müssen und auch einen Teil ihrer Vorbereitungen in der Einrichtung machen, dass ihre Garderobe abgelegt werden muss, so ist es auf keinen Fall ratsam, nur ein größeres Büro zu bauen, das zugleich als Personalraum genutzt wird. Das Büro muss ausnahmslos für die Leitungstätigkeit sowie für Elterngespräche und Mitarbeitergespräche genutzt werden können. Mitarbeiterinnen haben ein Recht darauf, in ihrer Pause nicht von dauernden Telefonaten, den Kopier- und Faxgeräuschen oder womöglich noch von einer im Büro arbeitenden Leiterin gestört zu werden! Eine ausgeruhte Erzieherin, die ungestört wieder neue Kraft auftanken kann, ist sehr wichtig für die Kinder und den gesamten reibungslosen Ablauf im Haus.

Auch die Kinder müssen die Möglichkeit haben, sich zurückzuziehen und aufzutanken. Den ganzen Tag in einer Einrichtung mit vielen anderen Kindern, Erwachsenen und den dazu gehörenden Regeln, da kommt das Bedürfnis des Zurückziehens oft zu kurz, weil nicht genug Möglichkeit dazu da ist und die ruhebedürftigen Kinder immer wieder aufs neue gestört werden.

Also meine Forderung: Viele kleine Ecken und Nischen zum Kuscheln, Träumen, Ausruhen, sich Ausklinken, zur Ruhe kommen, zum Geschichten hören, zum auftanken oder um auch mal ein Nickerchen einlegen zu können.

Wichtig: Kinder, die den ganzen Tag in einer Einrichtung verbringen, wo immer alles allen gehört, brauchen besonders ein Fleckchen, das nur ihnen gehört - ich denke da an einen Eigentumskasten, den man mit niemandem teilen muss, in geeigneter Größe, um die privaten Dinge darin zu verstauen (Platzbedarf!).

Ich denke, es dürfte heute eine Selbstverständlichkeit sein, dass jede Einrichtung mit einem Bewegungsraum und einem Werkraum ausgestattet ist und zwar so, dass die Kinder sich auch mal ohne Erzieherin darin bewegen und beschäftigen können.

Wie soll die Einrichtung gebaut werden? Mit hohen Räumen? Viele kleine niedrige Räume? Auf wie vielen Ebenen? Mit welchen Farben und welchen Materialien? Wie wirkt das auf die Kinder?

In meiner derzeitigen Einrichtung sind die Räume extrem hoch, und immer wieder werde ich gefragt, wie dies auf die Kinder wirkt. Ich habe nicht den Eindruck, dass die Kinder sich verloren vorkommen, die Raumhöhe vermittelt etwas von Freiheit, es ist alles größer und heller. Für die Kinder macht es wahrscheinlich keinen Unterschied mehr, ob der Raum 3,50 m oder 6,50 m hoch ist, hoch ist hoch und draußen unterm Himmelszelt kommen sich die Kinder ja auch nicht verloren und klein vor. In hohen Räumen ist die Luft nicht so schnell verbraucht und die Räume heizen sich im Sommer nicht so schnell auf - durch die großen Fenster bekommen die Kinder einen großen und ständigen Ausblick zum Geschehen draußen (Naturveränderungen, etc.).

Allerdings muss gerade in hohen Räumen, wie in anderen Räumen, das Schallproblem bedacht werden. Später eingebaute Schallschutzmaßnahmen, wie aufgehängte Tücher und Dekomaterial sind unnütze Staubfänger, verschlechtern das Raumklima und sind oft schwierig und kostenaufwendig zu reinigen. Einen Wechsel von hohen und niedrigen Räumen halte ich je nach Nutzung für sinnvoll. Anstelle von niedrigen Räumen, in denen die Mitarbeiterinnen nicht mehr aufrecht gehen können - der Beruf ist schon rückenschädigend genug -, ist es vielmehr sinnvoller, genügend Material (Decken/Stäbe, Klammern etc.) zur Verfügung zu stellen, damit sie sich die Kinder ihre Hütten und Lager jederzeit selber bauen können. Das hat noch den positiven Nebeneffekt, dass die Kinder selber und kreativ an Raumveränderungen beteiligt sein können.

Meine Erfahrungen zeigen, dass Kinder, auch in einem vorgefertigten extrem niedrigen Raum, ihre Hütten noch selber bauen wollen. Manchmal kann es auch sinnvoll sein, einen extrem hohen Raum für eine zweite Ebene zu nutzen, denn oft bietet die Höhe einer Einrichtung mehr Möglichkeiten als die Raumgröße an sich!

Was soll sich auf der zweiten Ebene bzw. im ersten Stock befinden? Sind es Gruppenräume, so sollte an einen kleinen Hausaufzug gedacht werden, damit der tägliche beschwerliche Balanceakt, die mit Essen gefüllten Schüsseln zwischen Kindern hindurch die Treppe hinauf zu transportieren, wegfällt. Taschen, Spiel- und Bastelmaterial, Bücher, Kassettenrekorder, Diaprojektor und manches andere müßten nicht mehr geschleppt werden. Die jüngeren Kinder sind noch so mit dem Treppensteigen beschäftigt, dass es nicht möglich ist, sie mit Trägeraufgaben zu betrauen.

Farbe und Material könnten ein großer Streitpunkt zwischen Architekt/in und Leiterin sein, da sicher jeder für sich seine Schwerpunkte und vor allem seinen eigenen Geschmack hat. Ich denke, dass wir den Kindern ein breites Spektrum von Materialerfahrung bieten können, bei Farben wäre ich etwas vorsichtiger. Da eine Einrichtung durch die Kinder sehr schnell belebt und vor allem farbig gestaltet wird, sollten möglichst nicht zu viele Farben eingeplant sein. Und die wenigen sollten in einem Bezug zueinander stehen, z.B. die Farbe Rot signalisiert (!) die Stellen, wo es gilt, vorsichtig zu sein, alle Türen haben die gleiche Farbe usw.

Immer mehr Kinder haben Schwierigkeiten, sich in unserer reizüberfluteten Welt zurechtzufinden. Daher die Überlegung, was wirkt ruhig auf Kinder (Holz, Pflanzen, schöne Stoffe etc.). Nicht ohne Grund fühlt man sich in einem Waldorfkindergarten so wohl.

Obwohl ich denke, dass der folgende Gedanke mittlerweile außer Frage steht, möchte ich ihn dennoch anführen. Beim Bau einer Einrichtung für Kinder sollten ausschließlich biologische und umweltfreundliche Baumaterialien verwendet werden, das kann beim Bauen teurer werden - es zahlt sich aber auf jeden Fall aus, und die Kinder sollten es wert sein - es ist schließlich ihr täglicher Lebensraum.

Die Mitarbeit zur Errichtung einer Kindertagesstätte kostet eine Leiterin viel Kraft, Zeit und Engagement. In dieser Zeit ist es ganz besonders wichtig, dass sich Architekt/in und Leiterin immer wieder bewusst machen, dass sie für die Sache der Kinder arbeiten!

Sobald eine Einrichtung neu- oder umgebaut wird, bietet dies eine Vielzahl an Möglichkeiten, für Kinder einen besseren Lebensraum zu schaffen. Architekt/in und Leiterin sind gefordert zu überlegen, was brauchen Kinder wirklich.

Dagmar Ben Yagoub

$

Angesichts der angespannten finanziellen Situation im Bund, den Ländern und in den Gemeinden und vor dem Hintergrund des Rechtsanspruchs auf einen Kindergartenplatz kommt der Frage der Finanzierung und Finanzierbarkeit von Kindergärten besondere Bedeutung zu. Die jährlichen Gesamtausgaben für die Kindergärten liegen bei ca. 10 Milliarden EURO, wobei sich ca. 8,5 Milliarden EURO auf Länder, Kreise und Gemeinden als öffentliche Träger verteilen. Die restlichen 1,5 Milliarden EURO werden von den freien Trägern, hauptsächlich den Kirchen aufgebracht.

Wer letztendlich in rechtlicher Hinsicht für die Finanzierung verantwortlich ist, war lange Zeit unklar und umstritten. Vier unabhängige Rechtsgutachten aus den Jahren 1995-1997, die im Auftrag der Caritas und der katholischen Kirche sowie der Diakonie und der evangelischen Kirche erstellt wurden, kamen zu dem zweifelsfreien Ergebnis, dass mit dem gesetzlich verbürgten Rechtsanspruch die öffentlichen Träger für die Finanzierung zuständig sind, unabhängig davon, ob die Einrichtung in freier oder öffentlicher Trägerschaft betrieben wird. Die finanziellen Leistungen, die die freien Träger erbringen, sind freiwillig, d.h. sie entscheiden selbst, ob und in welcher Höhe sie sich selbst beteiligen. Können diese Leistungen nicht mehr erbracht werden, wie dies in Ostdeutschland schon länger der Fall ist und wie aufgrund sinkender Mitgliederzahlen von den Kirchen befürchtet wird, heißt dies aber noch lange nicht, dass das gesetzlich zugesicherte Betätigungsrecht eingebüßt wird. Öffentliche Träger dürfen erst dann eigene Einrichtungen betreiben, wenn

die Einrichtungen der freien Träger nicht ausreichen, den Bedarf zu decken. Im KJHG § 4, Abs. 2 heißt es dazu: "Soweit geeignete Einrichtungen, Dienste und Veranstaltungen von anerkannten Trägern der freien Jugendhilfe betrieben werden oder rechtzeitig geschaffen werden können, soll die öffentliche Jugendhilfe von eigenen Maßnahmen absehen." Es wird letztendlich Gegenstand intensiver Verhandlungen zwischen den Trägern der öffentlichen Jugendhilfe und den freien Trägern sein, wie letztlich die Kosten aufgebracht und aufgeteilt werden. Die Träger werden sich - das ist abzusehen - gemeinsam dafür einsetzen und darauf drängen, dass Bund und Länder bei der finanziellen Absicherung des Rechtsanspruchs auf einen Kindergartenplatz stärker in die Pflicht genommen werden.

Hinzu kommt, dass in einigen Ländern die Kindertagesstättengesetze und Standards zugunsten blosser Empfehlungen außer Kraft gesetzt wurden, um so den Trägern Maßnahmen zur Kosteneinsparung beim Bau zu ermöglichen. Gleichzeitig zeigt eine alarmierende Abnahme von Hort- und Krippenplätzen - wie in der nachfolgenden Grafik ersichtlich -, deren Bereitstellung rechtlich (noch) nicht festgeschrieben wird, dass verstärkt nur noch in den Elementarbereich investiert wird. Die Folgen dieser Entwicklung sind jedoch heute schon abzusehen: angesichts abnehmender Zahlen der Kindergartenkinder haben viele Einrichtungen zunehmend Probleme, eine Vollbelegung überhaupt zu erreichen. Die Einrichtungen sehen sich dadurch vermehrt in einer Wettbewerbssituation, während die Eltern je nach Qualitätsmerkmalen und Angebotspalette die für sie attraktivste Einrichtung auswählen. Um diesem Trend entgegenzuwirken, sollten verstärkt, wie dies Politiker bereits fordern, Krippen- und Hortplätze ausgebaut und eingerichtet werden, d.h. die Planung sollte möglichst auf kombinierte Einrichtung zielen, um alle Arten der Kinderbetreung und Pädagogikformen zuzulassen.

Plätze für Kinder in Kindertageseinrichtungen
(Angaben in %, bei 100% = pro Kind 1 Platz)

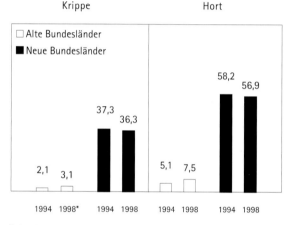

(*ohne Baden-Württemberg und Schleswig-Holstein)

Eine Entwicklung bahnt sich an, die unverständlich ist, denn schon 1992, als der Bund zusammen mit den Ländern den Rechtsanspruch gesetzlich verankerte, hätte man sich ernsthaft Gedanken über die Finanzierung und auch über die Folgekosten machen können.

Folgekosten

Die Investition für eine Kindergarteneinrichtung ist eine Investition für die Daseinsfür- und vorsorge. Sie wird nie finanzielle Gewinne abwerfen. Gleichwohl ist es notwendig, sehr sorgfältig die langfristige Belastung des Haushaltes durch die jährlichen Folgekosten von vornherein in Betracht zu ziehen, zumal sich diese im Laufe der Nutzungsdauer stetig vergrößern. Es kommt dabei in erster Linie auf ein günstiges Kostennutzenverhältnis der Investitions- zu den Folgekosten an. Die sich ergebenen Folgekosten beinhalten zunächst die Personalkosten, die mit bis zu 80 % den Hauptanteil bilden und aufgrund verschiedener Personalschlüssel der Länder regional unterschiedlich hoch sind, sowie die nach DIN 18 960 festgelegten Baunutzungskosten.

Betriebskosten

Die Baunutzungskosten enthalten u.a. die Betriebskosten, die sich ihrerseits wiederum u.a. in Gebäudereinigung, Abwasser/Wasser, Wärme/Kälte, Strom, Wartung aufsplitten lassen.

Dabei sind besonders die Gebäudereinigungskosten hervorzuheben, die mit bis zu 50 % der Betriebskosten den größten Anteil neben den Energiekosten haben, vielfach aber weit unterschätzt werden. Gerade hier sind im Vergleich zu den Energiekosten erhebliche Einsparpotentiale vorhanden, die durch eine geschickte Planung realisiert werden können, ohne jedoch auf den funktionalen und ästhetischen Anspruch verzichten zu müssen. Am Beispiel einer Schule mit ca. 5.000 m² Reinigungsfläche (Bericht Nr. 11/1994 der kommunalen Gemeindestelle Köln, KGST) lässt sich zeigen, dass bei veranschlagten jährlichen Reinigungskosten von ca. 120.000,- DM (entspr. 60.000,- EURO) durch entsprechende Optimierung der Planung ca. 74% der Kosten hätten eingespart werden können.

Die nachfolgende Grafik zeigt, dass der Hauptgrund hoher Reinigungskosten in einer ungenügenden Gestaltung der Eingangsbereiche (fehlende Schmutzschleuse) zu suchen ist. Anfallender Schmutz wird zu ca. 90 % von außen in die Einrichtung hineingetragen. Ein weiterer Schwachpunkt ist in diesem Zusammenhang oft die Materialwahl der Fußbodenbeläge. Eine lange Lebensdauer sollte hier ebenso wichtig sein wie eine problemlose und hygienische Reinigung.

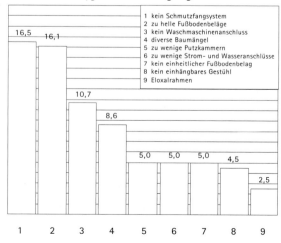

Angaben in %

Einsparungen von Energiekosten, neben der optimierten Dämmung der Gebäudehülle, lassen sich in erster Linie durch möglichst hohe Anteile an natürlicher Belichtung, durch eine kompakte Bauweise und Orientierung der Aufenthaltsräume nach Süden erreichen. Ebenso bewirkt die Nutzung von Regenwasser eine Einsparung (Gebühren). Weiterführende Energiesparkonzepte lassen sich nicht immer problemlos einbinden, da sie auf dem Nutzerverhalten der Bewohner aufbauen.

Gerade in städtischen Einrichtungen stehen Einbrüche in Kindertagesstätten häufig auf der Tagesordnung. Schutz können Alarmanlagen, Sicherheitsglas, abschließbare Fenster etc. bieten und tragen so zur Reduzierung der Instandsetzungskosten (Reparaturen) bei. Wartungskosten (durch Inspektionen) lassen sich eindämmen durch die Wahl einfacher Systeme, High Tech erweist sich in der Regel häufig als kostenträchtig.

Verhältnis Folgekosten / Investitionskosten

Das Verhältnis der oben beschriebenen Folgekosten zu den einmaligen Investitionskosten läßt sich nur schwer bestimmen, denn die Streuungen können oft erheblich sein. Es gibt lediglich grobe Durchschnittswerte, wie den Wert 0,31 für Schulen und Kindergärten aus dem Jahre 1975 (DBZ 1975, Heft 10).

Ein Beispiel: Bei einer Investition einer Kindereinrichtung mit einem einmaligen Investitionsaufwand von einer Million EURO und den daraus ermittelten jährlichen Folgekosten von 310.000.- EURO (0,31) steigt der erforderliche Finanzrahmen - wie die Graphik zeigt - in 20 Jahren auf über sieben Millionen EURO (ohne Zins und Verteuerung).

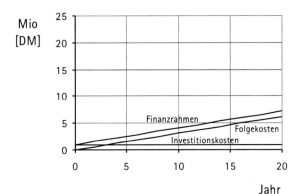

Eine Kapitalisierung der Investitions- und Folgekosten führt zu viel grösseren Summen - dies zeigen die Barwertkurven. Bei einem Zinssatz von 8% und einer jährlichen Teuerungsrate der Folgekosten von 4% steigt die Gesamtsumme sogar auf 24,5 Millionen EURO!

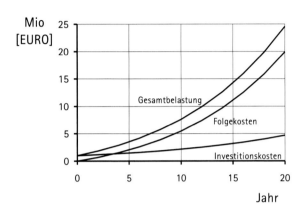

Angesichts solcher Kostenentwicklungen ist es nur verständlich, wenn alle Verantwortlichen versuchen, die günstigste Lösung durchzusetzen. Doch wie sieht diese aus?

Kostenvergleich

Bei keiner Bauaufgabe gibt es so große Kostenspannen wie bei Kindertagesstätten. Das Bundesministerium für Familie, Senioren, Frauen und Jugend setzt z.B. durchschnittlich 35.000.- DM (entspr. 17.900.- EURO) pro Kindergartenplatz an. Eine Studie der Architektenkammern Baden-Württemberg und Nordrhein-Westfalen aus dem Jahre 1994, bei der 48 Kindertagesstätten untersucht wurden, erbrachte folgende Kostenstreuungen pro Kindergartenplatz: bei zweigruppigen Einrichtungen zwischen 15.700.- DM (entspr. 8.000.- EURO) und 33.600.- DM (entspr. 17.200.- EURO), bei dreigruppigen zwischen 12.600.- DM (entspr. 6.400.- EURO) und 71.700.- DM (entspr. 36.700.- EURO) sowie bei viergruppigen zwischen 13.700.- DM (entspr. 7.000.- EURO) und 91.900.- DM (entspr. 47.000.- EURO).

Bei diesen Zahlen ebenso wie bei den nachfolgenden Kostentabellen ist zu beachten, dass die Kosten nur sehr schwierig zu vergleichen sind, da sie von verschiedenen Faktoren beeinflusst werden:

- je nach Entstehungsjahr, wirtschaftlicher Situation (Konjunktur oder Flaute) und Region variieren die Baukosten;

- der Rechtsanspruch auf einen Kindergartenplatz unterliegt regional unterschiedlicher Auslegung aufgrund der nicht eindeutigen Definition eines Kindergartenplatzes durch den Gesetzgeber (vgl. Gesetzliche Regelungen, S. 19);

- in den einzelnen Bundesländern sind die Gruppenstärken unterschiedlich;

- die Erstellungskosten einer Ganztageseinrichtung unterscheiden sich deutlich von denen eines Regelkindergartens;

- die Erstellungskosten von Krippen-, Kindergärten- und Hortgruppen differieren;

- Einrichtungen mit wenigen Gruppen sind in der Regel teurer als mehrgruppige Einrichtungen;

- mehrgeschossige Gebäude sind in der Regel kostengünstiger als eingeschossige;

- Entscheidungen des Trägers sind individuell unterschiedlich und beeinflussen damit den Kostenrahmen.

Kosteneinsparpotentiale

Vor dem Hintergrund der skizzierten finanziellen Situation ist es kaum überraschend, dass Träger oft gezwungen sind, Einsparungen vor allem im Außenbereich oder bei der Innenausstattung vorzunehmen. Auch entscheiden sich mehr und mehr Träger für "Billiglösungen", wobei sich billig zunächst nur auf die Investitionskosten bezieht und die weitere finanzielle Belastung durch die Folgekosten oft unberücksichtigt bleibt. Auch bieten Billiglösungen, neben dem fehlenden architektonischen Anspruch, hinsichtlich der Umsetzung eines pädagogischen Konzeptes kaum Gestaltungsspielräume. Und schließlich hat man in diesen Fällen auch mit einer geringeren Lebensdauer der Gebäude zu rechnen.

Beispiele von Kosteneinsparungen:

- Eine exakte Bedarfsberechnung der zu errichtenden Kindergartenplätze in Bezug auf Anzahl, Altersgruppen, Behindertenplätze, Entwicklungspotential der Umgebung usw.

- Leerstehende Gebäude durch Umbaumaßnahmen neu nutzen. Gerade ältere Gebäude bieten hinsichtlich der Atmosphäre und ihres städtebaulichen Nutzens Vorzüge.

- Bei Neubauten sollte die Planung eine spätere, kostengünstige Umnutzung berücksichtigen, um die Weiternutzung des Gebäudes z.B. bei rückläufigen Kinderzahlen zu gewährleisten.

- Eine Mehrfachnutzung durch die Integration der Kindertageseinrichtung in größere Gebäude führt zu einer höheren Grundstücksausnutzung.

- Vermietung von Kindertageseinrichtungen für Feiern, Tagungen, Jugendtreffs, kirchliche Aktivitäten usw., da die meisten Einrichtungen abends, am Wochenende und in den Ferien leer stehen.

- Einrichtung von Betriebskindergärten bei einer anteiligen Fremdfinanzierung.

- Investorenmodelle: ein privater Investor übernimmt die Erstellung der Einrichtung und vermietet sie langfristig an den Träger; die Gesamtkosten reduzieren sich und das wirtschaftliche Risiko des Trägers wird vermindert. Im Gegensatz zur öffentlichen Hand haben private Investoren Steuervorteile und außerdem mehr Möglichkeiten bei Vergabeverhandlungen.

- Systembau-Kindertagesstätten, die ein günstiges Kostennutzenverhältnis haben und flexibel bei der Umsetzung pädagogischer Konzepte sind.

- Mehrgruppige Einrichtungen in mehrgeschossiger Bauweise bieten normalerweise Kostenvorteile.

- Die Eigeninitiative von Eltern z.B in Fördervereinen kann bei der Errichtung eines Kindergartenbaus nicht nur den Träger finanziell entlasten, sondern fördert auch die Integration und das Zusammengehörigkeitsgefühl innerhalb der Einrichtung.

- Gezielte Öffentlichkeitsarbeit durch Veranstaltungen bietet die Möglichkeit einer Kontaktaufnahme mit potenziellen Geldgebern, Nachmietern, Fördervereinen etc.

- Geschickte Raumausnutzung, flexible Grundrisse, genaueste Materialwahl unter Berücksichtigung aller Folgeerscheinungen können bei rechtzeitiger Miteinbeziehung aller am Bau Beteiligten ein günstiges Verhältnis der Investitions- zu den Folgekosten bedeuten.

Kostentabellen

Ein aktueller Überblick zu den Bauwerkskosten von Kindertagesstätten ist nicht einfach zu ermitteln; trotzdem soll hier wenigstens der Versuch dazu unternommen werden. Die Kostenkennwerte können als Grundlage von Vorplanungen, Entwürfen, Raumprogrammen und anderen Überlegungen zu Rate gezogen werden, um die Bauwerkskosten eines Kindertagesstätte grob und überschlägig zu ermitteln. Die Einteilung der Beispiele nach der Anzahl der Gruppen, nach Um- und Neubauten, nach Systembauten, Art der Einrichtung (Kindergarten, Kindertagesstätte), nach Standort (ländlich oder in der Stadt) und schließlich nach Geschosszahl differenziert das Ergebnis und macht es auf die unterschiedlichen Erfordernisse und Rahmenbedingungen übertragbar. Problematisch ist das Zustandekommen

der Hauptnutzfläche (HNF), denn je nach Intention und Größe ist der Flurbereich als reine Verkehrsfläche (VF) oder teilweise zur Hauptnutzfläche (HNF) zu werten, so dass das Verhältnis BGF/HNF nicht immer vergleichbar ist.

Die Kostenzahlen wurden von Architektur- und Ingenieurbüros oder den Bauherrn zur Verfügung gestellt und beziehen sich auf den Baukostenpreisindex von August 2001 mit 143,5 bei 1985 = 100,0 zum Zeitpunkt des Baubeginns. Sie spiegeln die Brutto-Bauwerkskosten in EURO in den Kostengruppen 300 und 400 nach DIN 276 wieder.

Natürlich können die Autoren für die Richtigkeit der im Rahmen der Kostenermittlung eingesetzten Werte keine Haftung übernehmen.

Kostentabellen (Alle Baukosten in EURO spiegeln die Kostengruppen 300, 400 nach DIN 276 wieder und beziehen sich auf den Baukostenindex von August 2001 = 143,5 bei 1985 = 100,0: Bauwerkskosten und Kosten/Gruppe auf Tausend gerundet, Kosten/Kind auf Hundert gerundet).

Name der Einrichtung	Gruppenart	Ländlich/ städtisch	Baubeginn	Gruppen	Kinder	Geschosse	Bauwerkskosten brutto (EURO)	Kosten / m² BGF	Kosten / m² HNF	Kosten / m³ BRI	BGF / HNF	m² HNF / Kind	m³ BRI / Kind	Kosten / Kind	m² HNF / Gruppe	m³ BRI / Gruppe	Kosten / Gruppe
1 - g r u p p i g																	
Kiga Bad Neuenahr-Ramersbach	Kiga	L	1993	1	25	1	502.000	1.476	3.260	395	2,21	6,2	50,8	20.100	154	1.270	502.000
Kita Kinder Insel Hombroich	Kiga	L	06/1999	1	20	1-2	272.000	1.265	1.838	253	1,45	7,4	53,8	13.600	148	1.075	272.000
2 - g r u p p i g																	
Kiga Rübenloch, Tübingen	Kiga	S	03/1987	2	50	3	682.000	1.561	2.915	501	1,87	4,7	27,2	13.600	117	680	341.000
Kiga Luginsland, Stuttgart	Kiga	S	1989	2	56	2	1.140.000	3.089	5.302	844	1,72	3,8	24,1	20.400	108	675	570.000
Kiga Bussardweg, Steinfurt	Kiga	L	10/1991	2	50	1	529.000	1.202	1.945	329	1,62	5,4	32,1	10.600	136	804	265.000
Kiga Kruckbergsweg, Halle	Kiga	L	1993	2	50	1	524.000	1.460	2.674	342	1,83	3,9	30,7	10.500	98	767	262.000
3 - g r u p p i g																	
Kita Mörikestraße, Stuttgart	Kiga	S	11/1991	3	90	3	1.694.000	2.017	3.651	627	1,81	5,2	30,0	18.800	155	900	565.000
Waldorfkiga, Dietzenbach	Kiga	L	07/1992	3	75	1	828.000	1.608	3.185	296	1,98	3,5	37,3	11.400	87	933	276.000
Kita Wichtelpark, Stuttgart	Krippe, Kiga	L	07/1992	3	48	1,5	760.000	1.731	2.027	492	1,17	7,8	32,2	15.800	125	515	253.000
Kiga Kemeterstraße, Olching	Kiga	L	09/1992	3	75	2	804.000	1.003	2.520	301	2,52	4,3	35,6	10.700	106	889	268.000
Kita Jägersburgerstr., Homburg	Kiga	L	03/1993	3	75	1,5	804.000	1.001	1.384	286	1,38	7,8	37,5	10.700	194	937	268.000
Kiga Akazienweg, Bocholt	Kiga	S	04/1993	3	70	1	445.000	585	1.037	145	1,77	6,1	43,7	6.400	143	1.021	148.000
Kita Neckarstraße, Nauheim	Kiga, integrativ	L	05/1994	3	65	1	1.057.000	1.357	2.349	407	1,73	6,9	40,0	16.200	150	867	352.000
Kiga Fünf-Linden II, Biberach	Kiga	S	05/1994	3	75	2	774.000	1.310	2.263	311	1,73	4,6	33,2	10.300	114	830	258.000
Waldorfkiga Wennigsen-Sorsum	Kiga	L	1995	3	60	1	633.000	816	1.819	190	2,23	5,8	44,4	10.600	116	1.109	211.000
Waldorfkiga Zielstraße, Mannheim	Kiga	S	04/1996	3	75	2	827.000	909	1.671	219	1,84	6,6	50,3	11.000	165	1.258	276.000
Kiga Millerstraße, Heilbronn	Kiga	S	03/1998	3	79	2	714.000	1.105	2.100	345	1,90	4,3	26,2	9.000	113	690	238.000
Kiga Otterbergerstr., Lohnsfeld	Kiga	L	11/2001	3	75	1	555.000	876	1.586	203	1,81	4,7	36,4	7.400	117	910	185.000

Name der Einrichtung	Art	ländlich/städtisch	Baubeginn	Gruppen	Kinder	Geschosse	Bauwerkskosten brutto (EURO)	Kosten / m² BGF	Kosten / m² HNF	Kosten / m³ BRI	BGF / HNF	m² HNF / Kind	m³ BRI / Kind	Kosten / Kind	m² HNF / Gruppe	m³ BRI / Gruppe	Kosten / Gruppe
4 - gruppig																	
Krabbelstube Freiburg-Littenweiler	Krippe	L	02/1993	4	60	1	858.000	1.395	3.300	417	2,37	4,3	34,3	14.300	65	515	215.000
Kita Saßnitzerstr., Osnabrück-Haste	Kiga	S	12/1993	4	100	1	943.000	697	1.593	201	2,29	5,9	47,0	9.400	148	1.175	236.000
Kiga Geschw.-Scholl-Ring, Germering	Kiga, integrativ	S	03/1994	4	100	2	1.824.000	2.198	4.155	628	1,89	4,4	29,1	18.200	110	727	456.000
5 - gruppig																	
Kita Toni-Sender-Str., Frankfurt/M.	Kiga, Hort	S	02/1987	5	100	2	2.501.000	2.594	5.378	645	2,07	4,7	38,8	25.000	93	776	500.000
Kita, Kiefernstraße, Frankfurt/M.	Kiga, Hort	S	1990	5	107	2	1.782.000	1.993	4.193	421	2,10	4,0	39,6	16.700	85	847	356.000
Kita S.-Freud-Str., Frankfurt/M.	Kiga, Hort	S	1991	5	100	2	1.942.000	2.113	3.449	540	1,63	5,6	36,0	19.400	113	719	388.000
Kita Drachenburg, Frankfurt/M.	Kiga, Hort	S	1992	5	100	4	2.960.000	2.643	4.169	768	1,58	7,1	38,6	29.600	142	771	592.000
Kita Arche Noah, Kurze Str., Neuss	Kiga, altersgemischt	S	1993	5	100	2	1.077.000	968	1.795	279	1,86	6,0	38,6	10.800	120	773	215.000
Kita Sternheimweg, Hannover *	Krippe, Kiga, Hort	S	09/1996	5	110	1-2	1.411.000	1.563	2.352	423	1,51	5,5	30,3	12.800	120	667	282.000
Kita Kronsberg I, Hannover	Krippe, Kiga, Hort	L	09/1997	5	110	2	1.378.000	1.187	2.413	313	2,03	5,2	40,0	12.500	114	880	276.000
6 - und mehrgruppig																	
Kita Davenportplatz, Kaiserslautern	Kiga, Hort	S	04/1986	6	140	1-2	1.863.000	1.578	3.351	383	2,12	4,0	34,7	13.300	93	810	311.000
Kita Marienstraße, Offenbach	Kiga, Hort	S	1990	6	135	2	1.450.000	960	1.931	289	2,01	5,6	37,2	10.700	125	836	242.000
Kinderhaus Moritzburg	Krippe, Kiga, Hort	L	06/1995	8	165	1-2	1.404.000	1.601	2.313	281	1,45	3,7	30,3	8.500	76	624	176.000
Kita Stuttgart-Heumaden **	altersgemischt	S	08/1996	7	145	2	1.886.000	1.197	2.393	342	2,00	5,4	38,1	13.000	113	788	269.000
Kita Rehlingen-Siersburg	Krippe, Kiga, Hort	L	10/1996	6	129	2	1.374.000	1.193	1.759	324	1,48	6,1	32,8	10.700	130	706	229.000
Kita Wiesenweg, Berlin-Staaken	altersgemischt	S	04/1997	9	132	3	2.321.000	1.233	2.240	367	1,82	7,9	48,0	17.600	115	703	258.000
Durchschnittswerte (34)	——	——	——	4	87	——	1.192.000	1.455	2.656	386	1,85	5,4	37,0	13.800	121	837	309.000

* Zusätzlich 20 Plätze Jugendpflegeeinheit (= offenes Angebot)

** Mit Räumen für Allgemeiner Sozialer Dienst (ASD)

Name der Einrichtung	Art	ländlich/ städtisch	Baubeginn	Gruppen	Kinder	Geschosse	Bauwerkskosten brutto (EURO)	Kosten / m² BGF	Kosten / m² HNF	Kosten / m³ BRI	BGF / HNF	m² HNF / Kind	m³ BRI / Kind	Kosten / Kind	m² HNF / Gruppe	m³ BRI / Gruppe	Kosten / Gruppe
Umbauten / Neubauten																	
Kita Alte Mühle, Tübingen	Krippe, Kiga, Hort	L	11/1989	5	100	2 + 3	3.293.000	1.880	4.121	566	2,19	8,0	58,2	32.900	160	1.163	659.000
Kita Parlerstraße, Stuttgart *	Kiga, Hort	S	1991	3	43	2	508.000	1.319	1.954	369	1,48	6,1	32,1	11.800	87	459	169.000
Kita Leuschnerdamm, Berlin	altersgemischt	S	1991	9	128	2 + 5	3.534.000	1.629	4.095	448	2,51	6,7	61,7	27.600	96	877	393.000
Kita Reichsstraße, Bonn	Kiga	S	10/1994	3	75	1	191.000	444	670	119	1,51	3,8	21,3	2.500	95	533	64.000
Systembauten																	
Bonner Modell Kita Zoppoterstraße	Kiga	S	09/1994	4	100	1	740.000	1.173	1.667	315	1,42	4,4	23,5	7.400	111	587	185.000
Frankfurter Modell Kita Gallus I, Anspacher Straße	Kiga	S	10/1995	2	40	1	498.000	1.261	1.741	355	1,38	7,2	35,1	12.500	143	702	249.000
Berliner Modell Kita Mathieustraße	Krippe, Kiga, Hort	S	11/1996	6	100	2	1.690.000	1.454	3.288	439	2,26	5,1	38,5	16.900	86	642	282.000
Frankfurter Modell Kita Gallus II, Ackermannstr.	Kiga, Hort	S	11/1996	5	100	2	990.000	1.010	1.623	291	1,61	6,1	34,0	9.900	122	680	198.000
Berliner Modell Kita Mazetstraße	Kiga, Hort	S	11/1996	6	120	2	1.633.000	1.328	2.501	487	1,88	5,4	27,9	13.600	109	559	272.000
Alho Systembau GmbH Kita Bleerstraße, Monheim	Kiga	L	01/1997	5	125	2	951.000	1.097	1.965	282	1,79	3,9	27,0	7.600	97	675	190.000
Kleusberg GmbH Kiga St. Nikolaus, Plankstadt	Kiga	L	02/1998	5	140	2	1.045.000	1.094	1.817	307	1,66	4,1	24,3	7.500	115	680	209.000
Ofra-Generalbau GmbH Kita Betzdorf/Alsdorf	Kiga	L	08/1998	2	50	1	448.000	993	1.170	222	1,18	7,7	40,3	9.000	192	1.008	224.000
Hamburger Modell Kita Netzestraße	Krippe, Kiga	S	09/1998	3	52	1	585.000	1.006	1.828	285	1,81	6,2	39,4	11.300	107	683	195.000
Durchschnittswerte (9)	—	—	—	4	92	—	953.000	1.157	1.956	331	1,67	5,6	32,2	10.600	120	691	223.000

* Umbau bei laufendem Betrieb; ohne Berücksichtigung der Eigenleistung von 3.000 Std.

Systembauten

Die Rahmenbedingungen staatlicher Bautätigkeit im Bereich der Tageseinrichtungen für Kinder sind klar abgesteckt. Es gilt, auf der einen Seite dem dringenden Bedarf an Plätzen durch den forcierten Aus- und Neubau von Einrichtungen gerecht zu werden; auf der anderen Seite müssen langfristig Lösungen gefunden werden, die auch bei angespannten Finanzhaushalten finanzierbar beiben. Eine rationelle Planung kann hierzu entscheidende Beiträge leisten etwa durch kompakte Grundrissgestaltung, Reduzierung von Raumvolumen und schließlich ein hohes Maß an Vorfertigung und direkter Montage vor Ort. Dabei sollen aber individuelle Lösungen mit einem Höchstmaß an Flexibilität entwickelt werden, die den architektonischen Ansprüchen genauso genügen wie den pädagogischen Erfordernissen. Das es sich hierbei um eine Gratwanderung zwischen Wirtschaftlichkeit und angemessener individueller Lösung handelt, zeigen der Erfahrungsbericht von Roland Burgard, ehemaliger Leiter des Hochbauamtes in Frankfurt am Main, sowie stellvertretend die im Anschluss daran kurz vorgestellten Beispiele aus Berlin, Bonn, Stuttgart, Hamburg und Frankfurt am Main.

Erfahrungen beim Bau kostensparender Kindertagesstätten

von Roland Burgard
(Ehemaliger Leiter des Hochbauamtes der Stadt Frankfurt/M.)

Unvorhersehbare demographische Entwicklungen machten in den vergangenen Jahren beinahe "über Nacht" Neubauten oder Erweiterungen von Kindertagesstätten erforderlich.

Oftmals war die Frage, ob der Bedarf auch langfristig bestehen würde, ungeklärt. Auch schloss der kurze Zeitraum zwischen dem Bekanntwerden der Anforderungen und dem unabänderlichen Fertigstellungstermin eine konventionelle Planung und Umsetzung aus.

So wurde der Ruf nach Containern laut. Sie mussten alle positiven Merkmale dieses Gebäudetypus aufweisen, am besten aber nicht wie Provisorien aussehen.

Bald stellte sich heraus, dass diese Elementbauten von der Bauaufsicht nicht als fliegende Bauten angesehen werden würden. Statisch nachgewiesene Fundamente und die Einhaltung der Wärmeschutzverordnung waren die Konsequenz. Die wesentlichen Vorteile der Stahlbehälter waren somit entfallen. Nunmehr handelte es sich um ganz normale Häuser, die eben in kürzester Zeit errichtet werden sollten.

Die erste Generation dieser Elementhäuser entstand zwischen 1990 und 1992 und stellte eine nicht zu übersehende Verneinung der bei den Kindertagesstätten der Stadt Frankfurt bis zu diesem Zeitpunkt gepflegten Baukultur dar.

Dennoch sind die Bauwerke von den Nutzern wohlgelitten und sogar mit Kosenamen bedacht.

Die gewonnenen Erfahrungen mündeten in ein Programm zur Erweiterung von 12 Grundschulen, die innerhalb eines Vierteljahres aufgestellt werden mussten. Ihr äußeres Erscheinungsbild durfte nicht an Behelfsbauten erinnern. Die sich im Jahre 1992 abzeichnende Krise der öffentlichen Haushalte stellte alle bis dahin geltenden Maßstäbe und Leitbilder in Frage. Erschwerend kam hinzu, dass im Zusammenhang mit der Novellierung des Paragraphen 218 jedem Kind ab dem 3. Lebensjahr das Anrecht auf einen Kindertagesstättenplatz garantiert werden soll. So begann das Hochbauamt im Herbst 1993 mit dem Programm "Aus zwei mach drei" und unternahm den Versuch, mit den Baukosten von zwei Kindertagesstätten herkömmlichen Typs drei Kindertagesstätten neuer Art zu bauen. Voraussetzung für einen Erfolg war die Abkehr vom individuellen Design und die Entwicklung von Typenentwürfen.

Um ein wirtschaftliches und gestalterisches Optimum zu erzielen, wurden von den Planern des Hochbauamtes in Konkurrenz Entwürfe in Mauerwerks-, Holz- und Stahlelementbauweise entwickelt.

Zugegebenermaßen ist der beschriebene Weg, mit drei unterschiedlichen Entwurfskonzeptionen, die jede für sich mit der Kostenoptimierung auf einen speziellen Baustoff zurechtgeschnitten sind, auch der aufwendigste. Dafür ist ein präziser Vergleich der wirtschaftlichsten Bauweise möglich. Das Vorurteil, Standardbauten seien an individuelle Standorte schlecht anzupassen, konnte durch das Angebot von drei Typen, jeder für sich einzeln variierbar, entkräftet werden.

Die Optimierung der Konstruktionssysteme führte zu ganz unterschiedlichen Gebäudeabmessungen bei gleichem Raumprogramm.

Unabhängig von den Baukosten bestand somit die Möglichkeit, auf unterschiedliche Grundstückszuschnitte einzugehen. Insbesondere beim Holzhaus und Elementhaus fällt die Anpassung an die Umgebung leicht. Die Beteiligung der Nutzer vor Ort ist bei individuellen Bauten wie bei Typenbauten immer dann ein unlösbares Problem, wenn ein starres Raumprogamm vorgegeben ist. Der Konflikt scheint vorprogrammiert, denn das erzieherische Konzept einer Einrichtung wird an erster Stelle durch die Persönlichkeit der Leiterin und ihres Teams bestimmt.

Die Akzeptanz eines Gebäudes hängt von den persönlichen Vorstellungen der Erzieher, ihrer Bereitschaft, sich mit Neuem auseinanderzusetzen, und dem Willen, vorgegebene Werte gegebenenfalls auch zu übernehmen, ab. Selten tritt der Idealfall ein, dass ein mit allen Beteiligten abgestimmtes Nutzerkonzept Basis für eine fundierte Planung ist, denn meist wird das Personal erst nach der Fertigstellung der Einrichtung eingestellt.

Doch das eigentliche Ziel müsste nicht der Konsens mit den Erziehern, sondern die Aneignung durch die Kinder sein. Und hier vermutet man bei Typenbauten zunächst Schwierigkeiten. Bestehen diese denn zurecht? Sieht man von den Anstrengungen der Anthroposophen um Rudolf Steiner einmal ab, so findet man in diesem Jahrhundert kaum von den Pädagogen ausformulierte Gestaltungsvorgaben von Bauten für Kinder und Jugendliche.

Vielmehr haben es die Architekten und auch Künstler verschiedenster Provenienz übernommen, sich mit der gestalterischen Umsetzung des Begriffs der Kindgerechtigkeit auseinanderzusetzen.

Beginnen wir mit der Farbgebung. Die Heiterkeit des Hundertwasserschen Farbkonzeptes in Frankfurt-Heddernheim wird oftmals noch übertroffen. Überträgt sich die Fröhlichkeit der Farben direkt auf die Bewohner? Bleiben die gestalterischen Freiräume für Kinder und Erzieher gewahrt? Führen die Festlegungen des Architekten nicht zu einer Einschränkung der Ausdrucksmöglichkeiten der Nutzer? Oder zerstören am Ende gar die gestalterischen Ausdrucksformen der Pädagogik die Architektur? Starke Farbgebung scheint im Gebrauchsalltag in der Tat die Nutzungsmöglichkeiten einzuschränken.

Bescheiden, aber offensichtlich erfolgreicher nehmen sich die Versuche aus, Bauglieder den Gebrauchs- und Nutzungsgewohnheiten von Kindern so anzupassen, dass diese ihrem Spiel- und Bewegungsdrang entgegenkommen und ihnen nicht Verhaltensformen von kleinen Erwachsenen aufzwängen.

An erster Stelle sind die Einbauten wie Podeste und Galerien zu nennen, welche die an den Bedürfnissen der Erwachsenen orientierten lichten Raumhöhen verringern, halbieren oder sogar dritteln.

Privilegierte Orte für Kinder, die den Erwachsenen nur schwer oder überhaupt nicht zugänglich sind, wie Kuschelecken unter Treppenpodesten und Emporen, Kindertüren mit reduzierter Durchgangshöhe, Fenster, an denen sich nur Kinder im Stehen die Nase plattdrücken können, steigern die Akzeptanz durch die Kinder.

Dabei kann die unterschiedliche Augenhöhe von Kindern und Erwachsenen auch im pädagogischen Alltag genutzt werden.

Die Durchblickmöglichkeit für Kinder schafft Raum für ungestörtes Spielen, während visuelle Bezüge für Erwachsene die unaufdringliche Überwachung gewährleisten.

Die Mehrzahl dieser Elemente lassen sich auch in Typenbauten einbringen, ob als Bestandteil des Entwurfskonzeptes oder als variable Einbauten.

Die Typenbauten in Mauerwerk, Holz oder Stahl stellen den Endpunkt einer eineinhalb Jahrzehnte währenden Entwicklung des Baus von Kindertagestätten in Frankfurt am Main dar. Unterscheiden sie sich wirklich so sehr von den individuellen Kitas? In den meisten Fällen weisen die Kindertagesstätten ohnehin einen zweigeschossigen linearen Baukörper auf, an dessen Erschließungsflur sich an der zur Sonne zugewandten Seite die Gruppenräume und gegenüber die Nebenräume wiederfinden. Die Gemeinsamkeiten sind groß.

Zugegebenerweise wirken sie spröder und ernster. Aber sie werden damit dem veränderten Zeitgeist gerecht.

Roland Burgard

Beispiele

Berlin

Die beiden realisierten Kindertagesstätten der Architekten Barkow, Leibinger sowie Mussotter, Poeverlein entstammen einem 1994 ausgelobten, beschränkten Wettbewerb. Die Vorgabe war, bei einer 100 Plätze-Kita den Kostenrichtwert von 5,4 Millionen DM (entspr. 2,76 Millionen EURO) deutlich zu unterschreiten, indem 25.000.- DM (entspr. 12.800.- EURO) pro Platz veranschlagt wurden. Zehn eingeladene Architekturbüros sollten für sechs geplante Kindertagesstätten typisierte, anpassungsfähige und individualisierbare Lösungen entwickeln. Das Ergebnis allerdings wurde den Erwartungen nicht gerecht, denn nur fünf Entwürfe wurden letztendlich für die Realisierung vorgeschlagen. Zwar erfüllten alle Entwürfe die Vorgaben der Kosteneinsparung - dies gelang jedoch nur durch extreme Kostenminimierung bei der Bauausführung, worunter letztendlich die Gestaltungsqualität litt. Das eigentliche Ziel des Projektes, einen variierenden Standardtyp für alle Standorte zu entwickeln, wurde allerdings verfehlt.

Dem Architekturbüro Barkow, Leibinger wurde als einzigem der Auftrag für zwei Projekte zugesprochen: Die Kindertagesstätte in der Mazetstraße und das Jugendfreizeitzentrum an der Blankenfelderstraße. Ihr architektonisches Konzept beruht auf zwei geknickten Raumelementen, in denen die Haupträume im Süden und untergeordnete Funktionsräume im Norden angeordnet sind. Der teilweise zweigeschossige Zwischenraum übernimmt die Erschließungsfunktion und erlaubt gleichzeitig die Nutzung als Spiel- und Aufenthaltsflur. Die plastische Nordfassade der Kindertagesstätte ist mit Lärchenholz verkleidet, die leichte Südfassade besteht aus lasierten Faserzementplatten und Opakglaselementen. Das Innere ist übersichtlich, aber aus Kostengründen aufs einfachste ausgestattet.

Die Flexibilität des Entwurfs, auf unterschiedliche Standorte zu reagieren, zeigt der Vergleich der beiden Bauwerke.

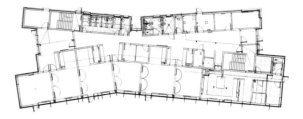

Kindertagesstätte Mazetstraße

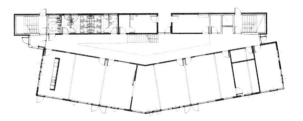

Jugendfreizeitzentrum Blankenfelderstraße

Die ursprünglich als Stahlbeton-Fertigteilkonstruktion geplante, letztendlich jedoch aus Kostengründen als konventioneller Mauerwerksbau umgesetzte Kindertagesstätte "La cigale" der Architekten Mussotter, Poeverlein in der Mathieustraße sieht zwei T-förmig angeordnete Wandscheiben vor, um die sich der zweigeschossige Erschließungsbereich und der Kinderbereich sowie der eingeschossige Wirtschaftsbereich gruppieren.

Der Kinderbereich wird zweibündig erschlossen und beinhaltet die südwestlich orientierten Gruppenräume. Die Fassade besteht aus unbehandeltem Lärchenholz mit geschosshohen Sonnenschutzschiebeelementen und einer Holz-Pfosten-Riegel-Konstruktion im Bereich der Eingangshalle und der Gruppenräume. Das Konzept ist einfach und übersichtlich, aber die flexible Anpassung an die städtebauliche Umgebung dürfte mit Schwierigkeiten verbunden sein.

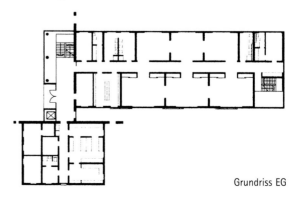

Grundriss EG

Bonn

Effektive Versuche der Stadt Bonn in Verbindung mit dem Hochbauamt, die Kosten beim Bau von Kindertagesstätten zu reduzieren, führten nach einer längeren Entwicklungsphase 1995 zu einem achteckigen, eingeschossigen Systementwurf als Pilotprojekt.

3 Teile (2-gruppiger Kindergarten)
2 Gruppenelemente
1 Mehrzweckelement

4 Teile (3-gruppiger Kindergarten)
3 Gruppenelemente
1 Mehrzweckelement

5 Teile (4-gruppiger Kindergarten)
4 Gruppenelemente
1 Mehrzweckelement
Mittelteil geschlossen

6 Teile (4-gruppiger Kindergarten)
4 Gruppenelemente
1 Mehrzweckelement
1 Personalelement

7 Teile (5-gruppiger Kindergarten)
5 Gruppenelemente
1 Mehrzweckelement
1 Personalelement

Jedes Element (Achtel) bildet eine Gruppeneinheit, bestehend aus einem Gruppenraum und Gruppennebenraum, einem Sanitärbereich und einem Abstellraum. Die Erschließung erfolgt über Flure, die zum Mittelpunkt orientiert sind. Weitere Räumlichkeiten, wie Mehrzweckraum, Personalraum, Nebenräume etc, können in weiteren Achteln untergebracht werden und je nach Bedarf aneinandergereiht werden. Die innere Aufteilung wurde in Absprache mit der Aufsichtsbehörde bzw. nach den pädagogischen Vorgaben getroffen. Die Süd/Ost/West-Ausrichtung des Baukörpers und eine geeignete Auswahl von Materialien sorgen für günstige

Wärmedämm-Werte. Ein 60 cm breiter Dachüberstand vermeidet eine erhöhte Sonneneinstrahlung im Sommer und damit eine Überhitzung der Räume, gewährleistet aber den Eintritt der flacheren Wintersonne.

Die Realisierung des Bonner Modells ist sowohl in konventioneller als auch in Fertigteil-Bauweise möglich. Vorteile diese Modells bilden eine verkürzte Planungszeit, eine schnelle Standortentscheidung und ein günstiges Verhältnis von Raumvolumen zur Grundrissfläche. Kostengegenüberstellungen belegen, dass sowohl in konventioneller, individueller Bauweise als auch nach dem Bonner-Modell realisierte Kindertagesstätten kostengünstiger sind als vergleichbare in Container-Bauweise errichtete Kindertagesstätten.

Ein weiterer interessanter Ansatzpunkt sind "kostengünstige Maßnahmen", bei denen es sich um Umbauten bzw. Erweiterung bestehender Gebäude handelt. Ein Gebäude mit einer bestimmten Nutzung wird mit geringem finanziellem Aufwand, d.h. bis zu 150.000.- DM (entspr. 77.000.- EURO) pro Gruppe, zu einem Kindergarten umgebaut.

Stuttgart

In Zusammenarbeit von Jugendamt und Hochbauamt wurde 1993 ein zwei- und dreigruppiger Kindertagesstättentyp entwickelt, der die Anforderungen an Funktionalität, Flexibilität und Wirtschaftlichkeit gleichermaßen erfüllt. Investitionskosten von 750.000.- DM (entspr. 383.000.- EURO) pro Gruppe, was bei einer Gruppengröße von maximal 28 Kindern ca. 26.800.- DM (entspr. 13.700.- EURO) pro Platz bedeuten, sollten dabei nicht überschritten werden. Nach diesem Richtwert wurde eine Kindertagesstätte in der Sophie-Döhring-Straße realisiert.

Die Standardplanung sieht einen auf einem Raster aufgebauten ein- bis zweigeschossigen Baukörper in Holzständerbauweise vor, der auf einer Stahlbetonbodenplatte lagert.

Grundstücksgegebenheiten wie Höhenversätze werden bei der flexiblen Planung berücksichtigt.

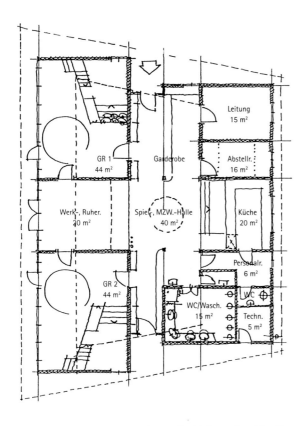

2-gruppige Variante, Grundriss EG

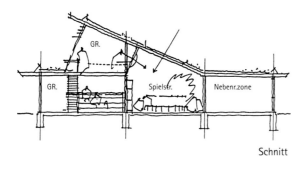

Schnitt

Die Gruppen- und Aufenthaltsräume sind mit großen Fensterflächen südlich angeordnet, die Funktionsräume mit weitgehend geschlossenen Fassadenflächen befinden sich im Norden. Große Dachvorsprünge sorgen für den entsprechenden Sonnenschutz im Sommer und bieten gleichzeitig geschützte Vorzonen. Die Dächer werden extensiv begrünt. Auch Gesichtspunkte des ökologischen Bauens und des verschärften Wärmeschutzes werden berücksichtigt. Allerdings ist die gewählte Holzskelettbauweise mit ungenügenden Speichermassen anfällig gegen Temperatur- und Feuchteschwankungen, so dass es leicht zu Überhitzungen und Behaglichkeitsproblemen kommen kann.

Im Innen- und Außenbereich werden vorwiegend Holz- und Holzwerkstoffe verwendet. Ein einfacher, zweckmäßiger Standard der Sanitärbereiche ist im gesamten Gebäude vorgesehen.

Hamburg

Im Oktober 1994 lobte die freie Hansestadt Hamburg mit Hilfe der Stadtentwicklungsbehörde (STEB) und der Behörde für Schule, Jugend und Berufsbildung (BSJB) in Zusammenarbeit mit den Bezirksämtern Hamburg-Wandsbek und Hamburg-Mitte einen Architektur-Ideenwettbewerb "Bausysteme für Kindertagesheime" aus mit den Vorgaben eines "Musterprogramms für Kindertagesstätten". Ziel war es, ein aus Elementen bestehendes, kostengünstiges, aber auch architektonisch ansprechendes Bausystem zu entwickeln, wobei die Kostenvorgaben von 2.050,- DM (entspr. 1.050 EURO) pro m² BGF für schlüsselfertige Gebäude ab 400 m² BGF, einschließlich Gründung, nicht überschritten werden durften.

Zwei erste Preise wurden an das Architekturbüro Adelheim, Dittmer, Willgers sowie an das Architekturbüro Dinse, Feest, Zurl vergeben. Beide Entwürfe wurden 1996 ausgeschrieben, jedoch verzögerte sich aufgrund der Reduzierung des gesamthamburgischen Platzbedarfs die Realisierung. Der Beitrag von Adelheim, Dittmer, Willgers im Bezirk Harburg wurde im Jahr 2000 umgesetzt, der Entwurf von Dinse, Feest, Zurl für eine dreigrupppige Kindertagesstätte im Bezirk Lurup in der Netzestraße wurde 1999 abgeschlossen.

Der Entwurf der Architekten Adelheim & Dittmer sieht zwei Grundeinheiten vor: Auf quadratischem Modulraster von 4,65 m stehende Holzsskelettkonstruktionen und dazwischen auf rechteckigem Raster von 4,65 m auf 3,20 m massive Kerne, in der die Erschließungsflächen und Sanitärzellen untergebracht sind und die der Aussteifung der Holzkonstruktionen dienen. Diese Module können frei kombiniert werden, je nach Bedarf aneinandergereiht und bis zu drei Geschosse gestapelt werden. Die Konstruktion wird überwiegend aus Leim-holz hergestellt und erlaubt ein hohes Maß an Vor-fertigung. Die Gründung erfolgt mittels Punkt-fundamenten ohne Unterkellerung, die Dachdeckung besteht aus Faserzementplatten.

Zwei Varianten zeigen die Flexibilität des Entwurfes und die unterschiedlichen Umsetzungsmöglichkeiten auf:

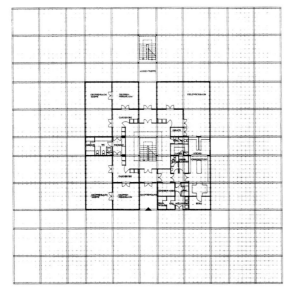

Variante A

Variante A ist ein dreigeschossiges Gebäude mit einem quadratischen Grundrißraster von 21,80 m, in dem 144 Kinder in zwei Krippengruppen im Erdgeschoss, vier Kindergartengruppen im 1. Obergeschoss und zwei Hortgruppen im 2. Obergeschoss Platz finden. Die Er-schließung erfolgt über eine zentrale Halle.

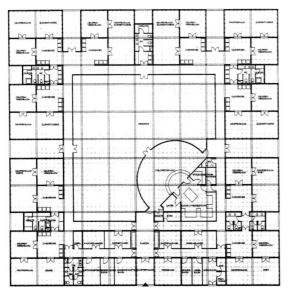

Variante B

Variante B wurde auf einem quadratischen Raster von 46,80 m als eingeschossiger Bau mit Innenhof für ins-gesamt 184 Kindern in zwei Krippen-, sechs Kindergar-ten- und zwei Hortgruppen konzipiert. Die Größe der Anlage dürfte allerdings nur für wenige Grundstücke in Frage kommen.

Die Ausschreibung von 1996 für eine fünfgruppige Kin-dertagesstätte für 92 Kinder mit einer Krippengruppe und vier Kindergartengruppen erbrachte ca. 2,15 Mio DM (entspr. 1,1 Mio EURO) Bruttobaukosten (Kosten-gruppen 300 und 400 nach DIN 276), was ca. 23.400.-DM (entspr. 12.000.- EURO) pro Kindergartenplatz be-deuten.

Das Bausystem der Architekten Dinse-Feest-Zurl be-inhaltet flexible Grundeinheiten, in der die unterschied-lichen Nutzungen (Wirtschafts-, Verwaltungs-, Kinder-bereich) untergebracht und über Flure miteinander ver-bunden sind. Kern dieser Grundeinheit ist eine Sanitär-zelle, die zusammen mit massiven Wandscheiben die Aussteifung der Holz- und Stahlkonstruktion übernimmt.

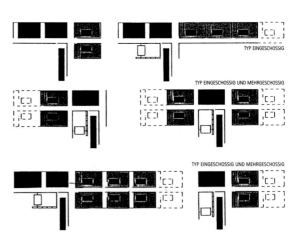

Die weitere Raumeinteilung wird mittels flexibler Trenn-wände vorgenommen. Das System wurde mit hohem Maß an Vorfertigung konzipiert, kann bis zu einer Dreigeschossigkeit ausgeführt und aufgrund seiner Fle-xibilität nahezu auf jedem Grundstück untergebracht werden.

Die Montage erfolgt mit der Gründung als Streifen- oder Punktfundamente. Danach werden vorgefertigte Stahlbeton-Rippendecken verlegt, auf denen die Sanitärzellen ruhen. Die Restflächen werden zunächst mit Querschotten auf die Fundamente und mit einer darüber verlegten Sandwich-Holzkonstruktion geschlossen. Zur Aufnahme der Deckenkonstruktion erfolgt der Einbau der Stahlträger und Stützen, auf denen Sandwich-Holzkonstruktions-Decken lagern. Abschließend werden leichte Holztrennwände, die Holz-Aluminium-Fassade, der Sonnenschutz, Tür- und Möbeleinheiten eingefügt.

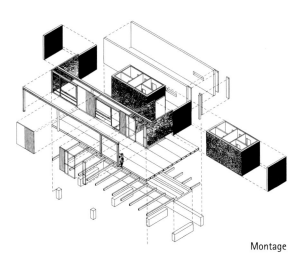

Montage

Auf der Grundlage dieses Bausystems entwickelte das Büro Dinse, Feest, Zurl drei Varianten:

Einen eingeschossigen Bau für 60 Kinder in drei Kindergartengruppen mit insgesamt fünf Nutzungseinheiten (drei Elementarbereiche, ein Verwaltungsbereich, ein Wirtschaftsbereich).

Die zweigeschossige zweite Variante sieht 184 Kinder in zehn Gruppen vor (zwei Krippen-, vier Kindergarten- und vier Hortgruppen).

Die dreigeschossige Variante drei wurde für 152 Kinder in einer Krippengruppe, fünf Kindergarten- und zwei Hortgruppen geplant.

Frankfurt/Main

Im Herbst 1993 begann das Hochbauamt der Stadt Frankfurt/M. mit dem Programm "Aus zwei mach drei", mit dem Ziel, objektive und wirtschaftliche Beurteilungskriterein für alternative Planungskonzepte zu finden. Nach dem dafür entwickelten Modell der Gesamtkostenberechnung wurde untersucht, inwieweit es möglich ist, ohne Nutzungseinschränkungen durch Grundrissoptimierung und Abstimmung der Gebäudekonfiguration auf die wirtschaftlichste Konstruktionsart die Gesamtkosten von Kindertagesstätten für Erstellung, Betrieb und Personal pro Jahr um ein Drittel zu senken.

Einer konventionell errichteten Kindertagesstätte, welche mit einem Verhältnis BGF/HNF von ca. 2,0 recht günstig konzipiert ist, wurden drei Entwürfe gegenübergestellt. Jedes Entwurfskonzept wurde für einen Baustoff optimiert: Mauerwerk, Holz und Stahl. Die Kompaktheit der Grundrisse lässt ein problemloses Unterbringen auf der Mehrzahl aller in Frage kommenden Standorte in Frankfurt/M. zu. Auch könnte theoretisch jeder der drei Entwürfe in jedem der drei Baustoffe Mauerwerk, Holz und Stahl ausgeführt werden, was bedeutet, dass mit drei verschiedenen Konzepten auf die konjukturellen Bewegungen von Teilmärkten flexibel reagiert werden kann. Jede der drei Konzeptionen bietet unter bestimmten Voraussetzungen eine optimale Lösung.

Als Referenzhaus wurde 1993 in Frankfurt-Sachsenhausen eine Kindertagesstätte fertiggestellt, welche aufgrund der hohen Akzeptanz bei seinen Nutzern in einem westlichen Stadtteil in leicht modifizierter Form noch ein zweites Mal errichtet wurde. An diesem Gebäude, das in herkömmlicher Weise mit Mauerwerkswänden und Stahlbetondecken erstellt wurde, mussten sich das Elementhaus aus Stahl, das Massivhaus aus Mauerwerk und das Holzhaus messen.

– **Das Elementhaus**

Dem Elementhaus liegt eine vielfach bewährte lineare Konzeption mit drei parallelen Organisationszonen zugrunde. An der in der Mitte gelegenen Erschließungsachse sind, nach Süden orientiert, im EG drei Kindergartengruppen und im OG zwei Hortgruppen sowie eine vierte Kindergartengruppe aufgereiht. Die den Gruppen zugeordneten Garderobenzonen dienen "als Filter" zwischen Erschließungs- und Gruppenräumen, sind aber auch erweiterter Spielbereich. Nördlich der Flure ist der "Serviceriegel" angeordnet, der außer dem Büro, der Küche, Personal- und Abstellräume auch den Mehrzweckraum aufnimmt.

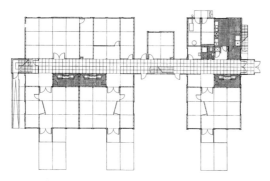

Grundriss Erdgeschoss

Das Konstruktionsprinzip des Elementhauses besteht aus einer horizontalen Aneinanderreihung und gleichzeitigen vertikalen Stapelung von zu Großelementen zusammengefaßten Raumgruppen, die wiederum aus einzelnen Raumzellen, basierend auf dem Grundmaß von 2,5 x 2,5 m, zusammengesetzt sind. Als Bindeelement dient die zwischen den Großelementen angeordnete Erschließungszone. Die Raumzellenbauweise legte Überlegungen nahe, unterschiedlichen Programmanforderungen durch einen ganzen Kitabaukasten mit einem Angebot für 3, 4, 5 und 6 Gruppen gerecht zu werden.

Die überwiegend angewandte industrielle Vorfertigung bedeutet eine kurze Bauzeit und weitgehend witterungsunabhängige Montage, gewährleistet eine hohe Kostensicherheit, da die Produktion unabhängig von der Witterung möglich ist, bewirkt preisgünstige Angebote, da auch Unternehmer entfernter strukturschwacher Regionen anbieten können, und erlaubt, bei verändertem Bedarf, das Elementhaus zu demontieren und an anderen Orten wiederaufzubauen.

Durch die Variabilität der Großelemente entlang der Erschließungsachse ist eine Anpassung auch an die Grundstücksgegebenheiten möglich.

– Das Massivhaus

Die in Massivbauweise konzipierte Kita eignet sich in erster Linie für enge innerstädtische Grundstücke. Der quadratische Baukörper nimmt im Erdgeschoss die Räume des Kindergartens und im Obergeschoss die des Hortes auf. Um das offene Treppenhaus im Zentrum gruppieren sich pro Stockwerk je vier große Raumeinheiten mit Gruppenraum, Kleingruppenraum und Sanitärzelle bzw. Mehrzweckraum oder Küche/Personalraum. Dazwischen werden jeweils vier kleinere Räume eingeordnet. Durch die Garderoben werden den Gruppenräumen zugehörige Spielflächen von dem Verkehrsraum abgetrennt. Das knappe Angebot an Außenflächen wird durch eine bespielbare Dachterrasse, als massive Dachdecke ausgeführt, erweitert.

Die konventionelle Bauweise wurde hinsichtlich ihrer Konstruktion rationalisiert. Vier Quadranten mit identischen Tragstrukturen erlauben eine Vereinheitlichung der Schal- und Bewehrungselemente in beiden Geschossen.

Vor- und Nachteile dieser konventionellen Bauweise sind hinlänglich bekannt. Allerdings überwiegen die Vorteile. Zum geringen Planungsaufwand bei Architekten und Ingenieuren kommen erheblich verbesserte Nutzungsbedingungen wie Innenraumklimastabilität und Behaglichkeitsvorteile sowie die lange Lebensdauer. Die passive Solarenergienutzung der Fenster wird wesentlich unterstützt durch die Speicherfähigkeit der massiven Wände. Diese absorbieren die kostenlose Solarstrahlung und vermindern dadurch die Energiekosten. Dem stehen allerdings die im Vergleich höchsten Baukosten gegenüber.

- **Das Holzhaus**

Eine lineare Erschließungs-, Spiel- und Bewegungszone bildet das Herz der Kindertagesstätten in Holzbauweise. Von hier aus werden alle Räume und das Obergeschoss erschlossen. Die Gruppenräume sind zur Sonnenseite orientiert und können in der Übergangszeit passiv über die Fenster die Sonneneinstrahlung nutzen. Büro, Personalräume, Küche und Abstellräume bilden auf der entgegengesetzen Seite einen zweigeschossigen Service-Riegel mit reduzierter Lochfassade.

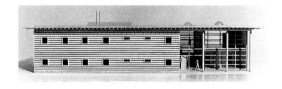

Die Holzkindertagesstätte wurde von den Achsmaßen und den Spannweiten für eine Tafelbauweise konzipiert. Der Grundriss ist als Baukasten mit großen standardisierten Funktions- und Konstruktionseinheiten entwickelt. Zweigeschossige Wandscheiben- und Fassadenelemente sowie die Deckenplatten werden ebenso wie die Sanitärzellen vorgefertigt. Die Fassadengliederung wurde aus wenigen Standardgrößen kombiniert.

Die Holzkonstruktion bietet vor allem große Kostenvorteile und gegenüber dem Mauerwerksbau eine Halbierung der Bauzeit. Allerdings müssen bei der Leichtbauweise Abstriche bei der Innenraumklimastabilität und der Behaglichkeit gemacht werden. Nicht zu vergessen ist, dass der Baustoff Holz ein Recycling ohne Gefahren für die Umwelt erlaubt. Der eingebaute Dämmstoff jedoch muss als Sondermüll behandelt werden.

Abschließender Vergleich

Um für jeden Standort den jeweiligen Typus zu empfehlen, wurden aus dem KT-Baukastenprogramm die unterschiedlichen Gebäudetypen und ihre Merkmale miteinander verglichen. Merkmale wie Lage des Haupteinganges mit möglichen alternativen Anordnungen, Orientierung der Gruppenaußenbereiche, die Möglichkeit der Grenzbebauung an Nachbargebäude sowie der Minimierung der erforderlichen Grundstücksbreiten bei Längs- oder Queranordnung der Baukörper wurden untersucht.

Vergleicht man nun anhand der Gesamtkostenberechnung über den Lebenszyklus eines Bauwerks von 50 Jahren hinweg die Kenngrößen des Referenzhauses mit den „Aus zwei mach drei"-Gebäudetypen, so wird deutlich, dass die Gesamtkosten der "Aus zwei mach drei"-Typen um 20-40 % gesenkt werden konnten. Die jährlichen Kapitalkosten konnten sogar mehr als halbiert werden.

Auch der Vergleich der Betriebs- und Umweltfolgekosten zeigt, dass sich der Trend auch in diesem Bereich fortsetzt.

Die Forderung nach drei Kindertagesstätten zum Preis von zweien ist also mehr als erfüllt.

Das Programm „Aus zwei mach drei" knüpft an längst überholt geglaubte Überlegungen aus den 70er Jahren an. Das Diktat der Technokraten wurde jedoch beim „Aus zwei mach drei"-Programm ersetzt durch das Bewusstsein, dass die Typisierung nicht um jeden Preis vollzogen, sondern flexibel praktiziert werden muss, zumal die verschiedenen Bauweisen unterschiedliche Qualitäten und Lebensdauer aufweisen.

Voraussetzung für eine objektive Beurteilung und Entscheidung ist jedoch das Instrumentarium der Gesamtkostenberechnung.

Das Hochbauamt der Stadt Frankfurt/M. ist in den letzten 25 Jahren einen weiten Weg beim Bau von Kindertagesstätten gegangen. Von der bewussten Negation des Typenbaus über die Suche nach dem kindgerechten Bauen und den ökologischen Träumen spannt sich der Bogen zu den Bewertungsmaßstäben der Gesamtkostenberechnung für den Lebenszyklus der Bauten des „Aus zwei mach drei"-Programmes. Eine bleibende Erkenntnis wurde aus nahezu 50 gebauten Kindertagesstätten gewonnen. Häuser sollten niemals nur Ausdruck eines gestalterischen Willens sein, sondern auch Dokumentation der ökonomischen, ökologischen und politischen Rahmenbedingungen ihrer Entstehungszeit.

Auf den folgenden Seiten werden 38 Beispiele von Bauten für Kinder vorgestellt.

Folgende Unterteilung wurde vorgenommen:

Bauten bis 1992:

Gebäude, die vor der wiedervereinigungsbedingten Haushaltskrise im Mai 1992 geplant wurden.

Bauten ab 1992:

Gebäude, die nach Mai 1992 geplant wurden.

Ein Datenkasten informiert über die wichtigsten Zahlen und Fakten des Objektes. Die Baukosten entsprechen den damals gültigen Brutto-Baukosten in DM (Kostengruppen 300, 400 nach DIN 276). Angaben zu den jährlichen Baunutzungskosten und Folgekosten sind nur spärlich vorhanden, was die These unterstreicht, dass in aller erster Linie die Investitionskosten das Maß aller Dinge sind. Sämtliche Grundrisse, Ansichten und Schnitte sind im Maßstab 1 : 500 abgebildet.

Kindertagesstätte Sossenheim, Frankfurt/M.

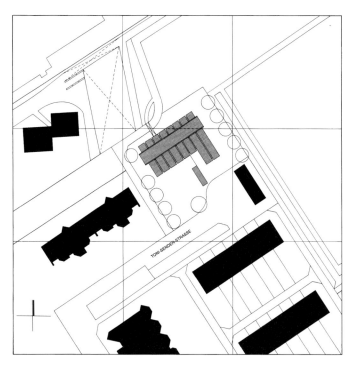

1 : 2000

Standort: Toni-Sender-Straße 39, Frankfurt/M.-Sossenheim

5 Gruppen (3 Kindergarten, 2 Hort) mit 100 Kindern

Pädagogikform:	teiloffene Gruppenarbeit
Bauherr:	Hochbauamt der Stadt Frankfurt/M.
Träger:	Stadtschulamt, Frankfurt/M.
Architekt:	Christoph H. Mäckler, Frankfurt/M.
Planungsbeginn:	1985
Baubeginn:	02/1987
Inbetriebnahme:	03/1989
Geschossigkeit:	2
Grundstücksgröße:	1.854 m²
Größe der bebauten Fläche:	492 m²
Bruttogrundfläche (BGF):	964 m²
Hauptnutzfläche (HNF):	465 m²
Nebennutzfläche (NNF):	90 m²
Verkehrsfläche (VF):	192 m²
Bruttorauminhalt (BRI):	3.878 m³
Reine Bauwerkskosten, brutto:	3,521 Mio DM
Grundstückskosten, brutto:	––
Kosten Außenanlagen, brutto:	233.000,- DM
Jährliche Folgekosten:	420.000,- DM

Die Kindertagesstätte liegt am Nordrand von Sossenheim, einem Vorort von Frankfurt/M., in direkter Nachbarschaft zur Robert-Dissmann-Siedlung, die im Zuge des sozialen Wohnungsbaus in der Nachkriegszeit entstanden ist. An das östlich und westlich von Baumreihen flankierte, allseitig freiliegende Grundstück lagert sich im Norden ein Hügel mit dahinterliegendem Spielplatz, im Osten ein Sportplatz, im Süden und Westen Wohnbebauung an. Das Gebäude selbst ist auf dem nördlichen Teil des

Grundstückes untergebracht. Der in Ost-West-Richtung orientierte orthogonale Baukörper zeigt in der Fassade eine Addition von sechs kürzeren und zwei längeren Einzelhäuschen. Das direkt neben den beiden längeren Giebelhäuschen liegende kürzere Giebelhaus beinhaltet den Haupteingang mit Windfang und führt in die zweigeschossige Halle, die die Giebelhäuser in Längsrichtung durchschneidet und von Westen her über eine Glasfassade Einblick bietet. Die Halle mit ihrem Passagencharakter dient der Erschliessung, der Kommunikation, ist Verteiler und Treffpunkt. Im Erdgeschoss trennt die Halle die im Norden gelegenen Funktionsbereiche wie Personal- und Küchenbereich von den beiden Gruppenbereichen des Kindergartens mit dazwischengeschaltetem Sanitärbereich ab. Der Hortbereich im Obergeschoss dagegen erstreckt sich über das gesamte Stockwerk und ist über einen Steg, der gleichzeitig den zweiten Rettungsweg darstellt, direkt mit dem angrenzenden Spielplatz verbunden. So stören die Hortkinder beim Kommen und Gehen nicht den Ablauf im Kindergarten-

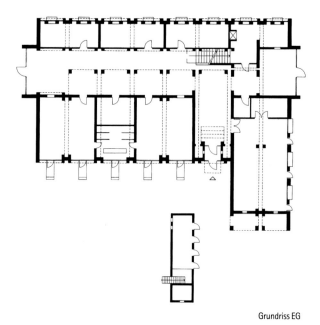

Grundriss EG

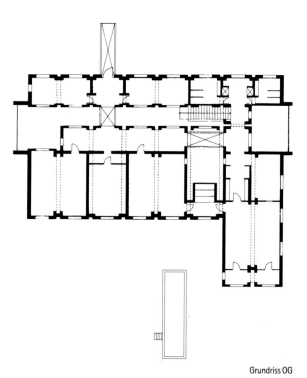

Grundriss OG

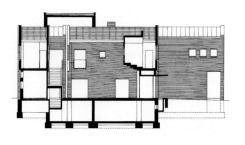

Schnitt

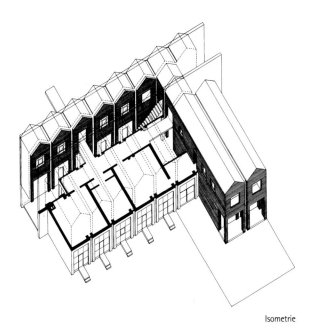

Isometrie

Haupteingang

Blick auf die zentrale Halle

bereich. Die durch die äußere Gestaltung suggerierte Raumaufteilung ist im Grundriss nicht immer wiederzufinden, denn je zwei Häuschen bilden einen Gruppenraum bzw. den Mehrzweckraum.

Jedes Giebelhäuschen besitzt im Erdgeschoss einen direkten Ausgang und einen kleinen Steg über einen angedeuteten Bachlauf zum Außengelände, das sich als ungestaltete Rasenfläche mit eingestreuten Spielgeräten darstellt und durch ein flankierendes Nebengebäude, dem Außengeräteraum, vom Hauptzugang abgeschirmt wird.

Die Grundkonstruktion besteht aus Porotonsteinen, die zentrale Halle und sämtliche Fassaden sind innen wie außen mit Klinker verkleidet. Die kleinen Häuschen, die Halle

mit ihren Arkaden und Brükken, Einsichten und Nischen vermitteln den Eindruck einer kleinen Stadt für Kinder.

Kindergarten Rübenloch, Tübingen

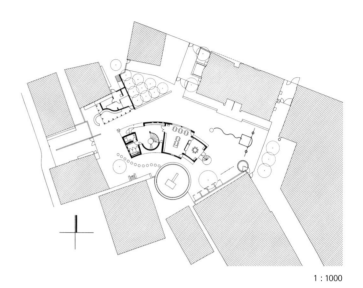

1 : 1000

Standort: Lange Gasse 54, Tübingen

2 Kindergartengruppen mit 50 Kindern

Pädagogikform:	teiloffene, übergreifende Gruppenarbeit
Bauherr/Träger:	Stadt Tübingen
Architekten:	Arno Lederer, Jórunn Ragnarsdóttir, Marc Oei; Stuttgart
Planungsbeginn:	1986
Baubeginn:	03/1987
Inbetriebnahme:	04/1988
Geschossigkeit:	3
Grundstücksgröße:	2.862 m²
	Gesamtareal eines städtischen Grundstücks mit Wohngebäuden
Größe der bebauten Fläche:	162 m²
Bruttogrundfläche (BGF):	437 m²*
Hauptnutzfläche (HNF):	234 m²*
Nebennutzfläche (NNF):	28 m²*
Verkehrsfläche (VF):	99 m²*
Bruttorauminhalt (BRI):	1.360 m³*
Reine Bauwerkskosten, brutto:	960.000,- DM
Grundstückskosten, brutto:	Gemeinsames städtisches Grundstück
Kosten Außenanlagen, brutto:	——

* ohne Berücksichtigung der Tiefgarage

Der zweigruppige, nord-südlich orientierte Kindergarten, der aus einem Wettbewerb hervorgegangen ist, liegt inmitten eines Innenhofes einer mittelalterlichen, verwinkelten Stadtstruktur von Tübingen, in einer ehemaligen Gemarkung, die den Bauern zum Ablagern ihrer Rüben diente. Im Gegensatz zu den harten Begrenzungskanten der umgebenden Wohnhäuser stellt sich der Kindergarten als dreigeschossiger, geschwungener Solitär dar. Der Hof ist der Außen- und Spielbereich der

Kinder und verbindet sich mit
den angrenzenden Gebäu-
den, wie die nördlich gelegene, geschwungene Spiel- und
Verweilbank, die in den
Erdgeschossbereich einer von
den Architekten ebenfalls
entworfenen Behinderten-
Wohnung integriert ist; der
südlich angeordnete kreisrunde Sandkasten mit
Rutschmöglichkeit verbindet
die Wohnhauskanten mit
dem schwungvollen Charak-
ter des Kindergartens. Ein
Wasserspiel schließt den Innenhof nach Osten ab.

Der im Westen zwischen
zwei Häuserfluchten gelegene, zweifache Zugang ermöglicht einerseits die Erschließung der Tiefgarage des Vier-
tels, andererseits des Innenhofes der Kindereinrichtung
und bewirkt gleichzeitig die
Anbindung des Kindergartens
an die Nachbarschaft. Von
hier aus ist der durch eine
einzelne Fachwerkstütze be-
tonte und tief eingezogene
Eingang des Gebäudes klar
erkennbar. Dieser führt in
eine zentrale Halle, in der
eine vertikale Erschließung in
Form eines von außen ab-
lesbaren Zylinders mit einer
schneckenförmigen Treppe
das Gebäude in seiner inneren Organisation zu teilen

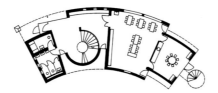

Grundriss EG

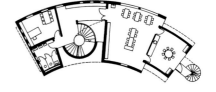

Grundriss 1.0G

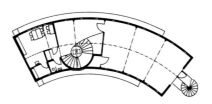

Grundriss 2.0G

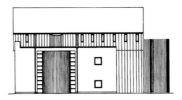

Ansicht Süd

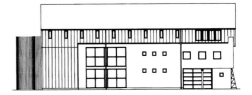

Ansicht Nord

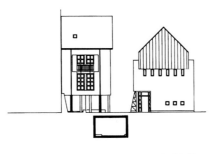

Ansicht West

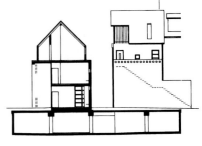

Querschnitt

Ansicht Nord

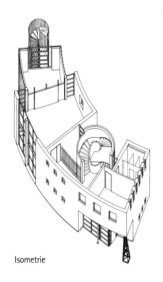
Isometrie

Ansicht West

scheint. In Eingangsnähe sind die Funktionsräume wie Toiletten, Personalraum etc. untergebracht, im östlich gelegenen Teil befinden sich die Gruppenräume mit aus dem Baukörper herausgeschobenen Nebenräumen, die von einer außen angeordneten Wendeltreppe abgeschlossen werden. Das Gebäude zeigt sich als massives, zweigeschossiges, blauverputztes Sockelgeschoss mit einem

Treppendetail

leichten aufgesetzten, in gelb-weißer Holzverschalung ausgeführten Dachgeschoss, in dem sich der Mehrzweckraum und der Werkraum befinden. Auffallend sind im Gegensatz zur großflächig verglasten Nordfassade die kleinen Fenster im Süden, die den Kindern sichtbar den täglichen Verlauf der Sonne näherbringen und zudem die Räume im Sommer weniger aufheizen.

Insgesamt erfährt die Umgebung der steinernen, mittelalterlichen Stadt eine moderne Neuinterpretation ihres vorhandenen Baustils.

Kindergarten Luginsland, Stuttgart

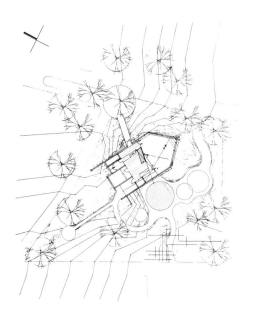

1 : 1000

Standort: Lotharstraße 24, Stuttgart-Untertürkheim

2 Kindergartengruppen mit 56 Kindern

Pädagogikform:	teiloffene, übergreifende Gruppenarbeit
Bauherr/Träger:	Landeshauptstadt Stuttgart
Architekten:	Behnisch & Partner, Stuttgart
Projektarchitektin:	Sibylle Käppel-Klieber
Planungsbeginn:	1987
Baubeginn:	1989
Inbetriebnahme:	1990
Geschossigkeit:	2
Grundstücksgröße:	1.650 m²
Größe der bebauten Fläche:	196 m²
Bruttogrundfläche (BGF):	369 m²
Hauptnutzfläche (HNF):	215 m²
Nebennutzfläche (NNF):	69 m²
Verkehrsfläche (VF):	——
Bruttorauminhalt (BRI):	1.350 m³
Reine Bauwerkskosten, brutto:	1,7 Mio DM
Grundstückskosten, (Erschließung), brutto:	165.000,- DM
Kosten Außenanlagen, brutto:	220.000,- DM

Schon 1975 hatten die Architekten die Idee, in Stuttgart-Neugereut einen Kindergarten als Schiff in einem ausrangierten Neckardampfer zu bauen. Allerdings ließ sich dieser Plan beim Bauherrn nicht durchsetzen.

Der zweigruppige Kindergarten liegt am Rande einer aus den fünfziger Jahren stammenden Wohnsiedlung eines Stuttgarter Vorortes mit Ein- und Mehrfamilienhäusern. In Blickrichtung zur Begräbnisstätte der Württembergischen Könige auf dem ge-

genüberliegenden Rotenberg ist das einem gestrandeten Schiff ähnliche Bauwerk von Weinbergen und Gärten umgeben. Auf dem von Nordosten nach Südwesten um

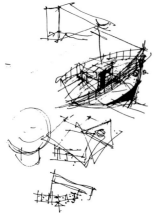

ca. 5 m abfallenden Grundstück wurde das zweigeschossige Gebäude teilweise in den Hang eingegraben; die beiden Gruppenräume öffnen sich nach Südosten in Talrichtung.

Der eigentliche Hauptzugang befindet sich im Obergeschoss und wird über einen Steg erschlossen. Allerdings liegt er so abseits von der Parkmöglichkeit bietenden Straße und dem Wendehammer, dass auch das Erdgeschoss mit seinem Zugang zum Außengelände als Eingang genutzt wird. Man betritt die zentrale Halle, von der aus die beiden übereinanderliegenden Gruppenbereiche mit Aufenthalts- und Gruppenraum erschlossen werden. Eine optische Trennung der Räume

Eingangsgeschoss

Gartengeschoss

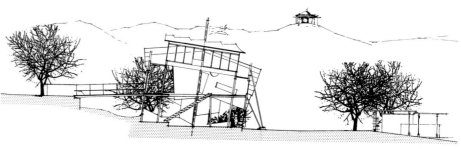

Querschnitt

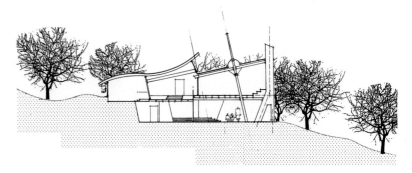

Längsschnitt

Ansicht Süd West

Halle

Nische im Gruppenraum

erlauben Schiebewände, die an die Küchenzeilen anschließen. Auf eine akustische Trennung wurde verzichtet. Die im eingegrabenen, rückwärtigen Teil des Gebäudes befindlichen Wasch- und WC-, Technik- und Materialräume im Erdgeschoss sowie die darüberliegenden Funktions- und WC-Räume sind jeweils über die zentralen Hallen erreichbar.

Ursprünglich als Stahlbetonbau geplant, wurde das Gebäude aus Kostengründen als Holzskelettkonstruktion mit Holzständerwerkwänden, teilweise vorgefertigt, erstellt. Bei der Innenraumgestaltung wurde viel Wert auf Nischen, Vor- und Rücksprünge gelegt, um Rückzugsmöglichkeiten für die Kinder zu schaffen. Die Problematik waagerechter Fußböden und lotrechter Türen bei schrägen Außenwänden wurde in allen Belangen ausreichend gelöst. Teilweise mit Wellblech verkleidet als Wetterschutz, teilweise aus unverkleidetem, der Natur ausgesetztem Kistensperrholz, bietet die äußere Fassade, zusammen mit zahlreichen runden und eckigen Fenstern, ein aufgelockertes und kontrastreiches Bild.

Kindertagesstätte Alte Mühle, Tübingen

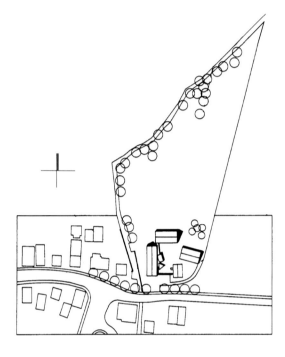

1 : 3000

Standort: Sieben Höfe Str. 4-1, Tübingen-Derendingen

5 Gruppen (2 Krippen, 2 Kindergarten, 1 Hort) mit 100 Kindern

Pädagogikform:		teiloffene Gruppenarbeit	
Bauherr/Träger:		Stadt Tübingen	
Architekten:		Ackermann & Raff, Tübingen	
Planungsbeginn:		06/1989	
Baubeginn:		11/1989	
Inbetriebnahme:		03/1992	
Geschossigkeit:		2	
Bruttogrundfläche (BGF):		1.752 m²	
	Krippe	Kindertagheim	Hort
Hauptnutzfläche (HNF):	201 m²	376 m²	222 m²
Nebennutzfläche (NNF):	——	152 m²	17 m²
Verkehrsfläche (VF):	59 m²	149 m²	87 m²
Bruttorauminhalt (BRI):	1.612 m³	2.758 m³	1.447 m³
Reine Bauwerkskosten, brutto:	1,37 Mio DM	2,02 Mio DM	1,52 Mio DM
Grundstückskosten, brutto:		——	
Kosten Außenanlagen, brutto:		275.000,- DM	

Am Ortsrand von Deren-
dingen, einem Vorort von Tübingen, entstand die Kindertagesstätte Alte Mühle. Sie
besteht aus zwei Fach-
werkscheunen eines alten
Gehöftes sowie einem neu
errichteten Kindertagheim.
Die drei Gebäude sind so
gruppiert, dass ein Innenhof
entsteht, der als Spiel- und
Begegnungsstätte genutzt
wird. Ein ebenfalls sich auf
dem Grundstück befindliches
Wohngebäude begrenzt mit
dem giebelständigen Kinder-

tagheim und einer dazwischenliegenden Betonwand die Einrichtung südlich zur Sieben-Höfe-Straße. Ein Einschnitt ermöglicht den Zugang zum Innenhof. Geradeaus über einen Windfang betritt man den zweigeschossigen Foyerbereich des Kindertagheimes. Von hier aus werden der Mehrzweckraum, Büro- und Personalbereich, Toiletten und Werkraum erschlossen. Ein verglaster Treppenturm führt zum Obergeschoss, das durch den auskragenden Toilettentrakt der Kinder gekennzeichnet ist. Ein Querflur erschließt zwei außenliegende Gruppenräume mit Nebenräumen sowie die dazwischen angeordnete Küche und Treppenaufgang zu den Schlafräumen. Ein Verbindungsgang führt vom Erdgeschoss des Kindertagheim zum Foyer der Krippe, welches Küche, Gruppenräume, Pflege- und Schlafräume erschließt. Ein Treppenaufgang führt zum ähnlich aufgebauten Obergeschoss. Den einzeln stehenden Schülerhort betritt man über einen seitlichen Eingang, der zu zwei Gruppenräumen, einem WC, einer Küche, Loggia sowie einem Treppenaufgang führt. Im

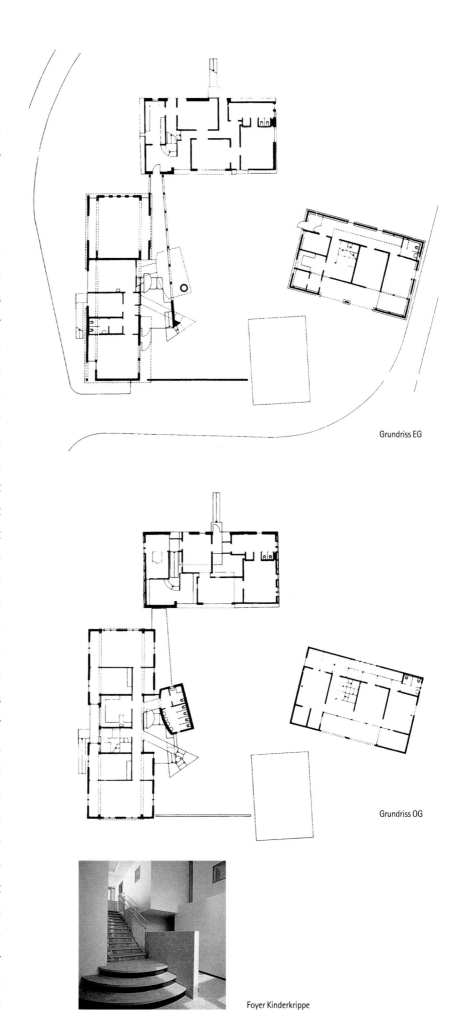

Grundriss EG

Grundriss OG

Foyer Kinderkrippe

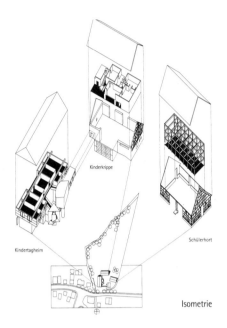

Isometrie

Nordansicht Schülerhort

Südansicht Tagheim

Obergeschoss befinden sich zwei weitere Gruppenräume, ein WC- und Werkbereich. Die beiden alten Scheunen wurden im Innern entkernt und saniert. Dabei wurde beim Schülerhort auf eine dreigeschossige Holzrahmenkonstruktion zurückgegriffen, die in die alte Hülle eingestellt wurde. Das Kindertagheim erfährt dagegen in seinen Grundelementen eine Neuinterpretation der alten Traditionen: Sockelgeschoss, überstehendes Obergeschoss, langes Satteldach, angedeutetes Fachwerk durch Metallbänder. Die Innenraumgestaltung ist einfach und klar ausgeführt mit zahlreichen Nischen und Durchblicken.

Das Außengelände erstreckt sich entlang des mit Bäumen versehenen Verlaufes des Mühlbaches. Auf den hinter dem Gebäudeensemble liegenden Auenwiesen befindet sich eine Spielwiese mit Planschbecken sowie Sandflächen mit vereinzelten Spielgeräten. Eine zusätzliche Baumwiese ist mit Hütten, Kletterbaum usw. ausgestattet. Ein künstlich gestaltetes Wasserspiel befindet sich am Standort des ehemaligen Mühlrades.

Kindertagesstätte Kiefernstraße, Frankfurt/M.

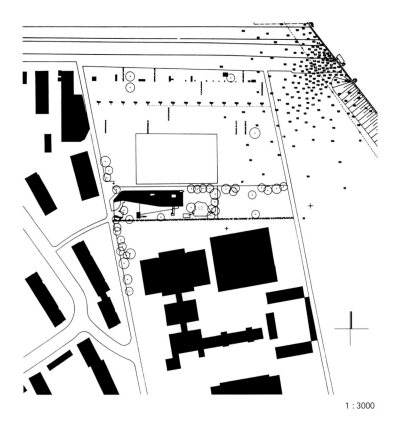

1 : 3000

Standort: Kiefernstraße 24a, Frankfurt/M.-Griesheim

5 Gruppen (3 Kindergarten, 2 Hort) mit 107 Kindern

Pädagogikform:	teiloffene Gruppenarbeit
Bauherr:	Hochbauamt der Stadt Frankfurt/M.
Träger:	Stadtschulamt, Frankfurt/M.
Architekten:	Bolles-Wilson & Partner, Münster
Planungsbeginn:	1989
Baubeginn:	1990
Inbetriebnahme:	1992
Geschossigkeit:	2
Grundstücksgröße:	3.528 m²
Größe der bebauten Fläche:	578 m²
Bruttogrundfläche (BGF):	894 m²
Hauptnutzfläche (HNF):	425 m²
Nebennutzfläche (NNF):	67 m²
Verkehrsfläche (VF):	217 m²
Bruttorauminhalt (BRI):	4.234 m³
Reine Bauwerkskosten, brutto:	2,827 Mio DM
Grundstückskosten, brutto:	107.000,- DM
Kosten Außenanlagen, brutto:	416.000,- DM
Jährliche Baunutzungskosten:	715.000,- DM

Die Kindertagesstätte liegt im Frankfurter Stadtteil Griesheim, in einem sozialen Problemgebiet abseits einer Wohnsiedlung. Anlehnend an das schmale, lange, ost-westlich orientierte Eckgrundstück eines ehemaligen Kleingartengeländes entstand ein lineares, kompaktes Gebäude, eine einbündige Lösung mit dem Erschließungsflur an der geschlossenen Nordseite. Dorthin schirmt die lange Fassade gegen den Lärm der nahe gelegenen Autobahn ab, nach Süden hin öffnet sich die Kindertagesstätte zum Freibereich. Im Erdgeschoss sind neben dem Leiterinnenbüro, dem Personalraum und der Küche der zweistöckige Mehrzweckraum und die Gruppenräume der drei Kindergartengruppen mit direktem Ausgang ins Freie plaziert. Für zwei Gruppen steht ein gemeinsamer WC- und Waschbereich zur Verfügung, die Garderoben sind den Gruppenräumen zugehörig in den Flur integriert. Im Obergeschoss befinden sich die Räumlichkeiten für zwei Hortgruppen.

Man betritt die Einrichtung über eine kleine oder große Eingangstür, die sich in der Südfassade befinden. Vorbei am Büro der Leiterin und der anschließenden kleinen Eingangshalle gelangt man über eine großzügige, seitlich belichtete Treppe in den Hortbereich oder über den Spielflur zu den Gruppenräumen des Kindergartens. Im hinteren Bereich wird der Flur zweigeschossig und hebt die optische und akustische Trennung zwischen Kindergarten und Hortbereich auf. Als erweitertes Freiflächenangebot ist das Dach der Kindertagesstätte vom Hortbereich aus begehbar.

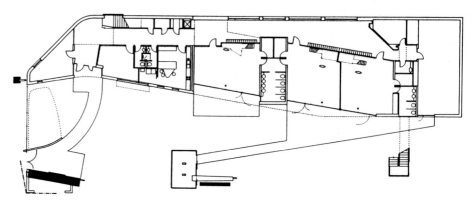

Grundriss EG

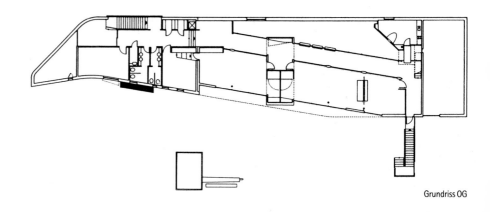

Grundriss OG

Ansicht Süd

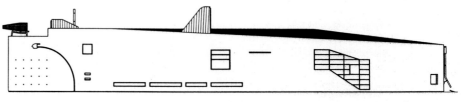

Ansicht Nord

Kindertagesstätte Marienstraße, Offenbach

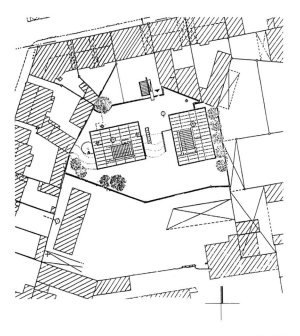

1 : 750

Standort: Marienstraße 12a, Offenbach

6 Gruppen (Kindergarten, Hort) mit 135 Kindern

Pädagogikform:	offene Gruppenarbeit
Bauherr/Träger:	Gemeinnützige Baugesellschaft mbH, Offenbach
Architekten:	Braun & Schlockermann und Köhler mit M. Schuhmacher, Frankfurt/M.

Planungsbeginn:	1989
Baubeginn:	1990
Inbetriebnahme:	1991

Geschossigkeit:	2
Grundstücksgröße:	1.737 m²
Größe der bebauten Fläche:	802 m²
Bruttogrundfläche (BGF):	1.510 m²
Hauptnutzfläche (HNF):	751 m²
Nebennutzfläche (NNF):	121 m²
Verkehrsfläche (VF):	278 m²
Bruttorauminhalt (BRI):	5.018 m³

Reine Bauwerkskosten, brutto:	2,3 Mio DM
Grundstückskosten, brutto:	––
Kosten Außenanlagen, brutto:	130.000,- DM

Abgeschottet, fernab jeglichen Straßenverkehrs, auf einem beengten Hinterhofgrundstück in der Innenstadt von Offenbach, umgeben von Wohnhäusern, kleinen Schuppen und einer Schuhfabrik verlangte die Errichtung dieser Kindertagesstätte eine besondere Lösung. Ein ursprünglich vorhandener alter Lagerschuppen, der als idealer Spielplatz galt, diente als Ausgangspunkt aller Planungsgedanken. Um diese Charakteristik wieder aufzugreifen, wurden möglichst authentische und haptische Materialien wie naturbelassenes Holz und roher Sichtbeton verwendet.

In zwei zweigeschossigen, ablesbaren Quadern in Holzbauweise sind der Kindergarten und der Hort untergebracht. Die eingeschossigen, teilweise unterkellerten Bereiche dazwischen wurden mit einem begrünten Dach überzogen, um so verlorenes Außengelände wiederzugewinnen. Sowohl vom Gartenniveau aus über die Erdanschüttung mit integrierter Rutsche als auch von den Gruppenräumen ist dieser Spielhügel erreichbar. Ein langer quer angeordneter Verteilerflur verbindet die Bereiche der Gruppenhäuser mit der rechtwinklig dazwischenliegenden Erschließungsachse, die den Mehrzweckraum beinhaltet und den Funktionsstreifen parallel zur Marienstraße. Herkömmliche Gruppenräume findet man nicht, vielmehr wurden als Raumkonzept jeweils drei Gruppeneinheiten zu einem offenen Raum zusammengefaßt. Ineinander übergehend, vielschichtig und kleinteilig angeordnet, mit vielen ungestörten Ecken und

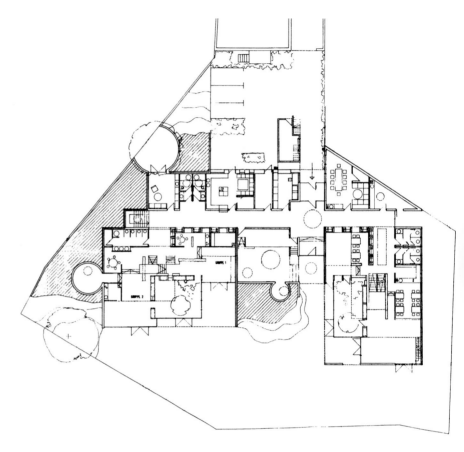

Grundriss EG

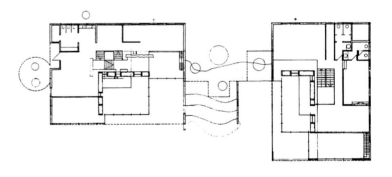

Grundriss OG

Ansicht Süd

Ansicht West

Nischen lässt diese Raumsituation viel Spielraum für die Phantasie der Nutzer entstehen. Dabei verbinden Rampen und Treppen die verschiedenen Ebenen des Gebäudes. Die zwischen den Gruppenhäusern zentral angeordneten Wintergärten mit vorgelagerten Terrassen verstärken den Bezug nach außen, verbessern das Raumklima und gehören zum Energiesparkonzept dieses

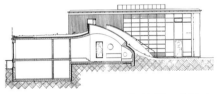

Ansicht West mit Schnitt

Ansicht Ost mit Schnitt

Ansicht Innen

Niedertemperaturhauses. Die Sonnenkollektoren auf dem Dach, die Wiedergewinnung der verbrauchten Fernwärme als Energie, die hohen Dämmwerte sind weitere Bestandteile des ökologischen Gesamtkonzeptes. Die Gestaltung des Therapiehofes erfolgte unter Zuhilfenahme des alten Baumbestandes. Auf eine Farbgestaltung wurde fast völlig verzichtet, die Kinder sollen ohne Vorgabe Kreativität und Phantasie selbst entwickeln.

Gruppenhaus mit Wintergarten

Kindertagesstätte Mörikestraße, Stuttgart

Standort: Mörikestraße 71, Stuttgart-Heslach

3 Kindergartengruppen mit 90 Kindern

Pädagogikform:	offene Gruppenarbeit
Bauherr/Träger:	Hochbauamt/Jugendamt Stuttgart
Architekten:	Peter Hübner & Peter Mayer
Planungsbeginn:	04/1990
Baubeginn:	11/1991
Inbetriebnahme:	02/1994
Geschossigkeit:	3
Grundstücksgröße:	1.100 m²
Bruttogrundfläche (BGF):	840 m²
Hauptnutzfläche (HNF):	464 m²
Nebennutzfläche (NNF):	120 m²
Verkehrsfläche (VF):	96 m²
Bruttorauminhalt (BRI):	2.700 m³
Reine Bauwerkskosten, brutto:	2,935 Mio DM
Grundstückskosten, brutto:	——
Kosten Außenanlagen, brutto:	300.000,- DM

Das städtische Grundstück für die Errichtung der Kindertagesstätte "Affenhaus" in Stuttgart-Heslach war sehr ungünstig. Es besitzt einen schönen, geschützten Baumbestand, liegt ca. 3 m unter Straßenniveau und ist für die Unterbringung der Freispielfläche eigentlich zu klein, durch die hohen Nachbargebäude entsteht zusätzlich eine räumliche Enge, und die Besonnung ist fast nur von Süden möglich. Der Aufbau der Kindertagesstätte ist dreiteilig. Das sich nördlich zur Mörikestraße hin befindliche massiv ausgeführte, zweigeschossige, rötliche Kopfgebäude beinhaltet die Funktionsräume wie Verwaltung, Leitung, Personal, Technik sowie die beiden Haupterschließungen. Über einen Steg gelangt man zum Bereich der Kindertagesstätte, über eine Rampe zum darunterliegenden Kindergartenbereich, der zwei Gruppen mit vorgelagertem zentralen Sanitärbereich und Garderobenbereich beinhaltet.

Ein quer gestelltes Glashaus belichtet die als Kopplungselement zwischen Funktions- und Kinderbereich liegende Mehrzweckhalle im Erdgeschoss sowie den Galeriebereich mit angrenzenden Räumen im Obergeschoss. Hier befindet sich ein Teil der Affen, die vom Bildhauer Diedenhofen stammen. Eine Wendeltreppe übernimmt die vertikale innere Erschließung der Kindertagesstätte. Daran anschließend gestalten die in Massivholz-Skelettbauweise errichteten Kinderhäuser den südlichen Teil des Gebäudes. Aufeinandergestappelte Holzkisten mit gegeneinander versetz-

Grundriss EG

Grundriss 1. OG

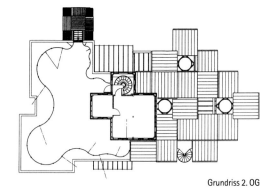

Grundriss 2. OG

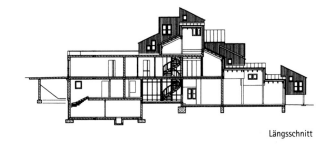

Längsschnitt

Querschnitt

Ansicht Garten

Ansicht Innen

ten Pultdächern bilden ein zusammenhängendes Ensemble und gipfeln in hochgelegene Bereiche wie den Schlafraum und Werkraum. Je weiter man im Kinderbereich nach oben gelangt, desto kleiner werden die Grundrissebenen, aber umso größer die Möglichkeit des Sichzurückziehens der Kinder.

Ist im Erdgeschoss noch eine klare Trennung von Kinder- und Funktionsbereich gegeben, so findet in den Obergeschossen zunehmend eine Vermischung statt.

Die sehr offen konzipierte Einrichtung verfügt über zahlreiche Ausgänge und Ver-

Eingangshalle

Vogelperspektive von Norden

bindungen zum umlaufenden kleinen Freibereich, dem sogenannten "Indianerpfad", in dem Spielgerät reduziert eingesetzt ist. Zusätzlicher Außenbereich wird über die begrünte Dachterrasse des Kopfbaus gewonnen, die über einen seitlich angeordneten, hölzernen Spielturm eine direkte Verbindung zum Außengelände besitzt.

Ansicht Garten

Kindertagesstätte Sigmund Freud Straße, Frankfurt/M.

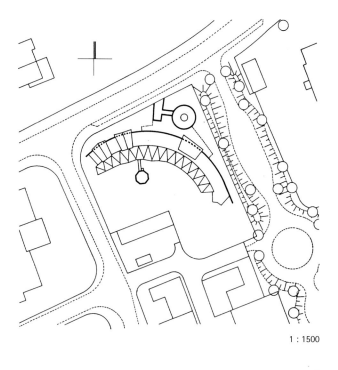

1 : 1500

Standort: Sigmund-Freud-Straße 78, Frankfurt/M.-Eckenheim

5 Gruppen (3 Kindergarten, 2 Hort) mit 100 Kindern

Pädagogikform:	Erweiterte Altersmischung ab 1 Jahr;
	Kiga: übergreifende Gruppenarbeit
	Hort: offene Gruppenarbeit
Bauherr:	Hochbauamt der Stadt Frankfurt/M.
Träger:	Stadtschulamt, Frankfurt/M.
Architekten:	Toyo Ito and Associates, Tokio
	Scheffler & Warschauer, Frankfurt/M.
Planungsbeginn:	1989
Baubeginn:	1991
Inbetriebnahme:	1993
Geschossigkeit:	2
Grundstücksgröße:	2.829 m²
Größe der bebauten Fläche:	873 m²
Bruttogrundfläche (BGF):	919 m²
Hauptnutzfläche (HNF):	563 m²
Nebennutzfläche (NNF):	113 m²
Verkehrsfläche (VF):	88 m²
Bruttorauminhalt (BRI):	3.595 m³
Reine Bauwerkskosten, brutto:	3,295 Mio DM
Grundstückskosten, brutto:	709.000,- DM
Kosten Außenanlagen, brutto:	450.000,- DM
Jährliche Folgekosten:	1,495 Mio,- DM

Die Kindertagesstätte in der Sigmund-Freud-Straße im durch Wohntürme der 60er und 70er Jahre geprägten Frankfurter Stadtteil Eckenheim liegt in einem sozialen Problemgebiet. Das zur Verfügung gestellte Grundstück ist für Frankfurter Verhältnisse recht groß, so dass eine eingeschossige Lösung realisiert werden konnte.

Nähert man sich dem Eingang von der Sigmund-Freud-Straße her, ist außer drei Hochpunkten der Kindertagesstätte nur ein mit Gras bedeckter Erdwall zu sehen. Wie eine Schlucht

schneidet sich der Eingang
ins Erdreich. So wenig die Kindertagesstätte nach Norden
preisgibt, so transparent und
offen zeigt sich das als Kreis-
segment angelegte Gebäude
mit seiner leichten, auf Stützen gelagerten Dachland-
schaft nach Süden und geht
dabei völlig nahtlos in den
natürlich angelegten Außenbereich über, der zu den Grenzen hin leicht ansteigt.
Über einen Windfang, vorbei
an der großen Küche, betritt
man das Foyer. Nach rechts
erschließt sich über einen als
Aufenthaltsbereich ausfor-
mulierten Flur der Hort-
bereich und die Verwaltung.
Nach links werden die direkt
belichteten und belüfteten
Gruppenräume des Kinder-
gartens über einen nördlich
gelegenen Flur erschlossen.
Beide Flure enden mit einem
Ausgang ins Freie. Vom Flurbereich des Kindergartens erschließen sich die restlichen
Nebenräume und der kreis-
runde Mehrzweckraum, die
alle ins Gelände eingegraben
sind. Jedem Gruppenraum im
Kindergartenbereich ist direkt
ein Gruppennebenraum, ein
Garderobenbereich und ein
Sanitärbereich zugeordnet.
Die Haupt- und Nebenräume
des Kindergartenbereiches

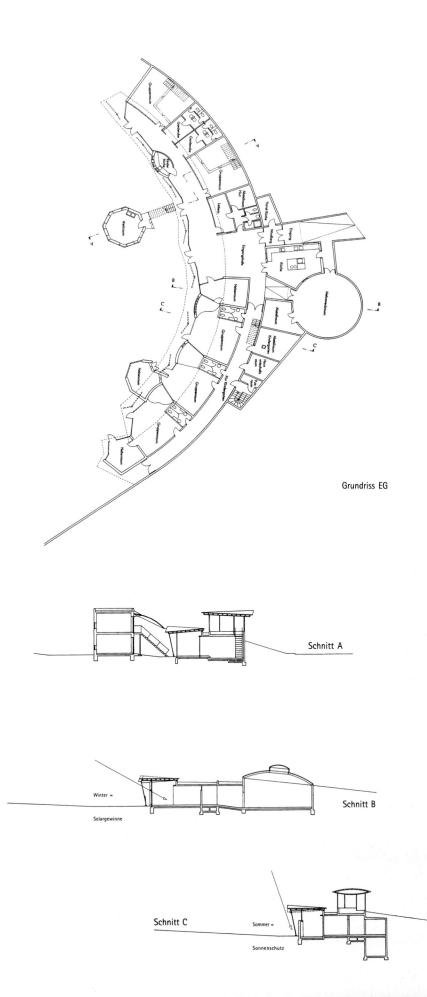

Grundriss EG

Schnitt A

Schnitt B

Schnitt C

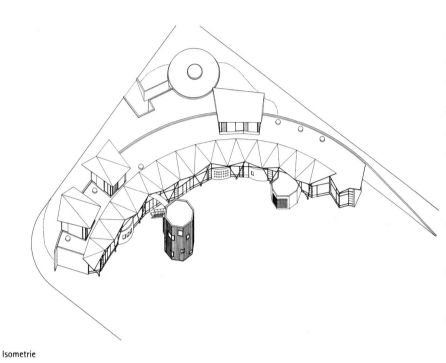

Isometrie

werden über eine raumhohe Glasfassade direkt belichtet und ermöglichen einen direkten Zugang ins Freie. Wie auch im Hortbereich ist ein Teil des Gruppenraumes um zwei Stufen abgesenkt, um den Boden als Spielfläche intensiver nutzen zu können. Probleme mit einer Standardmöbilierung sind allerdings vorprogrammiert.

Im Hortbereich werden die Gruppenräume über den zum Freibereich gelegenen Flur indirekt belichtet. Die Toiletten mit den vorgelagerten Garderoben sind den Gruppenräumen direkt zugeordnet. Seine Rechtfertigung zur Südausrichtung erhält der Flur dadurch, dass er als gemeinsamer Aufenthaltsraum für

Ansicht Süd

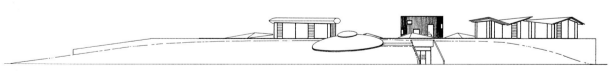

Ansicht Nord

alle Hortkinder geplant ist. Von den beiden Gruppenräumen aus erschliessen sich über eine Treppe die beiden ursprünglich als Hausaufgabenzimmer gedachten Räume; genutzt werden sie indes als Rück-

Ansicht Süd Ost

Gruppenraum und Flur im Hort

Gruppenraum

zugsbereiche für Jungen und Mädchen. Im hölzernen, achteckigen Turm dagegen ist im Obergeschoss der Hausaufgabenraum untergebracht, welcher ursprünglich als Lesezimmer gedacht war.

Das mit konventionellen Mitteln errichtete Gebäude ermöglicht durch die südlich orientierte raumhohe Glasfassade im Winter Solargewinne, während im Sommer der große Dachüberstand

Flurbereich

des gefalteten Daches einer Überhitzung der Räume entgegenwirkt. Eine Langzeitbeobachtung der Energiekosten vom Hochbauamt Frankfurt/M. ergab, dass das Gebäude im Vergleich zu anderen Kindereinrichtungen mit aufwendigerem Energiekonzept energetisch sinnvoller und wirkungsvoller ist, obwohl es ohne ökologischen Auftrag geplant wurde.

Kindertagesstätte Leuschnerdamm, Berlin

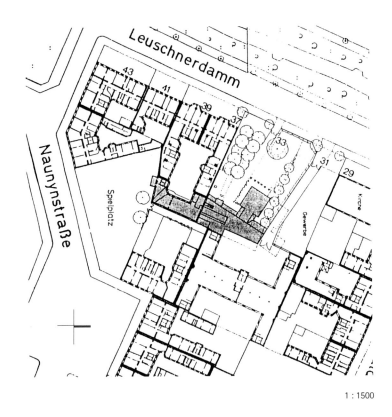

1 : 1500

Standort: Leuschnerdamm 33-39, Berlin-Kreuzberg

9 Gruppen (3 Krippen, 4 Kindergarten, 2 Hort) mit 128 Kindern

Pädagogikform:	offene Gruppenarbeit, Altersmischung
Bauherr/Träger:	Bezirksamt Kreuzberg von Berlin, Grundstücksamt, Jugend und Sport
Architekten:	U. Kohlbrenner & E. Jockeit Spitzner, Berlin
Fachingenieure, Bauüberwachung:	Bezirksamt Kreuzberg, Abt. Hochbauamt
Planungsbeginn:	1980
Baubeginn:	1991
Inbetriebnahme:	1994
Geschossigkeit:	2 und 5
Grundstücksgröße:	2.870 m²
Größe der bebauten Fläche:	1.164 m²
Bruttogrundfläche (BGF):	2.169 m²
Hauptnutzfläche (HNF):	863 m²
Nebennutzfläche (NNF):	431 m²
Verkehrsfläche (VF):	387 m²
Bruttorauminhalt (BRI):	7.892 m³
Reine Bauwerkskosten, brutto:	5,997 Mio DM
Grundstückskosten, brutto:	——
Kosten Außenanlagen, brutto:	537.000,- DM

Wegen des großen Bedarfs an Kindergartenplätzen und der hohen Anzahl leerstehender Altbauten wurden bereits im Jahre 1980 die Architekten von der Internationalen Bauausstellung Berlin GmbH (IBA) mit der Untersuchung des Sanierungsgebietes Cottbusser Tor im Bezirk Kreuzberg beauftragt. Dabei wurden das Grundstück eines leerstehenden, ehemaligen Fabrikgebäudes sowie dessen unbebautes Nachbargrundstück als geeignet angesehen und die weitere Planung in der Rolle eines Pilotprojektes in Angriff genommen. Planungsidee war es, die vorhandenen Gegebenheiten optimal zu nutzen und mit möglichst geringen Eingriffen Raum für Kinder zu schaffen. Aufgrund des problematischen Genehmigungsverfahrens, der Abstimmung mit allen Beteiligten, des Erwerbs der Grundstücke etc. sollte es allerdings zur Fertigstellung und Inbetriebnahme der Kindertagesstätte bis 1994 dauern, was sich vor allem in den hohen Baukosten niederschlägt.

Ein zweigeschossiger Neubau, an einen fünfgeschossigen Altbau angegliedert, bildet das Gebäudeensemble dieser Kindereinrichtung, die sich in einem sozialen Brennpunkt befindet. Da ca. 80 % der Kinder aus nichtdeutschen Familien stammen, werden sie in gemischtnationalen Gruppen im Alter von 0,2 bis 10 Jahren betreut. Ein besonderer Augenmerk gilt dabei dem sozialen und kulturellen Umfeld der Einrichtung.

Das in einer typischen Berliner Blocksituation gelegene Hinterhofgebäude wurde auf dem brachliegenden Nachbargrundstück durch einen Neubauriegel mit Dachterrasse erweitert. Dieser Anbau befindet sich auf dem hinte-

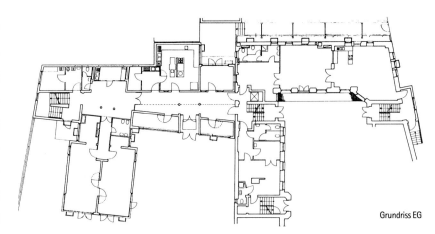

Grundriss EG

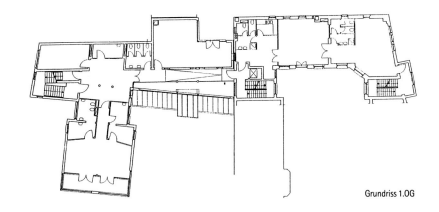

Grundriss 1.OG

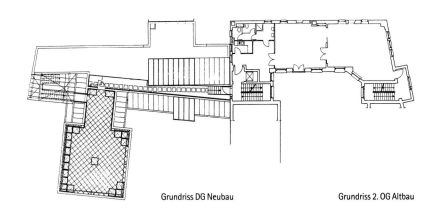

Grundriss DG Neubau   Grundriss 2. OG Altbau

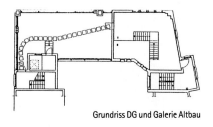

Grundriss DG und Galerie Altbau

Ansicht Nord West

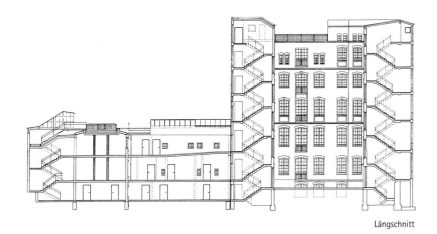

Längsschnitt

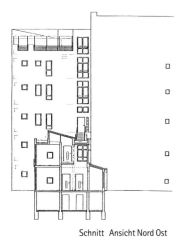

Schnitt Ansicht Nord Ost

Schnitt Ansicht Hof Nord Ost

ren Bereich des Grundstückes, so dass westlich eine Freifläche vorhanden ist, die der Erschliessung dient und als Außengelände der Einrichtung genutzt wird. Ein südlich angrenzender Spielplatz ist über den Treppenturm des Altbaus zu erreichen.

Eine sinnvolle Verteilung der etagenweise getrennten Nutzflächen für alle Gruppen musste gefunden werden, um einer Abschottung der Kinder und Betreuer entgegen zu wirken. So befindet sich im zweigeschossigen Neubau, in dem die Kinder bis drei Jahre in zwei Gruppen untergebracht sind, neben dem Hauptzugang die zentrale Küche als integraler Bestandteil, in der eigenes Personal gemeinsam mit den Kindern die Mahlzeiten zu-

Modell

bereitet. Im fünfgeschossigen Altbau befinden sich die älteren Kinder bis 12 Jahren in sieben Gruppen aufgeteilt. Die nach Westen orientierten, hohen Gruppenräume

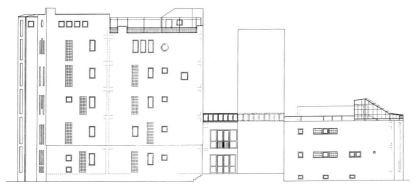

Ansicht Süd Ost

sind durch große Fenster-
flächen gekennzeichnet und
flexibel nutzbar. Auf jeder
Etage befinden sich zwei aufeinander folgende, ähnlich
große Räume mit davor-
gelagertem Vorraum inklusive Garderobenbereich und
einem Wasch- und Toilet-
tenraum. Im Verbindungsteil

Flurbereich

Eingang

zwischen den Gruppenräumen
im Altbau und den Gruppenräumen im Neubau ist über
den Büro-, Küchen- und
Waschräumen der Mehr-
zweckraum und Atelierraum
der Tagesstätte zu finden. Je
nach Altersstufe und Anfor-
derung der Kinder wurden
räumliche und ausstattungs-
mäßige Vorgaben in den unterschiedlichen Gebäudetei-
len festgelegt: so wurde für
die Kleinsten im Neubau eine
Fußbodenheizung installiert
und für die Älteren eine Galerie im fünften Geschoss des
Altbaus.

Innenhof

Kinderladen Kindi, Stuttgart

1 : 1500

Standort: Parlerstraße 106, Stuttgart

3 Gruppen (Kindergarten, Hort) mit 43 Kindern

Pädagogikform:	übergreifende Gruppenarbeit
Bauherr/Träger:	Aktion Vorschulerziehung e.V.
	Eltern-Kind-Gruppe
Architekten:	Arno Becker & Petra Haindl, Stuttgart
Planungsbeginn:	1991
Baubeginn:	1991
Inbetriebnahme:	Umbau und Erweiterungsmaßnahme bei
	laufendem Betrieb des Kinderladens
Geschossigkeit:	2
Grundstücksgröße:	1.872 m²
Größe der bebauten Fläche:	305 m²
Bruttogrundfläche (BGF):	385 m²
Hauptnutzfläche (HNF):	260 m²
Nebennutzfläche (NNF):	51 m²
Verkehrsfläche (VF):	41 m²
Bruttorauminhalt (BRI):	Altbau: 968 m³, Erweiterung: 410 m³
Reine Bauwerkskosten, brutto:	863.000,- DM
	+ Eigenleistung (3.000 Std)
Grundstückskosten, brutto:	––
Kosten Außenanlagen, brutto:	23.000,- DM + Eigenleistung

In unmittelbarer Nähe der Weissenhof-Tennisanlage, an eine Schrebergartensiedlung und Schule angrenzend, liegt diese aus der "Kinderladenbewegung" stammende Kindereinrichtung.

Die in Eigenverantwortung der Eltern geleitete Einrichtung wurde unter hoher Eigenleistung bei laufendem Betrieb umgebaut, modernisiert und um ein Stockwerk erweitert.

Das offen konzipierte Gebäude ist in das Außengelände integriert, ohne in die Natur

einzugreifen, und wird südwestlich erschlossen. Ein kleines Vordach kennzeichnet
den Eingangsbereich, der mittels eines Oberlichtbandes an
das Gebäude anschließt. Eine
Leitwand führt über den
Garderobenbereich zur zentralen Halle, in deren Mittelpunkt sich ein Installationsblock als gemeinsamer WC-
und Waschbereich mit angeschlossener Küche befindet.
Der umgebende Flurbereich
erweitert sich südöstlich zum
Mehrzweckraum mit direk-
tem Zugang zur außenlie-
genden Terrasse und süd-
westlich zum Essbereich.
Die übrigen Räumlichkeiten
gruppieren sich um die Halle.
Eine Gruppeneinteilung existiert hier nicht, denn die
Räume werden je nach Funktion von den Kindern ge-
nutzt. Ebensowenig gibt es
feste Programme für den Tag.
Die Kinder haben im freien
Spiel die Möglichkeit, sich
selbst und andere kennen zu
lernen.

Eine zweiläufige Treppe erschließt ohne jegliche bauliche oder akustische Trennung
den Hortbereich im Obergeschoss, welcher die Hälfte der
unteren Grundfläche ein-
nimmt. Ein direkt ange-
schlossener Steg bietet den

Ansicht West

Ansicht Nord

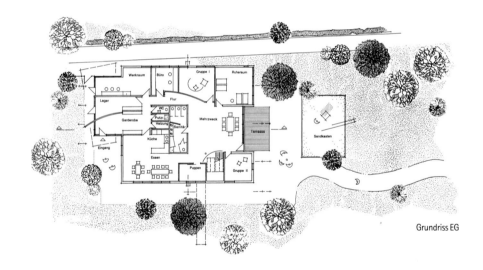

Grundriss EG

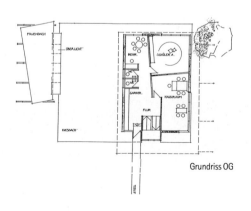

Grundriss OG

Hortkindern die Freiheit, unabhängig vom unteren Geschehen, unbemerkt ins Freie zu gelangen.

Das äußere Erscheinungsbild des Gebäudes wirkt lebhaft und kontrastreich, aber nicht störend. Farbige und natürliche Holzverschalung im Wechsel, dazwischen großzügige Glasbereiche sowie auf Stützen gelagerte Trägerelemente des Daches unterstreichen dies.

Bei der naturnahen Gestaltung des Außengeländes wurde auf viele Niveauun-

Süd-West

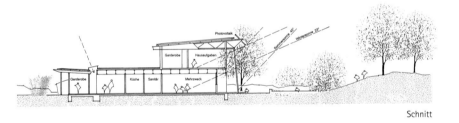

Schnitt

Eingangsbereich

terschiede in Form von Hügeln und Mulden geachtet. Mit Ausnahme einer in einen Hügel integrierten Rutsche wurde auf Spielgeräte weitestgehend verzichtet. Beete zum Bepflanzen und einfache Materialien wie Bretter, Zweige, Äste usw. sind vorhanden, mit denen sich die Kinder in Eigenregie oder unter Anweisung Hütten oder Sonstiges bauen können.

Ansicht West

Kindertagesstätte Drachenburg, Frankfurt/M

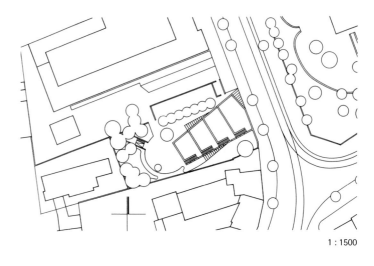

1 : 1500

<table>

Standort: Am Tiergarten 10, Frankfurt/M.-Ostend	
5 Gruppen (3 Kindergarten, 2 Hort) mit 100 Kindern	
Pädagogikform:	offene Gruppenarbeit
Bauherr:	Hochbauamt der Stadt Frankfurt/M.
Träger:	Stadtschulamt, Frankfurt/M.
Architekten:	Hans Kollhof, Helga Timmermann, Berlin
Planungsbeginn:	1988
Baubeginn:	1992
Inbetriebnahme:	1994
Geschossigkeit:	4
Grundstücksgröße:	1.270 m²
Größe der bebauten Fläche:	448 m²
Bruttogrundfläche (BGF):	1.120 m²
Hauptnutzfläche (HNF):	710 m²
Nebennutzfläche (NNF):	130 m²
Verkehrsfläche (VF):	117 m²
Bruttorauminhalt (BRI):	3.855 m³
Reine Bauwerkskosten, brutto:	5,345 Mio DM
Grundstückskosten, brutto:	1,35 Mio DM
Kosten Außenanlagen, brutto:	450.000,- DM
Jährliche Baunutzungskosten:	790.000,- DM
Jährliche Folgekosten:	1.058 Mio DM

</table>

Die Kindertagesstätte "Drachenburg" liegt innerstädtisch am Tiergarten in Frankfurt/M. Das Einzugsgebiet gilt als einer der sozialen Brennpunkte der Stadt. Kinder aus über 20 Nationen werden hier unter einem Dach betreut. Die Kindertagesstätte zeigt sich mit einer hohen, fast trutzburgartigen Fassade zur Straße hin. Gleichzeitig werden die Immissionen der Straße reduziert. Die geringe Größe des Grundstückes führte zu einer kompakten, zur Straße hin viergeschossigen Lösung, die zum Freibereich hin abtreppt. Die so entstehenden Terrassen gleichen den geringen Freibereich aus. Gruppenräume und Mehrzweckraum sind konsequent zu den Terrassen nach Südwesten hin orientiert. Die die verschiedenen Ebenen verbindende Freitreppe ist gleichzeitig Fluchttreppe, in den täglichen Bewegungsablauf integriert und stellt so bei Flucht kein zu überwindendes Hindernis mehr dar.

Man betritt die Drachenburg über einen Fassadeneinschnitt von der Straße Am Tiergarten her. Über ein zweigeschossiges Foyer gelangt man in die konisch zulaufende zentrale Halle. Eine Einbauschrankwand fasst die Garderoben und persönlichen Fächer der Kinder und trennt die zentrale Halle von den

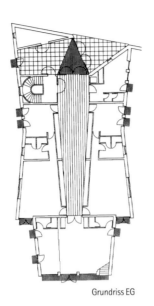

Grundriss EG

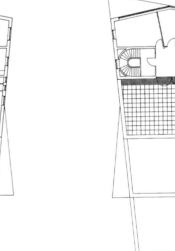

Grundriss 1. OG

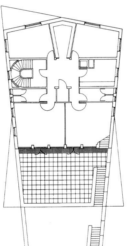

Grundriss 2. OG

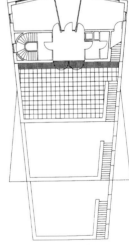

Grundriss 3. OG

Treppenhaus

Längsschnitt

drei Gruppenräumen. Vertikal werden die vier Ebenen über ein zentrales Treppenhaus er-

Rückansicht

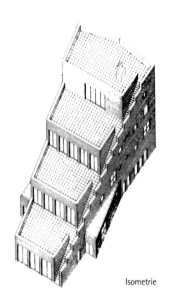

Isometrie

Flurbereich

schlossen, die horizontale Erschließung übernehmen in den anderen Geschossen ebenfalls zentrale Hallen. Im ersten Obergeschoss befindet sich neben dem Mehrzweckraum, den Personal- und Nebenräumen die Küche, die nur durch eine Glaswand vom Flur getrennt und von den Kindern immer einsehbar ist. Der Kinderhort und der Speiseraum für alle Kinder sind im zweiten und dritten Obergeschoss untergebracht.

Straßenansicht

Die Wasch- und WC-Bereiche sind den Gruppenräumen direkt zugeordnet. Die auf den ersten Blick unglückliche Raumgeometrie in den Gruppenräumen unterhalb der Fluchttreppe bietet den Kindern willkommene Nischen, sich Höhlen zu bauen und sich zurückzuziehen.

Die nutzungsneutralen Räumlichkeiten werden am Wochenende und unterhalb der Woche fremdvermietet, was einerseits das spärliche Budget aufstockt und andererseits einen integrativen Beitrag im Stadtteil leistet.

Waldorfkindergarten An der Vogelhecke, Dietzenbach

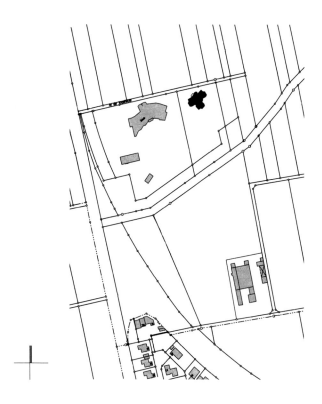

1 : 5000

Standort: An der Vogelhecke 1, Dietzenbach

3 Kindergartengruppen mit 75 Kindern

Pädagogikform:	Waldorf-Pädagogik
Bauherr/Träger:	Waldorfkindergarten- und Schulverein, Dietzenbach e.V.
Architekten:	Horst Pentzek, Christoph Knierim, Fero Tkac, Ostfildern
Planungsbeginn:	06/1990
Baubeginn:	07/1992
Inbetriebnahme:	10/1993
Geschossigkeit:	1 + teilausgebautes Dachgeschoß
Grundstücksgröße:	5.900 m²
Größe der bebauten Fläche:	435 m²
Bruttogrundfläche (BGF):	515 m²
Hauptnutzfläche (HNF):	260 m²
Nebennutzfläche (NNF):	81 m²
Verkehrsfläche (VF):	71 m²
Bruttorauminhalt (BRI):	2.800 m²
Reine Bauwerkskosten, brutto:	1,51 Mio DM
Grundstückskosten, brutto:	395.000,- DM
Kosten Außenanlagen, brutto:	154.000,- DM

Angrenzend an ein Waldgebiet, fern ab von Verkehr liegt dieser Waldorfkindergarten in unmittelbarer Nachbarschaft zur Rudolf-Steiner-Schule im hessischen Dietzenbach. Das organische, symmetrische Grundrissgefüge ist durch das Herausdrängen der drei Gruppenbereiche gekennzeichnet, ohne jedoch die Einheitlichkeit des Gebäudes zu mindern.

Über einen tiefergelegenen Vorbereich gelangt man mittels Treppe und Rampe zum zurückgesetzten Hauptein-

gang. Die massive Ausführung
und Betonung der Eingangstür und des Rahmens lassen
die kleinen Besucher das
Schwellenerlebnis von außen
nach innen bewusster erleben.
Über einen Windfang erreicht
man den Mittelpunkt des
Hauses, die zentrale Halle, an
die sich die drei achteckigen
G r u p p e n r ä u m e
kleeblattförmig anschließen.
Übergangslos - lediglich drei
Säulen nehmen die Raum-
kanten auf - sind die Garderobenbereiche dazwischen
angeordnet, die einen direkten Zugang ins Freie ermöglichen. Gruppennebenräume
sind nicht vorhanden, lediglich die von außen belichteten und belüfteten Toiletten-
räume sind direkt über den
Gruppenraum zugänglich.
Die verhältnismäßig großen
und hohen Gruppenräume, in
die auch die Küchen inte-
griert sind, werden von zwei
Seiten über Fensterelemente
mit relativ hoher Brüstung
belichtet. Da statt eines außen liegenden Sonnenschut-
zes Innengardinen vorhan-
den sind, ist ein Aufheizen
der Räume im Sommer nicht
zu vermeiden. Ein in der
Nähe des Einganges befindlicher Treppenaufgang führt
zum Eurythmiesaal unter

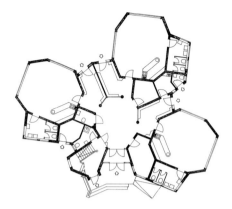

Grundriss EG

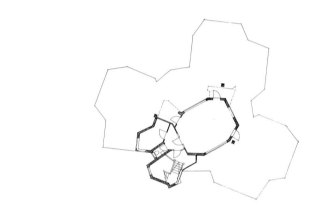

Grundriss 1. OG

Längsschnitt

Ansicht Süd

Ansicht Nord

dem Dach, der sich über der zentralen Halle erhebt. Ein zusätzliches Raumpotential bieten die riesigen Dachspeicher, die zu einem späteren Zeitpunkt ausgebaut werden können.

Auch äußerlich zeichnet sich ein fließender Übergang ab; selbst der von außen zugängliche Geräteraum, der Treppenaufgang und das WC ragen aus dem Gesamterscheinungsbild nicht heraus und ordnen sich unter.

Das Gebäude ist als Massivbau mit einer Holzdachkonstruktion errichtet und vermeidet wie die meisten anthroposophischen Bauten die Rechtwinkligkeit; ebenso fällt die sichtbare, plastische Gestaltung der Fundamente auf, was die Erdverbundenheit des Gebäudes unterstreichen soll; über allem das plastisch gestaltete, beschützende Dach mit einem wie eine Hutkrempe erscheinenden Übergang zu den Umfassungswänden.

Die inneren Gestaltungs- und Ausstattungswünsche wie das Verlegen der Böden, das Grundieren und Lasieren der Wände, das Mobiliar u.v.m. konnten teilweise nur durch die tatkräftige Mithilfe der Eltern realisiert werden.

Ansicht West

Gruppenraum

Betriebskindertagesstätte Wichtelpark, Stuttgart

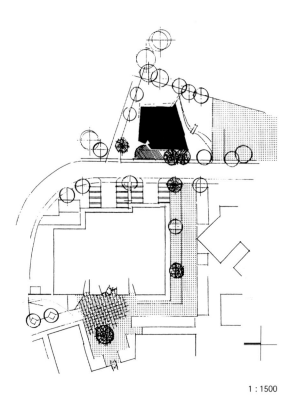

1 : 1500

Standort: Businesspark, Gewerbegebiet Fasanenhof Ost, Stuttgart

3 Gruppen (1 Krippe, 2 Kindergarten) mit 48 Kindern

Pädagogikform:	übergreifende Gruppenarbeit, Altersmischung
Bauherr/Träger:	Wichtelpark e.V.
Architekt:	GPE, Martina Hoffmeister, Stuttgart
Planungsbeginn:	1991
Baubeginn:	07/1992
Inbetriebnahme:	04/1993
Geschossigkeit:	1 bis 1,5
Grundstücksgröße:	3.152 m²
Pachtfläche:	ca. 1.100 m²
Größe der bebauten Fläche:	324 m²
Bruttogrundfläche (BGF):	439 m²
Hauptnutzfläche (HNF):	375 m²
Nebennutzfläche (NNF):	15 m²
Verkehrsfläche (VF):	—
Bruttorauminhalt (BRI):	1.545 m³
Reine Bauwerkskosten, brutto:	1,38 Mio DM
Grundstückskosten, brutto:	Erbpachtgrundstück
Kosten Außenanlagen, brutto:	219.000,- DM
Jährliche Folgekosten:	550.000,- DM

Die Kindertagesstätte Wichtelpark geht auf Gründung des gemeinnützigen Vereins Wichtelpark e.V. zurück. Das Ziel war, eine ganztägige Kinderbetreuung in Betriebsnähe zu ermöglichen, um den Eltern eine möglichst einfache Betreuungssituation nach dem Erziehungsurlaub zu gewährleisten. Dies wurde im Wichtelpark durch ein Pilotprojekt als gemeinsame Initiative der Landesregierung Baden-Württemberg, der Stadt Stuttgart und dem Businesspark e.V. erreicht.

Die Plätze sind zur Hälfte öf-
fentlich, die anderen 50%
können von Betrieben belegt
werden. Diese haben die
Möglichkeit, Plätze zu reser-
vieren bzw. zu mieten.
Die Kindertagesstätte liegt
an der Schnittstelle zwischen
Gewerbegebiet und Wald-
fläche auf einem beengten
Grundstück, in direkter Nachbarschaft zu einem FKK-Ge-
lände, was die im Garten-
bereich leicht dekonstruktiv
anmutenden Sonnenblen-
den als geforderten Sichtschutz enttarnt. Die nach
Südwesten orientierten, sehr
hohen Gruppenräume sind
großzügig verglast, verstärken somit den Bezug nach
außen und haben direkten
Zugang zum Freibereich. Da
dieser sehr klein ist, wurde
eine angrenzende Wiese mit
Obstbäumen zum Spielen
angemietet. Zum Business-
park hin liegen der Eingangsbereich mit Garderobe, das
kleine Büro der Leiterin, Küche und Toilette. So wie sich
die Kindertagesstätte vom
Eingang aus im Grundriss auf-
fächert und in den Gruppenräumen endet, so geschieht
dies auch in der dritten Dimension von der Einge-
schossigkeit des Eingangs
zur Zweigeschossigkeit der

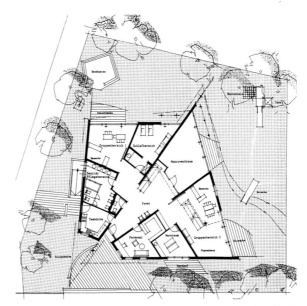

Grundriss EG

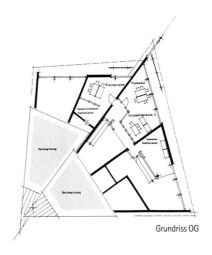

Grundriss OG

Ansicht Süd

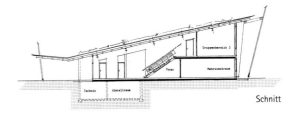

Schnitt

Ansicht Nord Ost

Gruppenräume. Diese sind durch die Galerie, die den Blick auf den Flur freigibt, verbunden und verlieren sich in Ecken und Nischen, die den Kindern bei gleichzeitiger Beobachtungsmöglichkeit genügend Rückzug und Privatheit bieten. Das gruppenübergreifende Konzept vermeidet starre Eintei-

Halle

lungen, was sich an den großzügigen Schiebetüren zeigt, mit deren Hilfe die Kindertagesstätte in einen hellen, freundlichen Raum oder abgetrennte, einzelne Bereiche verwandelt werden kann. Ein Abstellraum sowie die Gebäudetechnik sind in die von außen zugängliche Teilunterkellerung untergebracht; hingegen befinden sich im Kindergarten selbst keine Abstellmöglichkeiten. Der Sanitärbereich befindet sich zentral für alle Gruppen im Erdgeschoss, ebenso die Garderobe im Flurbereich.

Blick in Gruppenbereich

Kindertagesstätte Arche Noah, Neuss

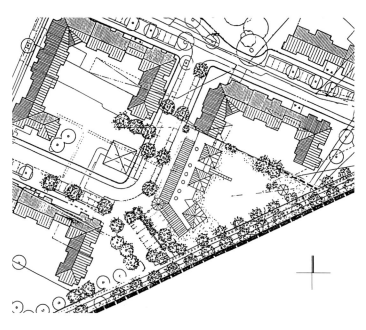

1 : 1500

Standort: Kurze Straße 51, Neuss

5 Gruppen (3 Kindergarten-, 2 altersgemischte Gruppen von 4 Monaten bis 6 Jahre)
mit 100 Kindern

Pädagogikform:	teiloffene Gruppenarbeit, Altersmischung
Bauherr:	Stadt Neuss
Träger:	Sozialdienst Katholischer Frauen
Architekt:	Hubertus Grosser, Neuss
Planungsbeginn:	1991
Baubeginn:	1993
Inbetriebnahme:	1994
Geschossigkeit:	2
Grundstücksgröße:	1.945 m²
Größe der bebauten Fläche:	595 m²
Bruttogrundfläche (BGF):	1.113 m²
Hauptnutzfläche (HNF):	600 m²
Nebennutzfläche (NNF):	92 m²
Verkehrsfläche (VF):	219 m²
Bruttorauminhalt (BRI):	3.864 m³
Reine Bauwerkskosten, brutto:	2,04 Mio DM
Grundstückskosten, brutto:	städtisches Grundstück
Kosten Außenanlagen, brutto:	240.000,- DM
Jährliche Folgekosten:	850.000,- DM

Das früher gewerblich genutzte Grundstück im innerstädtischen Bereich von Neuss ist für drei, südöstlich orientierte, drei- bis viergeschossige Wohnblockbebauungen vorgesehen. Die Kindertagesstätte Arche Noah ist Teil eines dieser Wohnblöcke und zweigeschossig in Massivbauweise mit einer Ziegelfassade errichtet. Westlich nimmt sie die vorhandene Wohnblockkante auf und knickt dann, dem Verlauf des Grundstükkes folgend, nach Südwesten ab. Ein von beiden Seiten mit

Bäumen versehener Fuß- und Radweg schließt das Grundstück südöstlich ab. Der zwischen diesem Weg und der Kurzen Straße liegende Vorbereich beinhaltet die Stellplätze und den Hauptzugang, der einen direkten Zugang zum Außengelände und eine teilweise über zwei Geschosse gehende, leicht zurückgesetzte, vollverglaste Eingangshalle besitzt.

Das Gebäude selbst ist dreigeteilt. Der zur Straße liegende Funktionsstreifen ahmt den Charakter der Wohnblockbebauung nach.

Der niedrigere, mit Lichtkuppeln ausgestattete Flachdachbereich dahinter beinhaltet die Erschließungsfunktionen. In den drei anschließenden, ablesbaren Einzelhäusern sind fünf Gruppeneinheiten und der Mehrzweckraum untergebracht.

Im Flurbereich des Erdgeschosses befinden sich die

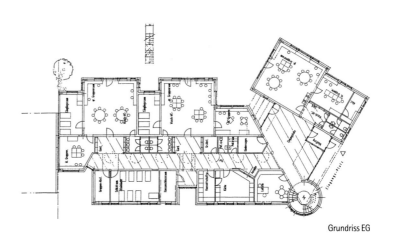

Grundriss EG

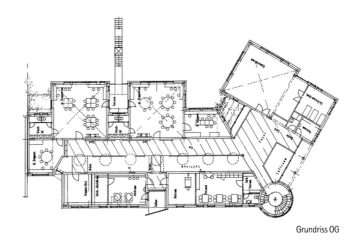

Grundriss OG

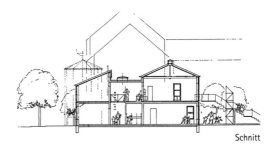

Schnitt

Ansicht Ost

Ansicht Ost

Ansicht Süd West

Eingangsbereich

WCs und Nebenräume; die entstandenen Nischen nehmen die Garderoben und den Zugang zu den Gruppenhäusern auf. Jedes Haus besitzt einen Wasch- und WC-Bereich, der im Fall der zwei Kleinkindergruppen direkt vom Gruppenraum aus erreichbar ist. Jedem Gruppenraum ist ein Neben- und Säuglingsraum zugeordnet, die Tagesgruppe verfügt dafür über einen Abstellraum. Im Obergeschoss befinden sich die Garderoben auf dem Galerieflur, die WC- und Waschbereiche sowie kleine Gruppenräume zwischen den Gruppenhäuser. Zwei Brükken ermöglichen den Zugang zu weiteren Nebenräumen wie Werkraum und Musikraum im westlich angelegten Funktionsstreifen.

Der im abgeknickten Gebäudeteil liegende Mehrzweckraum wird über den sich zu einem Foyer erweiterten Flur erschlossen.

Eine zwischen zwei Gruppenhäusern liegende Terrasse im Obergeschoss ist über eine lange Treppe, die gleichzeitig als zweiter Fluchtweg dient, dadurch in den Alltag der Kinder eingebunden ist, direkt mit dem östlich orientierten Außengelände verbunden.

Kindergarten Auf der Höhe, Bad Neuenahr

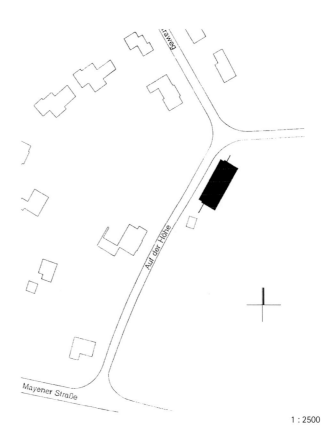

1 : 2500

Standort: Auf der Höhe, Bad Neuenahr-Ramersbach

1 Kindergartengruppe mit 25 Kindern

Pädagogikform:	konventioneller Regelkindergarten
Bauherr/Träger:	Stadt Bad Neuenahr-Ahrweiler
Architekt:	Hans-Jürgen Mertens, Bad Neuenahr
Planungsbeginn:	1993
Baubeginn:	1993
Inbetriebnahme:	1994
Geschossigkeit:	1
Grundstücksgröße:	3.000 m²
Größe der bebauten Fläche:	340 m²
Bruttogrundfläche (BGF):	340 m²
Hauptnutzfläche (HNF):	154 m²
Nebennutzfläche (NNF):	71 m²
Verkehrsfläche (VF):	55 m²
Bruttorauminhalt (BRI):	1.270 m³
Reine Bauwerkskosten, brutto:	950.000,- DM
Grundstückskosten, brutto:	––
Kosten Außenanlagen, brutto:	––

Diese eingruppige Kindertagesstätte befindet sich auf einem Plateau außerhalb von Bad Neuenahr. Begrenzt wird sie im Nordwesten durch eine Anliegerstraße, südwestlich von einem öffentlichen Spielplatz und südöstlich von einem Sportplatz. Die parallel zur Straße verlaufende massive Wandscheibe teilt das Gebäude in zwei Bereiche auf: ein eingeschossiger, massiv gemauerter Baukörper mit einem begrünten, flachgeneigten Dach und ein leichter Gebäudeteil mit einem alles verbindenden Pultdach.

An einem befestigten Vorplatz vorbei, mit Zugang zu zwei Außentoiletten, gelangt man durch einen klar definierten Ausschnitt der Wandscheibe über einen Steg zum überdachten Haupteingang der Einrichtung.

An den großen Windfang, der als Verweil- und Sitzecke dient, schließt sich ein oberbelichteter Flur an. Dieser führt entlang der Wandscheibe, die durch zahlreiche Öffnungen den Zugang zu den Funktionsbereichen ermöglicht, zum eigentlichen Zentrum der Einrichtung: dem "Marktplatz". Kennzeichnend dafür ist ein Innenerker aus dem gemeinsam von Kindern und Erwachsenen genutzten Küchenbereich, der zur Halle hin orientiert ist und von den Kindern als Kaufladen benutzt wird. Die angrenzenden Bereiche des eigenständigen, kreisförmigen, unter dem Dach eingestellten Mehrzweckraumes, des Stillbeschäftigungsraumes, des Gruppenraumes mit zugehöriger Galerie können bei Bedarf zusammengeschaltet

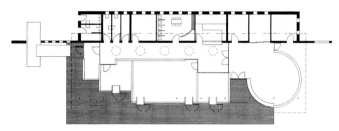

Grundriss EG

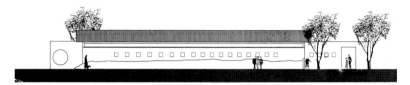

Ansicht Nord West

Ansicht Süd Ost

Ansicht Süd West

Querschnitt

werden. Der als leichte Stahlskelettkonstruktion konzipierte Kinderbereich öffnet sich mittels einer vollverglasten Schrägfassade südlich zum Außenbereich. Holzlamellen sowie der große Dachüberstand des Pult-

Ansicht Süd West

Marktplatz

daches bewirken den notwendigen Sonnenschutz. Nichttragende Wände sind als Holzständerkonstruktion errichtet. Über die wie Windfänge vorgelagerten Boxen gelangt man über eine zusammenhängende Terrasse aus Holzpflaster in die naturnah und einfach gestalteten Außenbereiche, die sich dem dörflichen Charakter anpassen. Sie beinhalten die Dachentwässerung über Rigolen, einen Gewürzgarten, eine Mulde als Theaterplatz sowie Weidenhütten.

Spielflur

Krabbelstube Freiburg-Littenweiler

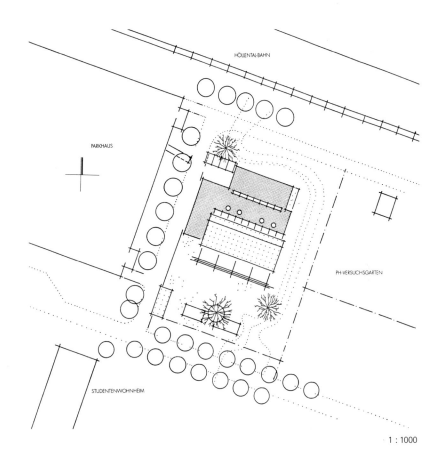

1 : 1000

Standort: Campus der pädagogischen Hochschule, Freiburg-Littenweiler

4 Gruppen (Krabbelstube von 1 bis 3 Jahren) mit 60 Kindern

Pädagogikform:	geschlossene Gruppenarbeit
Bauherr/Träger:	Studentenwerk Freiburg (SWFR)
Architekten:	Rolf + Hotz, Freiburg
Planungsbeginn:	03/1992
Baubeginn:	02/1993
Inbetriebnahme:	03/1994
Geschossigkeit:	1
Grundstücksgröße:	1.350 m²
Größe der bebauten Fläche:	615 m²
Bruttogrundfläche (BGF):	615 m²
Hauptnutzfläche (HNF):	260 m²
Nebennutzfläche (NNF):	120 m²
Verkehrsfläche (VF):	100 m²
Bruttorauminhalt (BRI):	2.060 m³
Reine Bauwerkskosten, brutto:	1,6 Mio DM
Grundstückskosten, brutto:	—
Kosten Außenanlagen, brutto:	130.000,- DM

Die Krabbelstube des Studentenwerks der Pädagogischen Hochschule in Freiburg-Littenweiler ist für die ein- bis dreijährigen Kinder der Studierenden reserviert. Sie liegt auf einem freien, ebenen Wiesengelände der Pädagogischen Hochschule und wird im Norden durch die Trasse der Höllentalbahn, im Westen durch das Parkhaus der Hochschule, im Osten durch den hochschuleigenen Schul- und Versuchsgarten und im Süden durch ein unbebautes Grundstück begrenzt. Zur Minderung von Lärmimmissionen wurden nach Norden, Osten und Westen vorzugsweise Funktions- und Nebenräume mit massiven Wandscheiben plaziert. Allein im Süden öffnen sich die Gruppenräume mit einer leichten Stahl-Glas-Konstruktion zum Freibereich. An seiner nordwestlichen Ecke gegenüber dem Parkhaus erschließt sich das

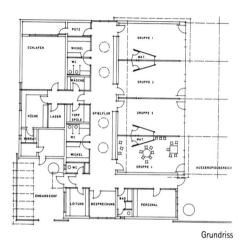

Grundriss

Flur

Gebäude über einen Eingangshof, in dem sich auch die Kinderwagenabstellplätze befinden. Vorbei am Büro der Leiterin gelangt man in die zentrale Halle, von der aus alle Bereiche der Krabbelstube erschlossen werden. Nach Norden angelagert sind für je zwei Gruppen die Wikkel- und Sanitärbereiche, die Küche sowie der Schlafraum mit vorgelagertem Innenhof zur Geräuschpegelminderung. Alle Räume werden natürlich belichtet und belüftet.

Querschnitt

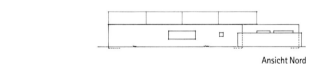

Ansicht Nord

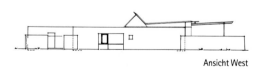

Ansicht West

Ansicht Süd

Ansicht Süd

Gruppenraum

Nach Süden hin verfügen die vier raumhoch verglasten Gruppenräume über einen direkten Zugang zu den vorgelagertern aus Natursteinplatten bestehenden Terrassen. Die unmittelbar zugeordneten Garderoben finden sich vorgeschaltet im Flurbereich. Jeder Gruppenraum verfügt nochmals über eine eigene Nasszelle. Die hinteren Bereiche erhalten zusätzliche Belichtung und Belüftung über Sheddächer. Der sommerliche Wärmeschutz wird über außenliegende Verschattungselemente gewährleistet. Während der Bereich der Funktions- und Nebenräume massiv ausgeführt ist, wirkt der gegenüber den Nebenräumen erhöhte Bereich der Gruppenräume mit seinem Tragsystem aus Stahl und Holz leicht und luftig. Alle Konstruktionselemente sind eindeutig ablesbar und zuzuordnen.

Raumaufteilung, Transparenz und ansprechende Gestaltung laden zu abendlicher Nachnutzung durch Studenten ein. Durch die nichttragenden eingestellten Trennwände ist die Krabbelstube flexibel genug zur Umnutzung.

Kindertagesstätte Akazienweg, Bocholt

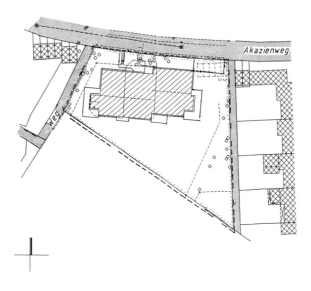

1 : 1500

Standort: Akazienweg 43, Bocholt

3 Kindergartengruppen mit 70 Kindern

Pädagogikform:	Montessori-Pädagogik
Bauherr/Träger:	Förderverein für Kindergärten, Bocholt
Architektin:	Cäcilia Eing, Bocholt
Planungsbeginn:	02/1993
Baubeginn:	04/1993
Inbetriebnahme:	09/1993
Geschossigkeit:	1
Grundstücksgröße:	2.880 m²
Größe der bebauten Fläche:	761 m²
Bruttogrundfläche (BGF):	761 m²
Hauptnutzfläche (HNF):	429 m²
Nebennutzfläche (NNF):	114 m²
Verkehrsfläche (VF):	128 m²
Bruttorauminhalt (BRI):	3.062 m³
Reine Bauwerkskosten, brutto:	845.000,- DM
Grundstückskosten, brutto:	Erbpachtgrundstück
Kosten Außenanlagen, brutto:	85.000,- DM
Jährliche Betriebskosten:	10.000,- DM

Diese Kindertagesstätte, deren pädagogisches Konzept wesentlich auf den Theorien Maria Montessoris basiert, befindet sich in einem reinen Wohngebiet in Bocholt. In einer nur halbjährigen Bauzeit nach der Planung wurde sie besonders kostengünstig mit 12.500.- DM (entspr. 6.400.- EURO) pro Kindergartenplatz erstellt. Eine baugleiche Einrichtung wurde ebenfalls in Bocholt errichtet.

Das auf dem nördlichen Teil des Grundstückes untergebrachte eingeschossige Ge-

bäude wird über den Akazienweg erschlossen. Zwischen
zwei Teilbereichen, die den
Verwaltungs- und Wirt-
schaftsbereich sowie den
Mehrzweckraum und einen
Raum für Wasserspiele beinhalten, befindet sich der
Haupteingang. Dieser erweitert sich zu einer zentralen
Halle, die auch als Spielflur
nutzbar ist, an die sich ein
durchgehender Längsflur anschließt, der den Funktionsbereich vom Kinderbereich
trennt. Mit zwei seitlichen
Nebenausgängen versehen,
übernimmt er die Erschließung der drei Gruppen-
einheiten. Jede ist mit einem
vorgelagerten Garderoben-
bereich, einem Hauptraum
mit integrierter Küchenzeile,
einem Wasch- und WC-Be-
reich mit direktem Zugang
zum Außengelände sowie einem Intensivraum versehen.
Raumhohe Fensterelemente
ermöglichen die Besonnung
der tiefen Räume in südlicher
Richtung. Zum Flur hin sind
diese mit akustisch wirksa-
men Einbauschränken aus-
gestattet. Die Galeriebérei-
che befinden sich unter dem
alles verbindenden Satteldach und sind von jedem
Gruppenraum aus über einen
Treppenaufgang zugänglich.

Grundriss EG

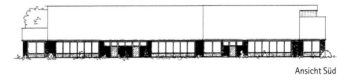

Ansicht Süd

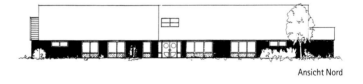

Ansicht Nord

Ansicht West

Ansicht Ost

Querschnitt

Kindertagesstätte Saßnitzer Straße, Osnabrück

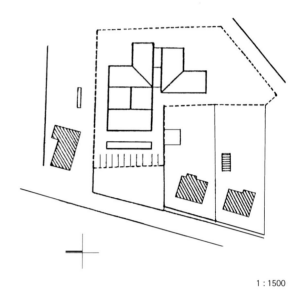

1 : 1500

Standort: Saßnitzer Straße 24, Osnabrück-Haste	
4 Kindergartengruppen mit 100 Kindern	
Pädagogikform:	offene Gruppenarbeit
Bauherr/Träger:	Stadt Osnabrück
Architekten:	Huss & Rammes, Ibbenbüren
Planungsbeginn:	07/1993
Baubeginn:	12/1993
Inbetriebnahme:	01/1995
Geschossigkeit:	1 + ausgebautes Dachgeschoß
Grundstücksgröße:	2.719 m²
Größe der bebauten Fläche:	926 m²
Bruttogrundfläche (BGF):	1.354 m²
Hauptnutzfläche (HNF):	592 m²
Nebennutzfläche (NNF):	173 m²
Verkehrsfläche (VF):	313 m²
Bruttorauminhalt (BRI):	4.700 m³
Reine Bauwerkskosten, brutto:	1,8 Mio DM
Grundstückskosten, brutto:	——
Kosten Außenanlagen, brutto:	210.000,- DM

Die Kindertagesstätte befindet sich inmitten eines Wohngebietes in einem Vorort von Osnabrück. Das dreiteilige Gebäude gibt annähernd die Form des L-förmigen Grundstückes wieder. Von der Saßnitzerstraße aus gelangt man über eine Vorzone zum westlich gelegenen Haupteingang. In diesem Teil der Einrichtung sind der Wirtschaftsbereich mit Küche und Waschraum sowie der Verwaltungsbereich mit Personalraum, Büro und Personal-WC untergebracht. Vorbei an der großen Halle mit Bistro, die bei Bedarf mit dem danebenliegenden Mehrzweckraum zusammengeschaltet werden kann, gelangt man zu den beiden Kinderbereichen. Gleich aufgebaut beschreiben sie ein Quadrat, das zu drei Vierteln bebaut ist. In den beiden äußeren befinden sich die Gruppenräume, im dazwischenliegenden die Garderoben, Wasch- und WC-Bereiche und Abstellräume. Das verbleibende Viertel stellt den Aussenspielhof von zwei Gruppen dar. Von jedem Gruppenraum und Wasch/WC-Bereich ist ein Ausgang ins Freie vorhanden. Ein in jedem Gruppenraum befindlicher Treppenaufgang führt zur Emporenebene unter dem Dach.

Das südlich angelegte Außengelände besitzt trotz seiner geringen Größe eine große Anzahl verschiedener Funktionen. So wurde ein Kletterbereich mit beweglichen Podesten, Stegen, Brücken sowie Spielgeräten angelegt, ein Kreativbereich mit Wasserspiel, Kletterbaum und Hütte sowie ein Sandspielbereich mit zwei Bereichen, Pumpe und Spielhaus.

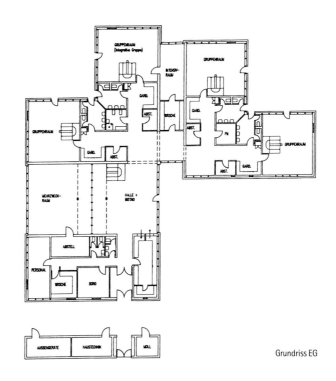

Grundriss EG

Ansicht West

Schnitt Halle

Schnitt Gruppenraum

Gruppenraum mit Treppenaufgang

Kindergarten Geschwister-Scholl-Ring, Germering

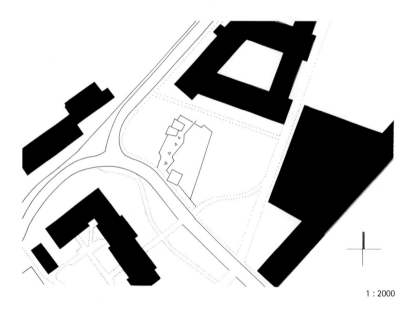

1 : 2000

Standort: Geschwister-Scholl-Ring 57, Germering

4 Gruppen (3 Kindergarten, 1 integrative) mit 100 Kindern

Pädagogikform:	teiloffene, integrative Gruppenarbeit
Bauherr/Träger:	Stadt Germering
Architekten:	Auer & Weber, Darmstadt mit
	Wolfgang Glaser, München
Planungsbeginn:	1992
Baubeginn:	03/1994
Inbetriebnahme:	04/1995
Geschossigkeit:	2
Grundstücksgröße:	1.570 m²
Größe der bebauten Fläche:	665 m²
Bruttogrundfläche (BGF):	830 m²
Hauptnutzfläche (HNF):	439 m²
Nebennutzfläche (NNF):	256 m²
Verkehrsfläche (VF):	––
Bruttorauminhalt (BRI):	2.907 m³
Reine Bauwerkskosten, brutto:	3,5 Mio DM
Grundstückskosten, brutto:	––
Kosten Außenanlagen, brutto:	340.000,- DM

Die ostwestlich orientierte Kindertagesstätte liegt mitten im Zentrum von Germering in unmittelbarer Nähe zur Stadthalle, zur Bibliothek und zu einem Geschäftshaus. Die knappen Grundstücksverhältnisse zwangen dazu, einen Hauptteil der Kindertagesstätte in das Gelände einzugraben. Die leicht ansteigende, übergangslos vom Grundstück aus begehbare, begrünte Dachfläche gewinnt so verlorenes Außengelände wieder zurück.

Über eine seitlich gelegene Rampe und Treppe erreicht man den aufgrund des Grundstückszuschnitts im Süden angeordneten, tieferliegenden Haupteingang. Die sich anschließende zentrale Spiel- und Aufenthaltshalle ermöglicht den Zugang zu den vier Gruppenräumen sowie den Funktionsräumen,

die durch eine geschwungene, blau lasierte Wandscheibe von der Halle abgegrenzt sind. Eine gemeinsam genutzte Küche, ein zentraler WC- und Waschbereich sowie sonstige Nebenräume sind hier untergebracht, ebenso der über eine Rampe und Treppe zugängliche tiefergelegene Mehrzweckraum. Die Gruppenräume selbst schieben sich als wahrnehmbare Baukörper unter der Grasdecke heraus und öffnen mit ihrer verglasten Front das Gebäude in nordwestlicher Richtung.

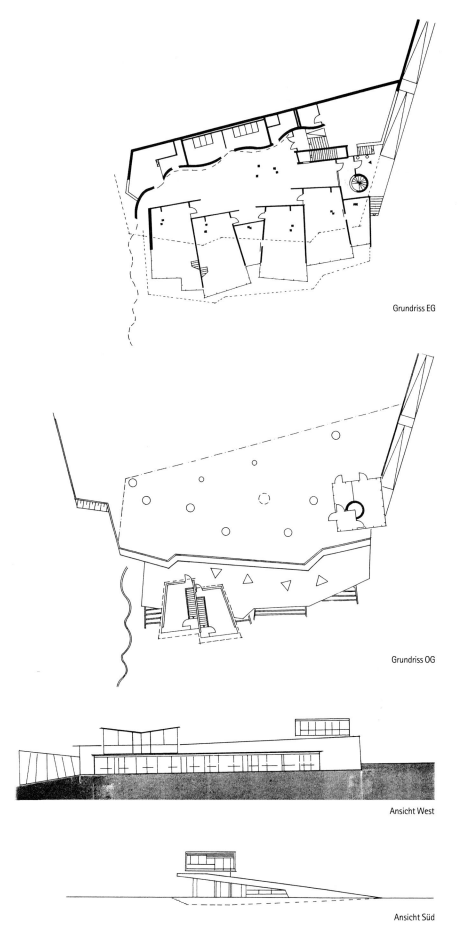

Grundriss EG

Grundriss OG

Ansicht West

Ansicht Süd

Ansicht West

Eingang

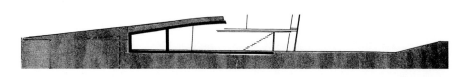

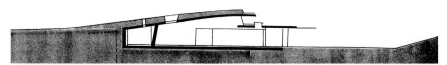

Schnitte

Die Garderobenbereiche sind zur Halle hin vorgelagert und überdecken die dahinterliegenden Zugänge zu den Gruppenräumen; die Gruppennebenräume sind unterschiedlich ausgebildet: einerseits als zwei vollverglaste Hochpunkte, über der Grasschicht von den Gruppenräumen mittels einläufiger Treppe erreichbar, und andererseits zwischen den Gruppenräumen auf gleicher Ebene.

Über eine in Nähe des Haupteinganges befindliche Wendeltreppe gelangt man zum Verwaltungsbereich im Obergeschoss mit Büro der Leiterin und Personalraum, der in Form eines alles überblickenden Glaskastens über dem Grundstück herausragt.

Rot lasierte, schräge Stützenpaare übernehmen im Innern die Last der Grasdecke. Oberlichter durchbrechen diese, um die im Erdreich liegenden Bereiche zu erhellen. Zusammen mit der den Raum durchziehenden organisch geformten Wandscheibe ergibt sich ein höhlenartiger, geborgener Charakter, der ganz im Gegensatz zu seinem Äußeren steht.

Kindergarten 5-Linden II, Biberach an der Riß

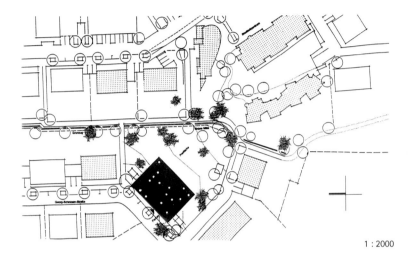

1 : 2000

Standort: Georg-Schinbain-Straße 212, Biberach/Riß

3 Kindergartengruppen mit 75 Kindern

Pädagogikform:	Montessori-Pädagogik
Bauherr/Träger:	Stadt Biberach
Architekten:	Kauffmann, Theilig & Partner, Ostfildern
Planungsbeginn:	10/1992
Baubeginn:	05/1994
Inbetriebnahme:	02/1996
Geschossigkeit:	2
Grundstücksgröße:	2.465 m²
Größe der bebauten Fläche:	360 m²
Bruttogrundfläche (BGF):	591 m²
Hauptnutzfläche (HNF):	342 m²
Nebennutzfläche (NNF):	107 m²
Verkehrsfläche (VF):	79 m²
Bruttorauminhalt (BRI):	2.490 m³
Reine Bauwerkskosten, brutto:	1,5 Mio DM
Grundstückskosten, brutto:	—
Kosten Außenanlagen, brutto:	140.000,- DM

Eine drei- bis viergeschossige Wohnbebauung umgibt das großzügige, ruhig gelegene Grundstück dieser Einrichtung, in der die Pädagogik nach Maria Montessorri im Mittelpunkt steht. Im Nordwesten zweigeschossig konzipiert, um auf die städtebauliche Situation zu reagieren, treppt das Gebäude in südöstlicher Richtung zum Außengelände hin ab. Die alles verbindende Pultdachfläche überdeckt die teilweise verspielte Grundriss-

situation und ist vollflächig
begrünt, lediglich von
Belichtungskuppeln durch-
brochen.

Ein paar Stufen führen zum
klar definierten Haupteingang der Einrichtung hinab.
Über einen Windfang, mit
Zugang zum Obergeschoss,
gelangt man zur zentralen
Halle, die durch zahlreiche
Niveausprünge und Nischen,
einen weiteren Zugang nach
draußen sowie einen mittig
eingestellten, zweige-

schossigen, halbkreis-
förmigen Installationsblock
gekennzeichnet ist; eine Küche mit Lagerbereich im
Erdgeschoss und ein allgemein zugänglicher Toilet-
tenbereich im Obergeschoss
sind darin untergebracht. An
die Halle schließen sich die
drei raumhoch verglasten
Grup-penbereiche an, die aus
einem Hauptraum, einem
vorgelagerten Garderoben-
bereich, einem WC- und

Grundriss EG

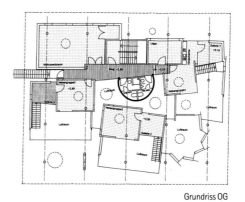

Grundriss OG

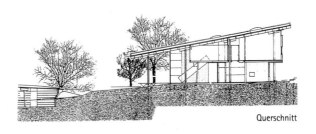

Querschnitt

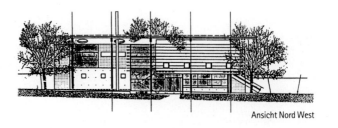

Ansicht Nord West

Ansicht Süd West

Gruppenraum

Ansicht Süd Ost

Waschbereich, einem direkten Zugang ins Freie inklusive Terrasse sowie einem Materialraum bestehen. Ein Treppenaufgang ermöglicht den Zugang zur Galerie, an die sich der Gruppennebenraum als Kubus unter dem Dach anfügt.

Der Ruheraum liegt zwischen zwei Gruppenbereichen und ist durch ein gezacktes Grundrissgefüge - abwechselnd Glas und Seekieferplatten - gekennzeichnet.

Der im Obergeschoss untergebrachte Mehrzweckraum kragt über die Gebäudekante hinaus, ist mit kleinen quadratischen Fenstern und einer rötlichen Zedernholzschalung zur Straße hin versehen.

Das Gebäude ist in Holzskelettbauweise errichtet; fünf Dreifeldträger, auf jeweils vier runden Holzstützen lagernd, übernehmen die Last des Pultdaches. Unterschiedlich große, teilweise bunte, teilweise mit Seekieferplatten bekleidete Fassadenbereiche differenzieren die Gesamterscheinung und lockern den Eindruck des Gebäudes auf. Im Innern wurde mit der farblichen Ausgestaltung eher zurückhaltend umgegangen.

Kindertagesstätte Neckarstraße, Nauheim

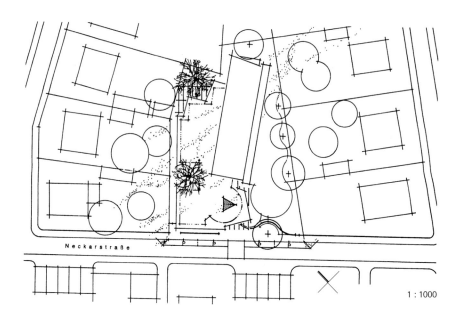

Neckarstraße

1 : 1000

Standort: Neckarstraße, Nauheim

3 Gruppen (2 Kindergarten, 1 integrative) mit 65 Kindern

Pädagogikform:	geschlossene Gruppenarbeit
Bauherr/Träger:	Gemeinde Nauheim
Architekt:	Thomas Zimmermann, Darmstadt
Wettbewerb:	08/1992
Planungsbeginn:	09/1993
Baubeginn:	05/1994
Inbetriebnahme:	10/1995
Geschossigkeit:	1
Grundstücksgröße:	1.483 m²
Größe der bebauten Fläche:	645 m²
Bruttogrundfläche (BGF):	779 m²
Hauptnutzfläche (HNF):	450 m²
Nebennutzfläche (NNF):	58 m²
Verkehrsfläche (VF):	151 m²
Bruttorauminhalt (BRI):	2.600 m³
Reine Bauwerkskosten, brutto:	2.048 Mio DM
Grundstückskosten, brutto:	—
Kosten Außenanlagen, brutto:	48.000,- DM

Ohne auf die Umgebungs-
bebauung einzugehen, liegt
diese Kindertagesstätte inmitten einer durch zwei-
geschossige Bauten geprägten Wohnsiedlung und er-
setzt eine in Fertigteil-
bauweise errichtete ca. 25
Jahre alte zweigruppige Einrichtung. Das Grundstück verfügt über einen orts-
prägenden, alten Baumbe-
stand und ist sehr klein. Trotzdem wurde das Gebäude nur
eingeschossig ausgeführt, so
dass zunächst der Eindruck
eines zu kleinen Außenberei-

ches entsteht. Jedoch zeigt sich das Gebäude als ein ständig Korrespondierendes zwischen Innen und Außen, denn zusätzliche "Außenbereiche" wie Terrassen, Gartenhof, begrünte Dachflächen, Hofbereiche usw. sind vorhanden.

Die Einrichtung wird im Südwesten über die Neckarstraße erschlossen. Ein an der Grundstücksgrenze gelegener Seiteneingang ermöglicht, unabhängig vom Geschehen der Einrichtung, die problemlose Belieferung des Wirtschaftsbereiches. Die zur Straße parallel gelegene Wandscheibe verdeckt teilweise den über eine dahinterliegende Treppe und Rampe erreichbaren Haupteingang. Zwischen dem flachen Baukörper des Wirtschafts- und Personalbereiches sowie dem runden Mehrzweckraum gelangt man in einen langen, sich erweiternden Verbindungsflur, der Kommunikations- und Spielstätte zugleich darstellt. Er endet in einem tiefergelegenen Essbereich, der sich nach außen zu einem Gartenhof mit Baumbestand erweitert.

Ein flach geneigtes durchgehendes Pultdach verbindet

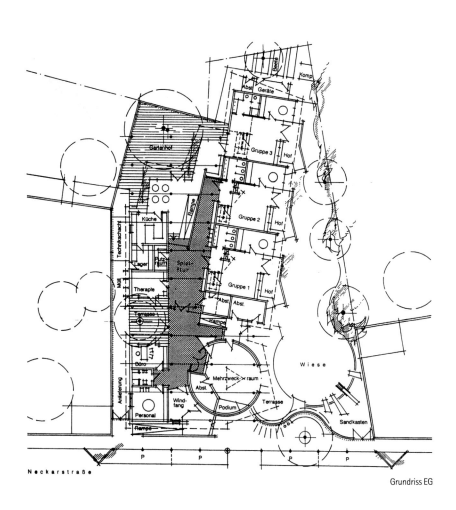

Grundriss EG

Querschnitt

Gartenhof

Ansicht Ost

Spielflur

die im südöstlich gelegenen Gebäudeteil befindlichen drei Gruppeneinheiten miteinander. Die Garderoben sind zur Halle vorgelagert, eine Vorzone beinhaltet Zugänge zum Wasch- und WC-Bereich, zum tiefergelegenen Gruppenraum sowie zu einer Kissengalerie mit ca. 1,50 - 2,20 m Kopfhöhe als Rückzugsmöglichkeit, die einen direkten Blick auf das tieferliegende Grasdach gewährt. Zusätzlich ist an jeden Gruppenraum ein Nebenraum direkt angeschlossen sowie ein Hofbereich mit direktem Ausgang ins Freie.

Ein ordnendes Stahlstützensystem trägt die Dachkonstruktionselemente aus Stahl und Vollholz und lässt darin die drei Bereiche Gruppentrakt, Wirtschaft- und Personal sowie Mehrzweckraum durch unterschiedliche Materialwahl als eigenständig erkennen.

Andere Nutzungen wie abendliche Veranstaltungen von Kirche, Jugend etc. sind aufgrund der Abtrennung von Mehrzweckraum/ Eingangsbereich und Kinderbereich jederzeit möglich.

Kindertagesstätte Zoppoter Straße, Bonn

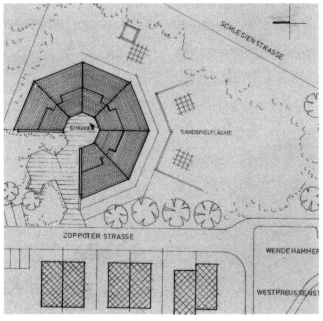

1 : 1000

Standort: Zoppoter Straße 2, Bonn

4 Kindergartengruppen mit 100 Kindern

Pädagogikform:	teiloffene, übergreifende Gruppenarbeit
Bauherr/Träger:	Stadt Bonn
Architektin:	Birgit Jentzsch
	Stadtbauamt der Bundesstadt Bonn
Planungsbeginn:	10/1993
Baubeginn:	09/1994
Inbetriebnahme:	10/1995
Geschossigkeit:	1
Grundstücksgröße:	4.500 m²
Größe der bebauten Fläche:	631 m²
Bruttogrundfläche (BGF):	631 m²
Hauptnutzfläche (HNF):	444 m²
Nebennutzfläche (NNF):	38 m²
Verkehrsfläche (VF):	77 m²
Bruttorauminhalt (BRI):	2.347 m³
Reine Bauwerkskosten, brutto:	1,441 Mio DM
Grundstückskosten, brutto:	––
Kosten Außenanlagen, brutto:	303.000,- DM

Bei dem Gebäude handelt es sich um das Pilotprojekt eines achteckigen, kostengünstigen Systembauentwurfes, der von der Stadt Bonn zusammen mit dem Hochbauamt entwickelt wurde. Das System besteht aus Gebäude-Achteln, die je nach Größe und Anspruch zusammengesetzt werden. Aufbauend auf dieser Grundlage wurden im Raum Bonn bis heute sechs weitere Kindertagesstättenprojekte realisiert.

Umgeben von einer offenen Wohnbebauung, ist die Anlage im nordwestlichen Teil des Grundstückes unterge-bracht. Sechs Elementachtel sind bebaut und zur Mitte hin orientiert; die übrigen beiden Achtel bilden nord-westlich einen größeren Vor-bereich mit Parkmöglichkei-ten, der direkt von der Zoppoterstraße aus erschlos-sen wird.

Der Haupteingang befindet sich im Kern der eingeschos-sigen Anlage: einem nach oben offenen Innenhof mit Sitzmöglichkeiten, der zu-gleich die zentrale Komm-unikations- und Begeg-nungsstätte der Kindertages-stätte darstellt und die Opti-on einer vollständigen Über-dachung und Nutzung als Mehrzweckraum beinhaltet. Von einem verglasten Er-schließungsflur umgeben, stellt er einen direkten Sicht-kontakt zur Einrichtung beim Warten oder Abholen der Kin-der her. Ein umgebender innenliegender Funktions-streifen schließt sich an, der seine Fortsetzung in den Haupträumen findet.

Die vier identischen, von-einander unabhängigen Gruppeneinheiten sind in südwestlicher bis südöst-licher Richtung orientiert. Der mittig liegende, zurück-

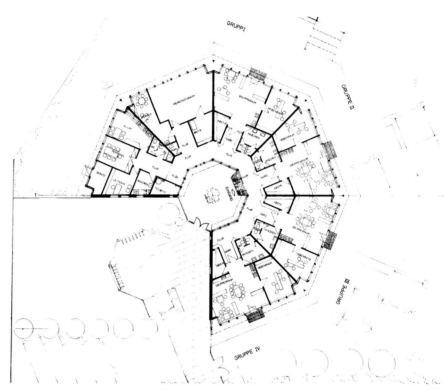

Grundriss EG

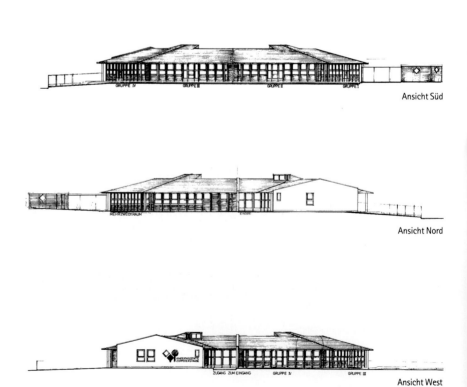

Ansicht Süd

Ansicht Nord

Ansicht West

gesetzte Eingangsbereich beinhaltet den Garderoben-
bereich und ist zwischen dem
Abstellraum und dem WC-
und Waschbereich angeord-
net. Jeder Gruppenraum verfügt über eine Küchenzeile
und einen seitlich angeordneten Nebenraum. Von je-
dem Gruppenraum aus führt
ein Ausgang über einen vorgelagerten Terrassenbereich
zum Freibereich.

In den beiden übrigen Achteln, die nördlich ausgerichtet
sind, befinden sich der Mehrzweckraum mit Werkbereich
und Nebenräumen sowie der
Personal- und Wirtschaftsbereich mit Personalraum, Büro,
Küche und Toiletten.

Das Gebäude ist konventionell in Mauerwerk und
Stahlbeton errichtet. Großflächige, raumhohe Fenster-
fassadenelemente sorgen für
die notwendige Belichtung
der tiefen Räume. Ein alles
verbindendes Satteldach mit
großem Dachüberstand ge-
währleistet den notwenigen
Sonnenschutz und vermei-
det die Überhitzung der Räume im Sommer. Gauben-
ähnliche Dachaufbauten
übernehmen die natürliche
Be- und Entlüftung der
innenliegenden WC- und
Waschbereiche.

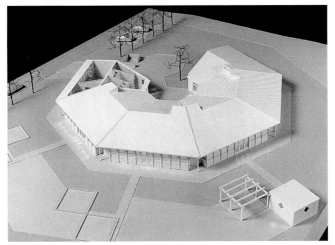

Modell

Schnitt

Ansicht Süd

Kinderhaus Kleiner Moritz, Moritzburg

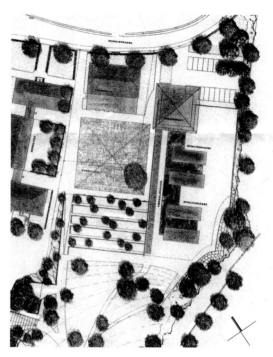

1 : 1500

Standort: Schulstraße, Moritzburg

8 Gruppen (2 Krippe, 2 Kindergarten, 4 Hort) mit 165 Kindern

Pädagogikform:	Ganztagesbetreuung für Kinder im Alter von 0 - 10 Jahren; offene, integrative Gruppenarbeit
Bauherr/Träger:	Volkssolidarität Elbtalkreis e.V., Radebeul
Architekt:	Peter Hübner, Leinfelden-Echterdingen und Moritzburg
Planungsbeginn:	1994
Baubeginn:	06/1995
Inbetriebnahme:	07/1996
Geschossigkeit:	1 und 2
Grundstücksgröße:	––
Größe der bebauten Fläche:	––
Bruttogrundfläche (BGF):	877 m²
Hauptnutzfläche (HNF):	607 m²
Nebennutzfläche (NNF):	99 m²
Verkehrsfläche (VF):	218 m²
Bruttorauminhalt (BRI):	4.995 m³
Reine Bauwerkskosten, brutto:	2,795 Mio DM
Grundstückskosten, brutto:	32.000,- DM
Kosten Außenanlagen, brutto:	189.000,- DM

Vor den Toren Dresdens liegt in ländlicher Umgebung die Kindertagesstätte "Kleiner Moritz" in Moritzburg. Die sehr kostengünstige und als solche vom sächsischen Staatsministerium ausgezeichnete, achtgruppige Kindereinrichtung gliedert sich einem vorhandenen Ensemble von Grund- und Hauptschule, Turnhalle und Sportplatz, Festzelt und Freianlagen an und besteht aus einem zur Straße gelegenen Kopfbau und an einen langen Erschließungsflur angelagerten Kinder-

häusern. Man betritt die Anlage zum einen zentral über
das Sockelgeschoss im Kopfbau, zum andern über eine
parallel verlaufende Rampe,
die die Kinderhäuser über einen vorgelagerten Windfang
direkt erschließt. Die lange
Rampe und die Höhen-
staffelung der Gebäudeteile
passen sich der Topographie
des Geländes an.

Im zur Straße hin ebenerdi-
gen Sockelgeschoss des
Kopfbaus befinden sich neben dem Haupteingang die
vertikale Erschließung, Technik und Lagerräume, die Küche mit Essensausgabe für
die gesamte Einrichtung und
der Mehrzweckraum eben-
so wie der zentrale Garderobenbereich der drei Hort-
gruppen des Kopfgebäudes.

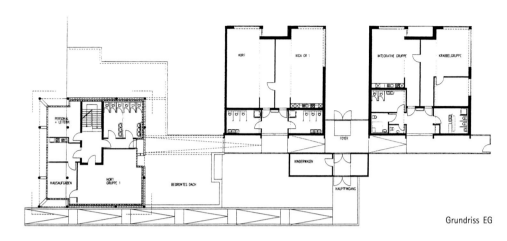

Grundriss EG

Grundriss Kopfgebäude DG

Grundriss Kopfgebäude KG

Ansicht West

Im ersten Obergeschoss sind
der Personalraum und die
Räumlichkeiten der ersten
Hortgruppe sowie die
Wasch- und WC-Bereiche
der drei Hortgruppen untergebracht. Im Dachgeschoss
befinden sich die Räumlichkeiten der zweiten und dritten Hortgruppe.

Ansicht Ost

Ansicht Gruppenräume

Über den intern ansteigenden, langen Verbindungsgang erreicht man den ursprünglich vorgesehenen Kindergartenbereich; die beiden Pavillons nehmen die vierte Hortgruppe und eine Kindergartengruppe im einen, die Krabbelgruppe und die integrative Gruppe im anderen Pavillion auf. Jedem Gruppenraum ist eine Sanitäreinheit zugeordnet, eine zusätzliche Belichtung und Belüftung der Gruppenbereiche wird über Sheddächer gewährleistet. Darüber hinaus ermöglicht die Raumhöhe

Gruppenraum

den späteren Einzug einer zweiten Ebene. Alle Gruppenräume besitzen einen direkten Zugang zum Außenbereich, der in eine große, alle Institutionen einbindende Grünfläche übergeht.

Ansicht Kopfgebäude

Waldorfkindergarten, Wennigsen-Sorsum

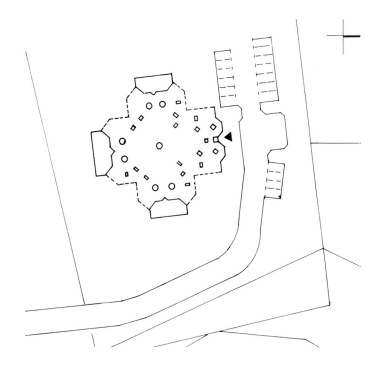

1 : 1000

Standort: Wennigsen-Sorsum

3 Kindergartengruppen mit 60 Kindern

Pädagogikform:	Waldorf-Pädagogik
Bauherr/Träger:	Gemeinschaft zur Förderung eines freien Bildungswesens auf der Grundlage der Pädagogik Rudolf Steiners e.V., Gehrden
Architekt:	Prof. Dr.-Ing. Gernot Minke, Kassel
Planungsbeginn:	1994
Baubeginn:	1995
Inbetriebnahme:	1996
Geschossigkeit:	1
Grundstücksgröße:	3.000 m²
Größe der bebauten Fläche:	776 m²
Bruttogrundfläche (BGF):	776 m²
Hauptnutzfläche (HNF):	348 m²
Nebennutzfläche (NNF):	47 m²
Verkehrsfläche (VF):	200 m²
Bruttorauminhalt (BRI):	3.326 m³
Reine Bauwerkskosten, brutto:	1,2 Mio DM
	+ Eigenleistung (58.000,- DM)
Grundstückskosten, brutto:	Eigentum
Kosten Außenanlagen, brutto:	Eigenleistung

Nicht weit entfernt von Hannover entstand im Jahr 1997 der Waldorfkindergarten bei Wennigsen-Sorsum, der mit großem Anteil an Eigenleistung finanziert wurde. Von außen lediglich als begrünte Hügellandschaft wahrnehmbar, betritt man das Gebäude über den nördlich gelegenen Eingangsbereich. Dieser führt zu der zentral gelegenen Mehrzweckhalle, die durch eine 7 m hohe Lehmkuppel, auf acht Halbkreisbögen ruhend, gekennzeichnet ist. Ein umlaufender Gang, der bei größeren Veranstaltungen der Halle zugeschlagen werden kann, erschließt die nach Süden, Osten und Westen orientierten unabhängigen Gruppenbereiche. Identisch aufgebaut, wird der eigentliche Gruppenraum von zwei Funktionsstreifen begrenzt. Im einen ist die Erschließung des Gruppenraumes mit Garderobe untergebracht, dahinter schließt sich der Wasch- und WC-Bereich mit separatem Ausgang ins Freie an; im anderen befindet sich die Küche sowie ein Nebenraum. Der eigentliche Gruppenraum wird durch zwei Kuppeln in eine Zone für Bewegungsspiele und eine Zone für ruhigere Aktivitäten wie Kochen und Basteln optisch aufgeteilt. Zwei direkte Ausgänge führen zum vorgelagerten Gruppenfreibereich. Das ganze Gebäude ist als Energiesparhaus in Lehmbauweise erstellt worden und bewirkt - unterstützt durch die schützende Gras- und Vegetationsschicht der Dächer - das ganze Jahr über ein ausgeglichenes Raumklima. Der von der Universität Gesamthochschule Kassel neu entwickelte Lehmbaustein ermöglicht es, die Raumluftfeuchte nahezu das ganze Jahr über konstant auf

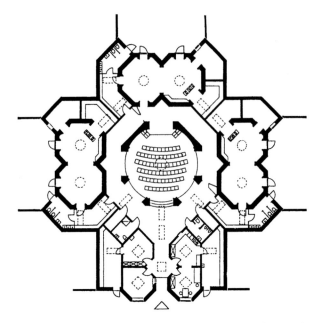

Grundriss EG

Ansicht Nord

Ansicht Süd Ost

Schnitt Halle

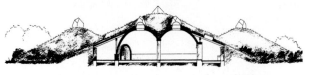

Schnitt Gruppenraum

Ansicht West

Mehrzweckhalle

Gruppenraum

50% zu halten, was auch vorbeugend gegenüber Erkältungskrankheiten sein kann. Die statischen Anforderungen an die Kuppeln wurden so ausgebildet, dass Fenster und Türöffnungen ohne größere Probleme in die Kuppeln eingeschnitten werden können und die Kräfte direkt in Streifenfundamente geleitet werden, was letztendlich zu einer konstruktiv einfachen und kostengünstigen Lösung führte. Auch die bei Kuppelbauten bekannten Akustikprobleme wurden reduziert und weitestgehend entschärft. Auf Fenster in den Wänden wurde weitgehend verzichtet, stattdessen findet die Hauptbelichtung über Oberlichtkuppeln statt, was vergleichsweise mehr Lichtein-

Detail Kuppel, Akustik-Lehmsteine

fall für die Räumlichkeiten bedeutet. Nicht nur die Innenausstattung aus Holz des Gebäudes oder die Lichtführung, sondern auch das gesunde Raumklima tragen zum Wohlbefinden bei.

Kindertagesstätte Gallus I, Frankfurt/M.

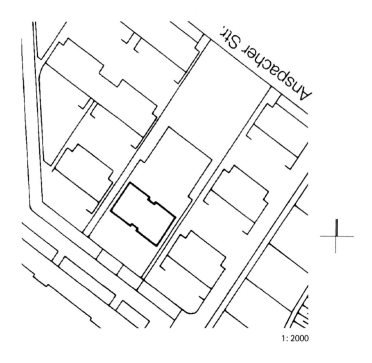

1 : 2000

Standort: Anspacher Straße, Frankfurt/M.

2 Kindergartengruppen mit 40 Kindern

Pädagogikform:	offene Gruppenarbeit
Bauherr:	Hochbauamt der Stadt Frankfurt/M.
Träger:	Stadtschulamt, Frankfurt/M. (Caritas)
Architekt:	Hochbauamt der Stadt Frankfurt/M.
Planungsbeginn:	03/1994
Baubeginn:	10/1995
Inbetriebnahme:	05/1996
Geschossigkeit:	1
Grundstücksgröße:	1.720 m²
Größe der bebauten Fläche:	395 m²
Bruttogrundfläche (BGF):	395 m²
Hauptnutzfläche (HNF):	286 m²
Nebennutzfläche (NNF):	36 m²
Verkehrsfläche (VF):	6 m²
Bruttorauminhalt (BRI):	1.403 m³
Reine Bauwerkskosten, brutto:	991.000,- DM
Grundstückskosten, brutto:	––
Kosten Außenanlagen, brutto:	211.000,- DM
Jährliche Folgekosten:	690.000,- DM

In unmittelbarer Nähe von mehrgeschossigem, sozialem Wohnungsbau befindet sich die eingeschossige, als Holzhaus konzipierte Einrichtung, die aus dem Systembau-Programm "aus zwei mach drei" der Stadt Frankfurt/M. stammt.

Die axialsymmetrische Anlage fügt sich städtebaulich in die strenge Gebäudeanordnung der Umgebung ein und wird im Nordwesten über einen zurückgesetzten Eingangsbereich erschlossen. Der gegenüberliegende Nebenraum ist bei einer spä-

teren möglichen Aufstok-
kung als Treppenraum vor-
gesehen. Der rechtwinklig
dazu liegende Flur teilt das
Gebäude: ein mit einer
Lochfassade versehener
Funktionsstreifen, der auf
der einen Seite den zwischen
Küche und Personalbereich
mit Büro und Personalraum
liegenden zentralen Wasch-
und WC-Bereich sowie auf
der anderen Seite den
Mehrzweckraum inkl. Ne-
benräume beinhaltet; sowie
die beiden Gruppenbereiche,
die je einen Haupt-, einen
Nebenraum und einen vor-
gelagerten Garderoben-
bereich beinhalten. Die
raumhoch angeordneten
großflächigen Fenster-
elemente im Südosten sor-
gen für eine gleichmäßige
Belichtung der Räume, die
angebrachten Sonnen-
schutzelemente sowie der
weite Dachüberstand des
Flachdaches für den ent-
sprechenden Sonnenschutz.
Die kostengünstige Kon-
struktion basiert auf indu-
striell vorgefertigten Wand-
elementen mit einer beid-
seitigen Beplankung der
Holzständer aus Gipskarton
oder Holzwerkstoffen und
erlaubt eine schnelle Montage vor Ort.

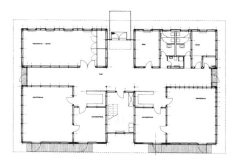

Grundriss EG

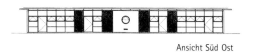

Ansicht Süd Ost

Ansicht Nord West

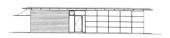

Ansicht Süd West

Ansicht Nord West

Ansicht Ost

Waldorfkindergarten Zielstraße, Mannheim

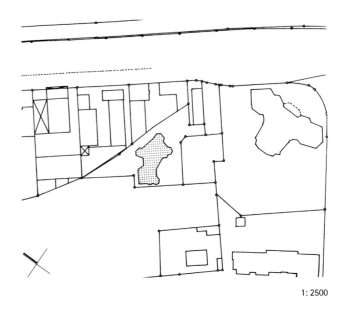

1 : 2500

Standort: Zielstraße 26, Mannheim

3 Kindergartengruppen, inkl. Ganztagesbereich mit 75 Kindern

Pädagogikform:	Waldorf-Pädagogik
Bauherr/Träger:	Freie Hochschule für anthroposophische Pädagogik, Mannheim
Architekten:	Horst Pentzek, Christoph Knierim, Fero Tkac, Ostfildern
Planungsbeginn:	03/1994
Baubeginn:	04/1996
Inbetriebnahme:	10/1997
Geschossigkeit:	2
Grundstücksgröße:	2.400 m²
Größe der bebauten Fläche:	462 m²
Bruttogrundfläche (BGF):	910 m²
Hauptnutzfläche (HNF):	495 m²
Nebennutzfläche (NNF):	155 m²
Verkehrsfläche (VF):	123 m²
Bruttorauminhalt (BRI):	3.775 m³
Reine Bauwerkskosten, brutto:	1,645 Mio DM
Grundstückskosten, brutto:	120.000,- DM
Kosten Außenanlagen, brutto:	190.000,- DM

Bedingt durch die Enge des Grundstücks musste der Bau des Kindergartens zweigeschossig ausgeführt werden. Dieser befindet sich am Rande eines öffentlichen Grünbereiches in unmittelbarer Nachbarschaft zur freien Hochschule für anthroposophische Pädagogik und schließt auf der gegenüber liegenden Seite direkt an ein Industriegebiet an. Alle Aufenthaltsräume sind zum Außengelände ausgerichtet, die Nebenräume dienen als Schallpuffer zu den Indust-

riebauten. Der südlich angeordnete Eingangsbereich
ist zwischen zwei Gebäude-
teilen zurückgesetzt. Über
einen Windfang gelangt
man in die helle zentrale
Halle, die durch zwei mittig
platzierte Holzsäulen ge-
kennzeichnet ist und die Erschließung der beiden
Gruppenbereiche im Erd-
geschoss übernimmt. Die
Räumlichkeiten der dritten
Gruppe im Obergeschoss erreicht man über einen an die
Halle angeschlossenen Treppenraum. Jeder Gruppen-
raum verfügt über eine inte-
grierte Küchenzeile und einen direkt angeschlossenen
Schlafraum mit direktem Zugang zum Wasch- und WC-
Bereich, der auch von der
Halle aus zugänglich ist. Die
Garderobenbereiche sind jedem Gruppenbereich zuge-
ordnet und in Nischen in der
Halle untergebracht. Zusätzlich befinden sich im Erdgeschoss das Büro der Leiterin, die zentrale Küche sowie
einige Nebenräume; im
Obergeschoss dagegen sind
der tiefergelegene Eurythmiesaal über dem Eingangsbe-
reich sowie der Personal-
raum untergebracht. Eine
nach außen führende Frei-
treppe auf der Rückseite der

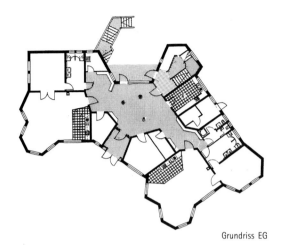

Grundriss EG

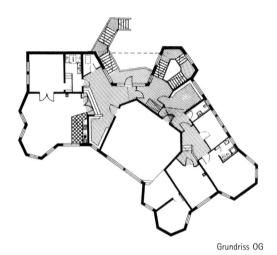

Grundriss OG

Ansicht Süd

Ansicht Nord

Schnitt

Schnitt

Einrichtung verbindet das
Obergeschoss mit dem
Außengelände.

Das als Massivbau errichtete
Gebäude zeigt eine typische
Formensprache. Das Verbindende der geschwungenen
und beschützenden Dach-
form, die Dachüberstände,
das Dominieren von stump-
fen Winkeln, die betonten
Fensteröffnungen, der ver-
stärkte Einsatz natürlicher
und naturbelassener Mate-
rialien wie Holz und Natur-
stein mit ihren haptischen
Qualitäten, die im In-
nenbereich mit Mineral-
farben lasierten Wände usw.
sind ein eindeutiges Kenn-
zeichen für die anthroposo-
phisch orientierte Architektur.

Auf die Ausgestaltung des
kleinen Außengeländes
wurde sehr viel Wert gelegt,
um einen Ausgleich zur mo-
notonen und trostlosen In-
dustrielandschaft der Um-
gebung zu erreichen. Ein
Wasserlauf, ein Grillplatz,
eine Holzhütte mit der Möglichkeit für die Kinder zum
Selbstbauen sind ebenso vorhanden wie eine Zisterne, in
der Regenwasser gesammelt
und zur Bewässerung des
Außengeländes verwendet
wird.

Ansicht Süd

Gruppenraum

Kindertagesstätte 'La Cigale', Berlin Buchholz-West

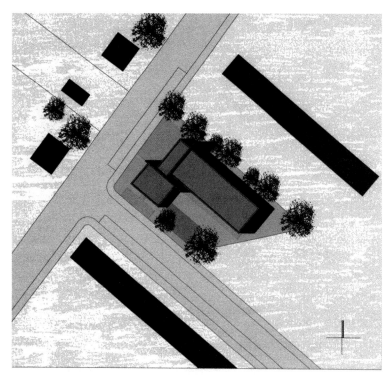

1 : 1500

Standort: Mathieustraße 12, Berlin Buchholz-West	
6 Gruppen (2 Krippe, 2 Kindergarten, 2 Hort) mit 100 Kindern	
Pädagogikform:	situationsorientierter Ansatz, altersgemischte Gruppen, etagenoffen
Bauherr:	Ergero Grundstückserschließungs GmbH
Träger:	Bezirksamt Pankow, Abteilung Jugend und Bildung, Berlin
Architekten:	Mussotter - Poeverlein, Berlin
Wettbewerb:	1994/1995
Planungsbeginn:	03/1996
Baubeginn:	08/1996
Inbetriebnahme:	03/1998
Geschossigkeit:	2
Grundstücksgröße:	1.991 m²
Größe der bebauten Fläche:	675 m²
Bruttogrundfläche (BGF):	1.162 m²
Hauptnutzfläche (HNF):	514 m²
Nebennutzfläche (NNF):	185 m²
Verkehrsfläche (VF):	268 m²
Bruttorauminhalt (BRI):	3.854 m³
Reine Bauwerkskosten, brutto:	3,354 Mio DM
Grundstückskosten, brutto:	──
Kosten Außenanlagen, brutto:	323.000,- DM
Jährliche Baunutzungskosten:	78.000,- DM

Die Kindertagesstätte "La Cigale" im Norden Berlins entstand auf der Grundlage eines beschränkten Wettbewerbs für den Neubau von sechs Kindereinrichtungen in Buchholz-West, einer Stadterweiterung im Berliner Bezirk Pankow.

Grundlage des Entwurfes für die Kindereinrichtung, die modifizierbar sein sollte und somit an verschiedene Standorte angepasst werden kann, ist ein gemeinsames Modulsystem und eine Elementarstruktur. Letztere bilden zwei T-förmig angeordnete massive Wandscheiben, um die die einzelnen Bausteine wie Gruppenbereiche, Wirtschaftsgebäude und Eingangshalle je nach städtebaulicher Situation gruppiert werden können.

Der Einrichtung wurde ein beengtes Grundstück am Rande der Wohnblöcke an der Mathieustraße zugewiesen, das Baukastensystem dementsprechend angepasst. Das Gebäude schiebt sich an den nördlichen Rand des Grundstückes, sowohl um den südwestlich gelegenen Freibereich möglichst großzügig zu halten, als auch die Lärmimmission auf den dahinterliegenden Wohn-

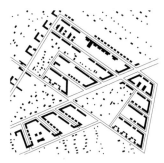

block zu reduzieren. Im Winkel der beiden Wandscheiben zur Straße hin orientiert, steht das zweigeschossige Eingangsmodul, das mit seiner Holz-Glas-Konstruktion Einblick in die zentral gelegene Erschließungshalle gewährt. Zur nördlichen Grundstücksgrenze schließt sich

Grundriss EG

Grundriss OG

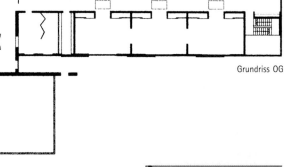

Ansicht Süd Ost

Querschnitt Gruppentrakt

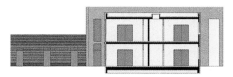

Ansicht Süd West

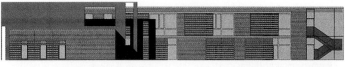

Ansicht Nord Ost

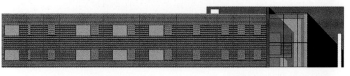

Ansicht Süd

Ansicht Nord

Ausschnitt Südwest

parallel das Gruppenhaus an. Die darin befindlichen Gruppenräume öffnen sich mit geschosshohen Fensterelementen zum Garten, die Gruppennebenräume und die WC-Einheiten orientieren sich nach Norden. Schiebeläden mit Holzlamellen gewährleisten den sommerlichen Wärme-

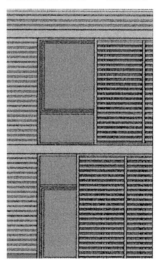

schutz. Die Aufteilung in Krippe, Kindergarten und Hort ist entsprechend und aufgrund der nutzungsneutral angelegten Räumlichkeiten für Nach- und Umnutzung gut geeignet. Der Flur der zweibündigen Anlage wird über begleitende Oberlichtbänder im Erdgeschoss und Lichtkuppeln im Obergeschoss belichtet. Im eingeschossigen Wirtschaftstrakt ist neben dem zum Garten hin gelegenen Küchenbereich auch der Technikbereich untergebracht.

Kindertagesstätte Paprikastraße, Stuttgart

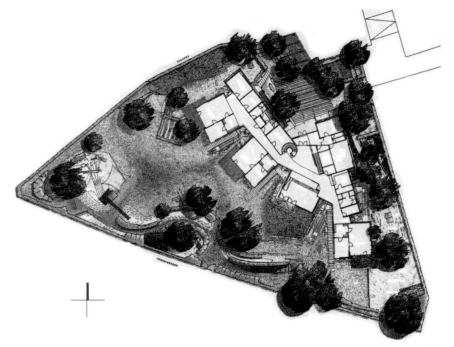

1 : 1000

Standort: Paprikastraße, Stuttgart-Heumaden

7 Gruppen (altersgemischt 0 – 14 Jahren) mit 145 Kindern, mit zusätzlichen
Räumen für Allgemeiner Sozialer Dienst (ASD)

Pädagogikform:	situationsorientierter Ansatz
Bauherr:	Jugendamt Stuttgart, vertreten durch das Hochbauamt Stuttgart, finanziert durch die Rudolf u. Hermann Schmid Stiftung
Träger:	Jugendamt Stuttgart
Architekt:	Joachim Eble, Tübingen
Planungsbeginn:	08/1995
Baubeginn:	08/1996
Inbetriebnahme:	01/1998
Geschossigkeit:	2
Grundstücksgröße:	4.643 m²
Größe der bebauten Fläche:	844 m²
Bruttogrundfläche (BGF):	1.576 m²
Hauptnutzfläche (HNF):	788 m²
Nebennutzfläche (NNF):	286 m²
Verkehrsfläche (VF):	316 m²
Bruttorauminhalt (BRI):	5.518 m³
Reine Bauwerkskosten, brutto:	3,742 Mio DM
Grundstückskosten, brutto:	vorh. städtisches Grundstück
Kosten Außenanlagen, brutto:	425.000,- DM

Das Gebäude greift die nordwestlichen Grundstücks-
kanten auf, um das Grund-
stück in südlicher Richtung
optimal auszunutzen und
für die sieben Spielgruppen
ausreichend Platz zu schaffen. Neben der Betreuung
der sieben Gruppen von Kindern im Krabbelalter bis zur
Betreuung von Schulkindern
wird seitens der Stadt ein
allgemeiner sozialer Bera-
tungsdienst mit eigenen
Räumlichkeiten angeboten,
der unabhängig vom Kinder-
betrieb erreicht werden
kann. Auch können Foyer
und Mehrzweckraum durch

Zusammenschaltbarkeit nicht nur intern, sondern auch für Stadtteilveran-staltungen genutzt werden. Die Kindertagesstätte ist so konzipiert, dass eine übergreifende soziale Nutzung möglich ist. Das Gebäude wurde von Grund auf barrierefrei im Bereich des Erdgeschosses geplant, ein behindertengerechter Aufzug ist vorhanden.

Angebunden an einen alles verbindenden Flur befinden sich im Nord-Westen die Funktionseinheiten, die Gruppenbereiche öffnen sich zum Garten hin. Die Gliederung des Baukörpers läßt die einzelnen Gruppeneinheiten als solche erkennen und soll so die Identifikation der Kinder mit ihrer Gruppe erleichtern, dabei bilden die Flure das alles verbindende und kommunikative Element.

Alle Gruppenbereiche haben Haupt- und Nebenraum sowie die in einem Vorbereich befindliche Garderobe. Die Wasch- und WC-Bereiche sind zentral angeordnet. Das Obergeschoss ist auch von außen über Treppenanlagen zu erreichen, was jeder Gruppe direkten Zugang in den Garten ermöglicht und die geforderte Fluchttreppe in

Grundriss EG

Grundriss OG

Schnittansicht Ost

Ansicht Eingang

Treppenaufgang im Süden

Ansicht Süd

Ansicht Süd

den täglichen Lebensablauf integriert. Ein zentraler Punkt bei der Errichtung des Kindergartens waren ökologische Überlegungen. Die gesamte Wand- und Deckenkonstruktion der Anlage wurde in der sogenannten Brettstapelbauweise erstellt, alle Dämm-Materialien sind Zellulosedämmungen, desweiteren erhält die Anlage eine thermische Solaranlage zur Brauchwassererwärmung und Zisternen zur WC-Spülung und Gartenbewässerung.

Das Farbkonzept wird in

Treppe

Naturharzfarben mit Lasurtechnik umgesetzt. Von außen nach innen hellen sich die Farben auf und ebenso von den Fluren zu den Gruppenräumen. Die Farbabstimmung wird im Innern ruhiger und soll für jedes Kind unterstützend und ausgleichend wirken.

Kindertagesstätte Sternheimweg, Hannover

1 : 2500

Standort: Sternheimweg 16, Hannover-Badenstedt

5 Gruppen (1 Krippe, 3 Kindergarten, 1 Hort) mit 110 Kindern, zusätzlich
20 Plätze für Jugendpflegeeinheit (baulich integriert) als offenes Angebot

Pädagogikform:	situationsorientierter Ansatz
Bauherr:	Union Boden GmbH, Hannover
Träger:	Gemeinnützige Gesellschaft für paritätische Sozialarbeit Hannover GmbH (Kita) Arbeiterwohlfahrt (Jugendpflegeeinheit)
Architekt:	Günther Despang, Hannover
Planungsbeginn:	04/1996
Baubeginn:	09/1996
Inbetriebnahme:	08/1997
Geschossigkeit:	1-2
Grundstücksgröße:	3.900 m²
Größe der bebauten Fläche:	802 m²
Bruttogrundfläche (BGF):	903 m²
Hauptnutzfläche (HNF):	600 m²
Nebennutzfläche (NNF):	118 m²
Verkehrsfläche (VF):	117 m²
Bruttorauminhalt (BRI):	3.334 m³
Reine Bauwerkskosten, brutto:	2,8 Mio DM
Grundstückskosten, brutto:	Erbpachtgrundstück
Kosten Außenanlagen, brutto:	220.000,- DM

Zwei Grundvoraussetzungen waren Ausgangspunkte bei der Planung und gestalterischen Umsetzung der Kindertagesstätte Sternheimweg in Hannover-Badenstedt West. Das umgebende reine Wohngebiet ist von linearem Geschosswohnungsbau mit all seinen sozialen Problemen geprägt. Dies führte u.a. auch seitens des Bauherrn zu der Forderung, die straßenseitige Fassade vandalismus-resistent auszuführen. So kamen anstatt normaler Ziegel Flachpressziegel mit

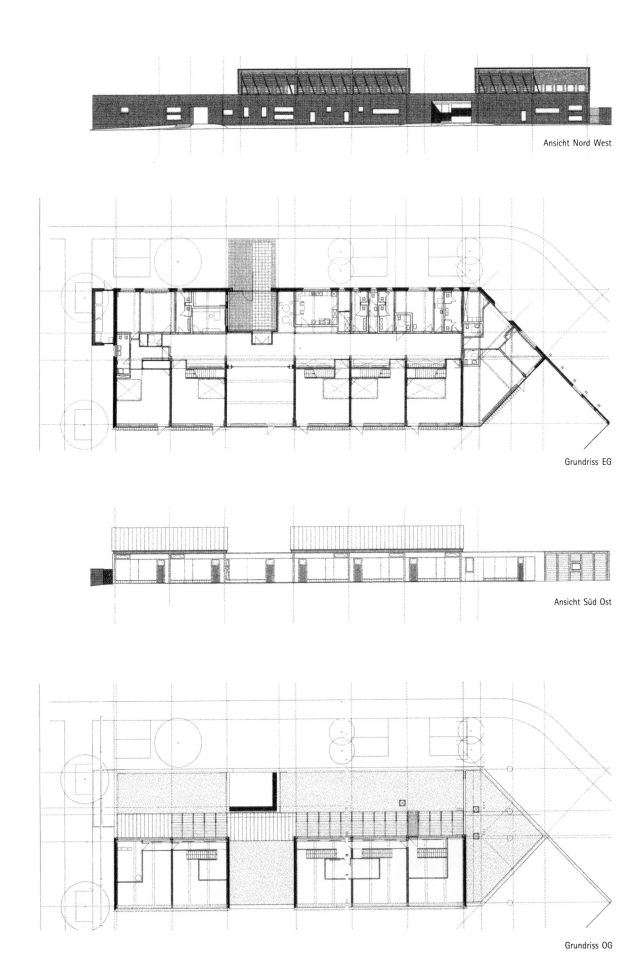

Ansicht Nord West

Grundriss EG

Ansicht Süd Ost

Grundriss OG

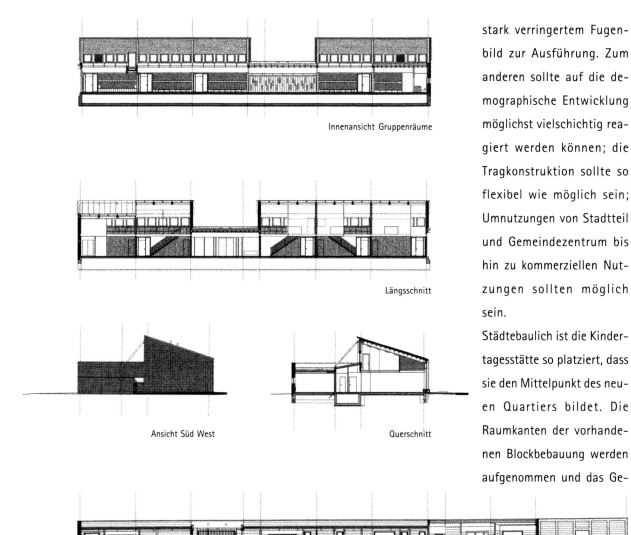

Innenansicht Gruppenräume

Längsschnitt

Ansicht Süd West

Querschnitt

Innenansicht Nord-Westfassade

stark verringertem Fugenbild zur Ausführung. Zum anderen sollte auf die demographische Entwicklung möglichst vielschichtig reagiert werden können; die Tragkonstruktion sollte so flexibel wie möglich sein; Umnutzungen von Stadtteil und Gemeindezentrum bis hin zu kommerziellen Nutzungen sollten möglich sein.

Städtebaulich ist die Kindertagesstätte so platziert, dass sie den Mittelpunkt des neuen Quartiers bildet. Die Raumkanten der vorhandenen Blockbebauung werden aufgenommen und das Ge-

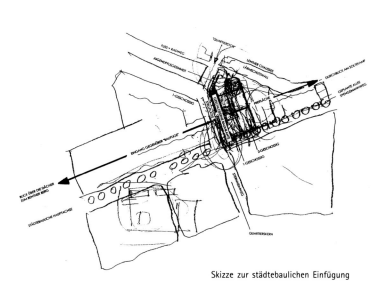

Skizze zur städtebaulichen Einfügung

bäude dem Grundstücksverlauf entsprechend angepasst. Am östlichen Ende ist eine Jugendpflegeeinheit integriert, die gemeinsam von der AWO (Arbeiterwohlfahrt) und der GGPSH (Gemeinnützige Gesellschaft für paritätische Sozialarbeit Hannover GmbH) betrieben wird. Die Grundrisskonfiguration ist systematisch in drei linear gestaffelte Bereiche zoniert. Nördlich zur Straße hin ori-

entiert, befindet sich der
eingeschossige Funktions-
streifen, der nach außen hin
als massive Lochfassade gekennzeichnet ist. Dieser beinhaltet die Sanitärbereiche,
den Verwaltungs- und La-
gerbereich, den Wirtschaftsbereich und den fast mittig
gelegenen Haupteingang,
der äußerlich als tiefer
Gebäudeeinschnitt erkenn-
bar ist. Den Mittelteil bildet
ein sehr breiter, über ein
Glasdach belichteter Flurbereich, der zum Spielen genutzt wird. Die Ver-
schattung wird über außenliegende, schräg angeordnete Holzlamellen gewährleistet. Die Garderoben sind
den Gruppenbereichen di-
rekt zugeordnet und als Nischen in den Flurbereich integriert. Die Gruppenräume
öffnen sich über raumhohe
Verglasungen nach Süden
und haben einen direkten
Zugang ins Freie. Über eine
Stiege erreicht man die Galerie, über die die neben-
einanderliegenden Grup-
penräume miteinander-
verbunden sind. Die
nutzungsneutralen Räume
mit ihrer raumhohen Ver-
kleidung aus Holz bieten
den Kindern viel gestalterischen Freiraum.

Gruppenraum

Innenwand Gruppenraum

Ansicht Nord West

Flurbereich

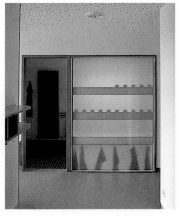

Eingang Waschbereich

Kindertagesstätte Rehlingen – Siersburg

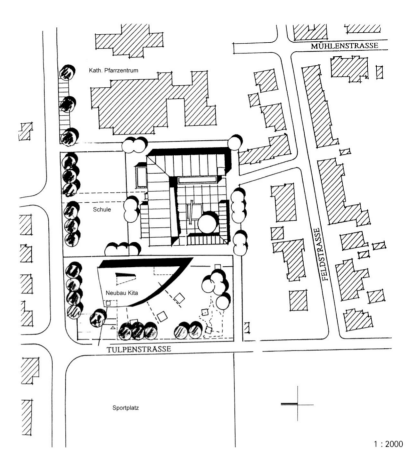

1 : 2000

Standort: Ecke Tulpenstraße u. Beckingerstraße, Rehlingen–Siersburg	
6 Gruppen (1 Krippe, 4 Kindergarten, 1 Hort) mit 129 Kindern	
Pädagogikform:	altersgemischte Gruppenarbeit
Bauherr/Träger:	Kath. Kirchengemeinde St. Nikolaus, Rehlingen-Siersburg
Architekten:	Hepp & Zenner, Saarbrücken
Planungsbeginn:	Wettbewerb 07/1992
Baubeginn:	10/1996
Inbetriebnahme:	04/1998
Geschossigkeit:	2
Grundstücksgröße:	4.002 m²
Größe der bebauten Fläche:	576 m²
Bruttogrundfläche (BGF):	1.152 m²
Hauptnutzfläche (HNF):	781 m²
Nebennutzfläche (NNF):	122 m²
Verkehrsfläche (VF):	54 m²
Bruttorauminhalt (BRI):	4.235 m³
Reine Bauwerkskosten, brutto:	2,722 Mio DM
Grundstückskosten, brutto:	––
Kosten Außenanlagen, brutto:	269.000,- DM

Der Standort der Kindertagesstätte befindet sich an der Hauptdurchfahrtsstraße im zentralen Ortskern des saarländischen Rehlingen. Eine Grund- und Hauptschule begrenzt das Grundstück der Kindertagesstätte nach Osten hin, im Westen befindet sich getrennt durch die Tulpenstraße ein Sportplatz.

Die Ausrichtung der Gruppen- und Förderräume ist dem Sonnenverlauf nachempfunden, nach Osten hin schirmen die Funktions- und Nebenräume der Kin-

dertagesstätte vor Lärm-
immissionen der Grund- und
Hauptschule ab. Der nach
Norden hin gerichtete Ge-
bäudeteil, in dem Personalbereich und Mehrzweckraum
untergebracht sind, schottet
die Einrichtung mittels einer
massiven Lochfassade zur
Durchgangsstraße hin ab.
Glasbänder öffnen die Kindertagesstätte nach Süden
hin.

Bei der Umsetzung des großen Raumprogrammes wur-
de das Prinzip der kurzen
Wege realisiert. Der gleichzeitig als zentrale Halle
nutzbare Erschließungs-
bereich des Erdgeschosses,
der Luftraum und der um-
laufende Flur des Oberge-
schosses ermöglichen aku-
stische und optische Verbindungen innerhalb der ge-
meinsam nutzbaren Berei-
che der Kindertagesstätte.
Trotzdem ist durch zwei se-
parate Zugänge, die gleichzeitig die Funktion der
Fluchttreppe übernehmen,
eine getrennte Nutzung des
Obergeschosses möglich
ohne in den Ablauf im
Erdgeschoss einzugreifen.
Die Gruppenbereiche wurden
so gestaltet, dass die zwischen zwei Hauptgruppen
liegenden Nebenräume so-

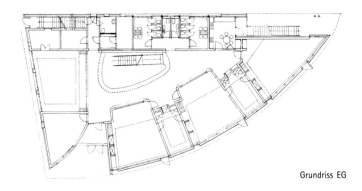

Grundriss EG

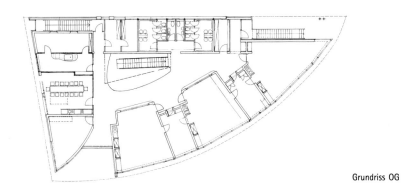

Grundriss OG

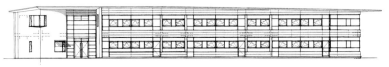

Ansicht Süd West

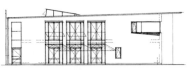

Ansicht Nord

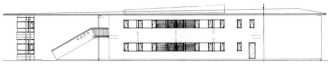

Ansicht Ost

Ansicht Süd

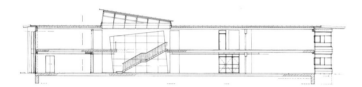

Längsschnitt

Querschnitt

Eingangsbereich

wohl von beiden Gruppen aus als auch von der Halle zugänglich sind. Küchenzeilen und Schränke wurden in dafür vorgesehene Nischen eingebaut. Im Erdgeschoss besitzt jeder Gruppenraum einen direkten Zugang zum Außenbereich, der zum größten Teil unversiegelt belassen wurde.

Badbereich

Flexible Raumteiler signalisieren den Kindern die Veränderbarkeit von Räumen in ihrem Umfeld. Der Mehrzweck-raum ist der zentralen Halle zuschaltbar und nach außen hin zum Freibereich zu öffnen. Zusätzliche Räume wie Wikkel- und Schlafraum für die Krippenkinder sowie Bastel-, Werk- und Hausaufgabenraum für die Hortkinder wurden notwendig und sind auf zwei Ebenen verteilt und je nach Besonderheit der zu betreuenden Kinder unterschiedlich räumlich ausdifferenziert.

Kindertagesstätte Mazetstraße, Berlin

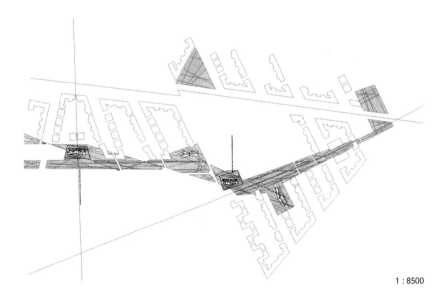

1 : 8500

Standort: Mazetstraße 69, Berlin-Buchholz West	
6 Gruppen (4 Kindergarten, 2 Hort) mit 120 Kindern	
Pädagogikform:	offene Gruppenarbeit
Bauherr:	Ergero Grundstückserschließungs-
	gesellschaft mbH, Berlin
Träger:	Bezirksamt Pankow, Abteilung Jugend
	und Bildung, Berlin
Architekten:	Barkow Leibinger, Berlin
	mit Douglas Gauthier
Planungsbeginn:	Wettbewerb 1994
Baubeginn:	11/1996
Inbetriebnahme:	12/1997
Geschossigkeit:	2
Grundstücksgröße:	2.021 m²
Größe der bebauten Fläche:	645 m²
Bruttogrundfläche (BGF):	1.230 m²
Hauptnutzfläche (HNF):	653 m²
Nebennutzfläche (NNF):	140 m²
Verkehrsfläche (VF):	190 m²
Bruttorauminhalt (BRI):	3.351 m³
Reine Bauwerkskosten, brutto:	3,234 Mio DM
Grundstückskosten, brutto:	——
Kosten Außenanlagen, brutto:	323.000,- DM

1994 wurde für die ca. 5000 Bewohner umfassende Stadterweiterung Buchholz-West im Bezirk Pankow im Norden Berlins ein beschränkter Wettbewerb zur Schaffung von Kindertagesstätten ausgeschrieben. Den Architekten wurden zwei Grundstücke zugewiesen, auf denen ein Kindergarten und ein Jugendfreizeitzentrum errichtet werden sollten. Die nord-südlich ausgerichtete Kindertagesstätte bildet die räumliche Begrenzung eines Wohnblockinnenhofes. Der auf der Längsseite westlich gelege-

ne Eingang ist schwer zu finden, von der Südseite her
werden das Gebäude und
der kleine verbleibende Freibereich durch einen Zaun
von einem Kinderspielplatz
abgeriegelt. Vom Grund-
typus besteht die Kindertagesstätte aus parallel angeordneten Funktionsschienen,
die der jeweiligen Situation
angepasst werden können.
Die drei verschiedenen Zonen sind äußerlich klar ab-
zulesen. Zum Wohnhof des
Blocks nach Norden hin

sind im zweigeschossigen
Funktionsteil, der mit einer
horizontalen Stülpschalung
aus Lärchenholz verkleidet
ist, die Verwaltungs-, Lager-
und Sanitärräume angegliedert. Daran schließt sich der
immer über beide Stockwerke offene und von oben belichtete Gemeinschafts-
bereich an. Anschließend
folgt der Servicebereich mit
Garderoben und Stau-
räumen, der eine Über-
gangszone zwischen den

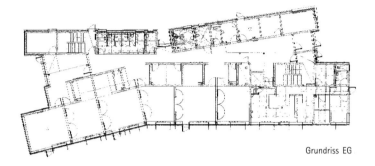

Grundriss EG

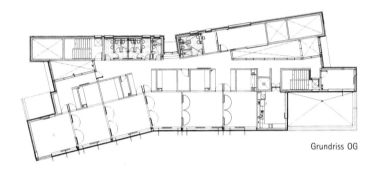

Grundriss OG

Ansicht Süd

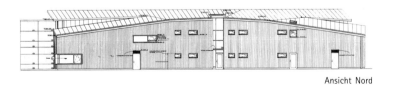

Ansicht Nord

Querschnitt

Ansicht Ost

Ansicht Nord

Spielflur

Ansicht Süd

Gruppenräumen und dem Gemeinschaftsbereich darstellt. Südlich schließt sich die Hauptzone mit Gruppenräumen, Gruppennebenräumen und Küchenbereich an. Diese Anordnung von Gruppen- und Nebenräumen erlaubt unterschiedliche Raumkonstellationen für verschie-

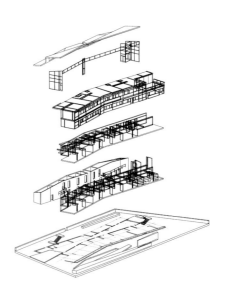

dene Nutzungen. Die im oberen Geschoss angeordneten Terrassen ermöglichen auch für die hochgelegenen Gruppenräume einen direkten Bezug nach außen. Die Südfassade ist mit Faserzementtafeln in zart-blaugrauen Tönen im Wechsel mit mattierten Glasplatten und lasierten Holzfensterrahmen verkleidet. Die Gruppenräume sind durch große Türelemente miteinander verbunden, so dass fast eine barocke Raumflucht entsteht.

Kindertagesstätte Gallus II, Frankfurt/M.

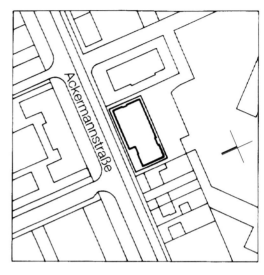

1 : 2000

Standort: Ackermannstraße, Frankfurt/M.

5 Gruppen (3 Kindergarten, 2 Hort) mit 100 Kindern

Pädagogikform:	offene Gruppenarbeit
Bauherr:	Hochbauamt der Stadt Frankfurt/M.
Träger:	Stadtschulamt, Frankfurt/M.
Architekt:	Hochbauamt der Stadt Frankfurt/M.
Planung 1.Phase:	01/1993
2.Phase:	05/1995
3. Phase:	09/1995
Herstellung Fertighaus:	04/1997
Baubeginn:	11/1996
Inbetriebnahme:	01/1998
Geschossigkeit:	2
Grundstücksgröße:	2.000 m²
Größe der bebauten Fläche:	500 m²
Bruttogrundfläche (BGF):	980 m²
Hauptnutzfläche (HNF):	610 m²
Nebennutzfläche (NNF):	70 m²
Verkehrsfläche (VF):	200 m²
Bruttorauminhalt (BRI):	3.400 m³
Reine Bauwerkskosten, brutto:	1,961 Mio DM
Grundstückskosten, brutto:	468.000,- DM
Kosten Außenanlagen, brutto:	465.000,- DM
Jährliche Folgekosten:	1,43 Mio DM

Die aus dem Systembaupro-
gramm "Aus zwei mach drei"
der Stadt Frankfurt/M. her-
vorgegangene Einrichtung
wurde als zweigeschossiger
Holzbau für fünf Gruppen
konzipiert. Der nord-süd-
ausgerichtete Kubus befindet
sich inmitten einer Wohn-
bausiedlung. Zur Acker-
mannstraße hin ist ein
Funktionsstreifen angeordnet, dessen Nordseite als
Lochfassade gestaltet ist
und vor dem eigentlichen
Ende des Gebäudes aufhört.
Die zurückgesetzte Glasfront
gibt so Raum für einen
überdachten Vor- und Ein-

gangsbereich. Über den Windfang betritt man einen Verteilerbereich des Gebäudes. Westlich davon befindet sich der Zugang zu dem Gruppenbereich, der von den übrigen beiden Gruppen durch den Treppenaufgang zum zweiten Obergeschoss getrennt ist. Der axial angeordnete, zur Straße parallel verlaufende, lange Verteilerflur trennt den südlich orientierten Kinderbereich von den Funktionsräumen und führt östlich direkt ins Freie. Zwischen den beiden Gruppenräumen befinden sich die Gruppennebenräume mit vorgelagertem Garderobenbereich. Direkte Ausgänge führen bei jedem Gruppenraum und Gruppennebenraum über einen befestigten Terrassenbereich ins Freie. Der Wasch- und WC-Bereich ist als zentraler Sanitärblock für alle drei Elementar-Gruppen im Erdgeschoss untergebracht; des Weiteren eine Küche mit Essensaufzug, das Büro der Leiterin und Personal-WCs.

Die obere Grundrissaufteilung entspricht der unteren mit der Ausnahme, dass lediglich zwei Hortgruppen untergebracht sind und an-

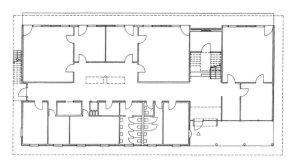

Grundriss EG

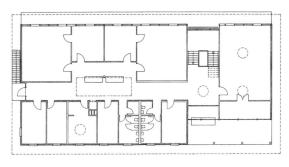

Grundriss OG

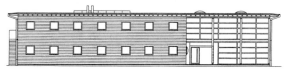

Ansicht Nord

Ansicht Süd

Ansicht Ost

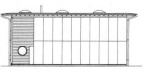

Ansicht West

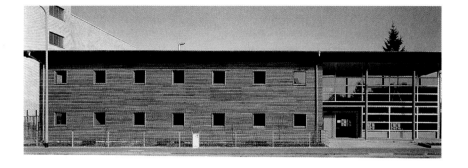

Ansicht Nord

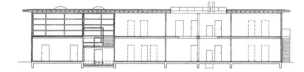

Längsschnitt

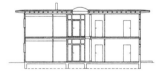

Querschnitt 1

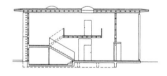

Querschnitt 2

stelle der dritten Gruppe im westlichen Gebäudeteil der Mehrzweckraum untergebracht ist. Der Flur mit seinen Oberlichtern führt zu einer Außentreppe, die gleichzeitig den zweiten Rettungsweg darstellt und so in das alltägliche Geschehen der Einrichtung eingebunden ist.

Ansicht Innen

Die einfach gegliederte Gebäudeform wurde besonders kostengünstig in teilweise vorgefertigter Holzrahmenbauweise erstellt. Die Fassadengestaltung wechselt im Norden von eher zurückhaltend und geschlossen durch die Holzverschalung zu im Süden offen und transparent durch eine kombinierte Holz-Glas-Konstruktion. Der weite Dachüberstand sowie der außenliegende Sonnenschutz gewährleisten den Bewohnern auch im Sommer ein angenehmes Raumklima.

Ansicht Süd

Kindertagesstätte Wiesenweg, Berlin

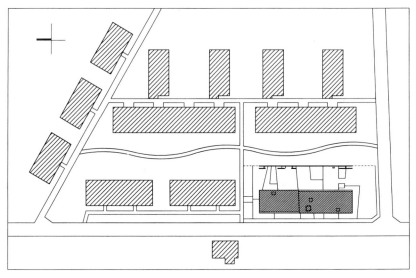

1 : 2000

Standort: Wiesenweg 20, Berlin-Staaken

9 altersgemischte Gruppen mit 132 Kindern

Pädagogikform:	Altersmischung
Bauherr/Träger:	Bezirksamt Spandau und Berlin
Architekten:	Georg Augustin, Ute Frank, Berlin
Planungsbeginn:	Wettbewerb 10/1995
Baubeginn:	04/1997
Inbetriebnahme:	06/1998
Geschossigkeit:	3
Grundstücksgröße:	2.117 m²
Größe der bebauten Fläche:	575 m²
Bruttogrundfläche (BGF):	1.883 m²
Nutzfläche (NF):	1.036 m²
Verkehrsfläche (VF):	510 m²
Bruttorauminhalt (BRI):	6.329 m³
Reine Bauwerkskosten, brutto:	4,585 Mio DM
Grundstückskosten, brutto:	— —
Kosten Außenanlagen, brutto:	455.000,- DM

Die Kindertagesstätte Wiesenweg liegt am Stadtrand Berlins, in dem unmittelbar an der alten Heerstraße gelegenen Dorf Staaken. Der binnen fünf Jahren hochgezogene Wohnpark mit seinen meist vier- und fünfgeschossigen Zeilenbauten und Reihenhäusern kontrastiert stark mit dem dörflichen Charakter Staakens.

Bestandteil des städtebaulichen Vertrages zwischen Investor und Bezirk war die Er-

richtung einer Kindertagesstätte. Um allerdings noch
ein wenig Außenbereich zu
erhalten, war es notwendig,
das zugewiesene 70 m lange
und 25 m breite Grundstück
mit einer dreigeschossigen
Bebauung zu belegen. Der
Wettbewerbsentwurf der Architekten ist ein stringenter,
dem Lageplan entsprechen-
der Baukörper, der sich in seiner Ausformulierung wohltu-
end von der Umgebungs-
bebauung abgrenzt. Die
Nord-Südausrichtung des
Grundstückes hat zur Folge,
dass die Kindertagesstätte an
den westlichen Grundstücks-
rand gelegt wurde. Der verbleibende Freibereich ist nur
so maximal zu nutzen. Da der
Kindergartenbereich im Gegensatz zum Hortbereich nur
vormittags betrieben wird,
lag eine Ostausrichtung der
Kindergarten-Gruppenräume
- entsprechend dem Frei-
bereich - nahe.

Man betritt die Einrichtung
vom westlich gelegenen
Wiesenweg aus. Vom zentralen Foyer aus schließen sich
nach links der Hortbereich
mit den östlich angelagerten
Funktionsräumen und west-
lichen Gruppenräumen sowie
nach rechts spiegelverkehrt
der Kindergartenbereich an.

Grundriss EG

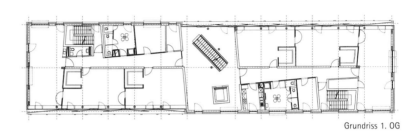

Grundriss 1. OG

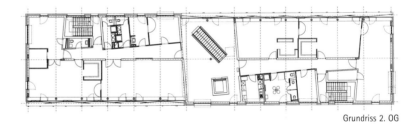

Grundriss 2. OG

Ansicht West

Ansicht Nord

Querschnitt

Ansicht West

Ansicht Nord

Eingangssituation

Diese Art der Aufteilung setzt sich in der Fassade fort: Orangefarbene Sperrholzvertäfelung, schmale Laubengänge und großflächige Ver-

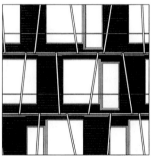

Fassadendetail

glasungen im Bereich der Gruppenräume, hingegen graue Faserzementplatten und zurückgenommene Verglasung in den Funktionsbereichen. Diese stellen sich in den Gruppeneinheiten als zentrale Wasch-, WC- und Küchenbereiche sowie Treppenaufgänge dar und im

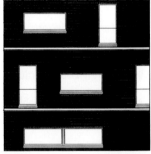

Fassadendetail

Erdgeschoss als Personal- und Wirtschaftsbereich. Lediglich der im Grundriss großzügige Foyerbereich ist nicht ablesbar. Ein zu den Gruppenbereichen hin ansteigendes Pultdach versetzt die beiden Funktionsbereiche gegeneinander.

Kindertagesstätte Kronsberg I, Hannover

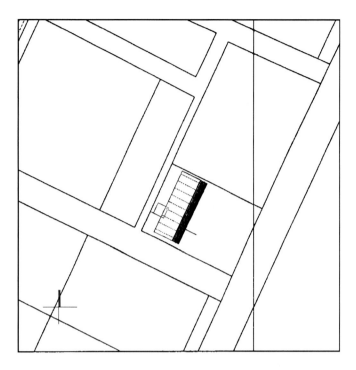

1 : 2500

Standort: Brockfeld 65, Hannover

5 Gruppen (1 Krippe, 3 Kindergarten, 1 Hort) mit 110 Kindern

Pädagogikform:	situationsorientiert
Bauherr/Träger:	Hochbauamt der Landeshauptstadt Hannover
Architekt:	Jürgen Böge, Ingeborg Lindner-Böge, Hamburg
Planungsbeginn:	06/1996
Baubeginn:	09/1997
Inbetriebnahme:	12/1998
Geschossigkeit:	2
Grundstücksgröße:	3.263 m²
Größe der bebauten Fläche:	594 m²
Bruttogrundfläche (BGF):	1.161 m²
Hauptnutzfläche (HNF):	571 m²
Nebennutzfläche (NNF):	173 m²
Verkehrsfläche (VF):	268 m²
Bruttorauminhalt (BRI):	4.400 m³
Reine Bauwerkskosten, brutto:	2,722 Mio DM
Grundstückskosten, brutto:	––

In unmittelbarer Nähe zum Dorf Bemerode ist auf einer ehemals landwirtschaftlich genutzten Fläche als Teil der Weltausstellung EXPO 2000 Kronsberg, ein neuer Stadtteil von Hannover, im Entstehen. Am südlichen Punkt von Kronsberg und am Übergang zur offenen Landschaft ist diese zweigeschossige Kindertagesstätte für fünf Gruppen entstanden.

Die einfache Form als rechteckige Kiste, eine im Süden vorgestellte Laube und das

Material Holz versuchen die ländliche Geschichte des Ortes wiederzugeben und bilden einen Kontrast zu den in unmittelbarer Umgebung geplanten dreigeschossigen Wohnblöcken. Der kompakte Baukörper schließt nach Norden in einem relativ geschlossenen Nebenfunktionsstreifen ab, um sich nach Süden hin als vollständig verglaste Gruppenräume zu öffnen. Zwischen den Gruppenräumen sind Gruppennebenräume untergebracht, die Wasch- und WC-Bereiche befinden sich zentral im nördlich gelegenen Funktionsstreifen ebenso wie die Garderobenbereiche. Die einfach vorgestellte, über

die gesamte Höhe des Gebäudes reichende Pergola bietet nicht nur Sonnenschutz, sondern erscheint gleichzeitig als Verknüpfung von Gebäude und Landschaft.

Über eine farblich hervorgehobene Eingangsbox betritt man das Gebäude. Die anschließende Eingangshalle dient als Verteiler zu den

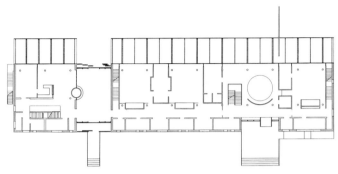

Grundriss EG

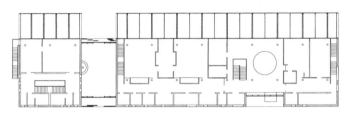

Grundriss OG

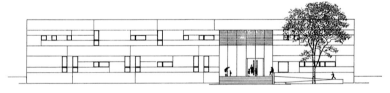

Ansicht Nord West

Ansicht Süd Ost

Querschnitt

Ansicht Süd West

Längsschnitt

Fassade Süd Ost

Ansicht Süd West

Laubengang

Gruppenräumen des Kindergartens im Westen und des Krippenbereiches im Osten, beinhaltet hinter einer gebogenen Wand aus Glasbausteinen den offenen Mehrzweckraum und erschließt mittels einer eingestellten Treppe die Räumlichkeiten des Obergeschosses. Hier ist die Aufteilung ähnlich wie im Erdgeschoss: die als Verteiler dienende Galerie erschließt westlich Kindergarten- und Hortbereich sowie östlich den Personalbereich, wobei die Flure die Haupträume und Nebenräume wie WC und Garderoben trennen und in Treppenräumen enden.

Das Gebäude wurde als Stahlbetonskelettkonstruktion konzipiert und in hochgedämmter, vorgefertigter Leichtbauweise mit einer Furnierschichtholzplatten-Außenhaut ausgeführt. Der Niedrigenergiehausstandard konnte ohne mechanische Lüftung eingehalten werden. Die Regenwasserversickerung erfolgt in offenen Rigolen. Eine östliche Verlängerung des Gebäudes um ein separates Spiel- und Backhaus ist in gleicher Bauweise geplant.

Kindergarten "St. Nikolaus", Plankstadt

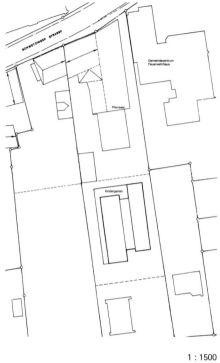

1 : 1500

Standort: Schwetzinger Straße 33-35, Plankstadt

5 Kindergartengruppen mit 140 Kindern

Pädagogikform:	teiloffene Gruppenarbeit
Bauherr / Träger:	Gemeinde Plankstadt
Architekten:	Arbeitsgemeinschaft, Harry Unger &
	Jean Heemskerk, Heidelberg
Planungsbeginn:	03/1997
Baubeginn:	02/1998
Inbetriebnahme:	07/1998
Geschossigkeit:	2
Grundstücksgröße:	2.300 m²
Größe der bebauten Fläche:	560 m²
Bruttogrundfläche (BGF):	955 m²
Hauptnutzfläche (HNF):	575 m²
Nebennutzfläche (NNF):	81 m²
Verkehrsfläche (VF):	129 m²
Bruttorauminhalt (BRI):	3.400 m³
Reine Bauwerkskosten, brutto:	2,05 Mio DM
Grundstückskosten, brutto:	––
Kosten Außenanlagen, brutto:	––

Anstelle einer notwendigen Sanierung eines zweigruppigen Kindergartens entschied sich die Gemeinde Plankstadt zum Neubau einer fünfgruppigen Kindertagesstätte, zentral gelegen, in unmittelbarer Nachbarschaft zum Pfarrhaus des kirchlichen Trägers. Die Erschließung erfolgt fußläufig von der Schwetzinger Straße aus, zwischen den vorgelagerten Grundstücken der Kirchengemeinde mit Pfarrsaal und der Gemeinde mit Gemeindezentrum und Feuerwehr-

haus hindurch. Die Enge des
Grundstückes und der er-
haltenswerte alte Baumbe-
stand aus Kastanien und Pla-
tanen bedingte die Zwei-
geschossigkeit der Einrichtung. Anlehnend an die mil-
chig-grauen Holzkisten der
ehemaligen Wirtschaftsge-
bäude ist die Kindertagesstätte in Holzrahmenbauweise
ausgeführt. Die kubische Ge-
stalt bilden zwei leicht gegeneinander verschobene Riegel,
verbunden durch das kommunikative Element eines Spiel-
flures oder einer Spielstraße
über zwei Stockwerke, die
mittels einer zentral gelegenen Treppe miteinander verbunden sind. Zwei Brücken
verbinden im ersten Ober-
geschoss die beiden Riegel
und gestatten optischen und
akustischen Kontakt. Die seitlich und oben verglaste Spielstraße gewährt neben guter
Belichtung auch solare Wärmegewinne, die im Sommer
durch außenliegenden Son-
nenschutz abgemildert werden. Die Gruppenräume mit
dazugehörigem Intensivraum
und Kinderküche sind nach
Westen orientiert, die
Funktionsräume für Personal
und Leitung, Sanitärbereiche,
Abstellraum und Mehrzweckraum befinden sich im

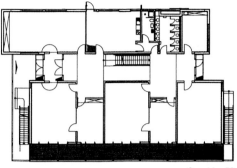

Grundriss EG

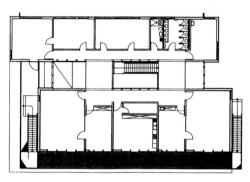

Grundriss OG

Ansicht Süd

Ansicht Nord

Ansicht West

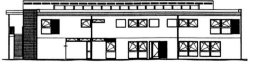

Ansicht Ost

Eingangsbereich

Laubengang

Ansicht Süd

schmaleren östlichen Riegel. Die Garderoben sind in den Eingangsnischen der einzelnen Gruppenräume angeordnet, die WC- und Waschbereiche der Kinder befinden sich je Geschoss zentral im Funktionsstreifen. Alle Gruppenräume sind zum Spielbereich nach Westen hin ausgerichtet; den oberen ist eine Veranda vorgelagert, die nicht nur den Spielbereich nach außen erweitert, son-

Eingangshalle

dern gleichzeitig durch die begrenzenden Treppenabgänge die Fluchtwegfunktion übernimmt und dadurch in das alltägliche Geschehen der Einrichtung eingebunden ist. Beide Vorbereiche im Erd- und Obergeschoss sind überdacht und bieten im Sommer einen sonnengeschützten Spielbereich, der von den Gruppenräumen über raumhohe Glaselemente erreichbar ist.

Kindergarten Millerstraße, Heilbronn

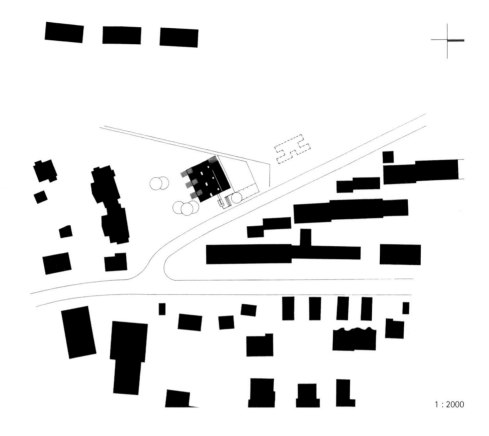

1 : 2000

Standort: Millerstraße 7, Heilbronn	
3 Kindergartengruppen mit 79 Kindern	
Pädagogikform:	offene Gruppenarbeit (nach Kükelhaus)
Bauherr:	Hochbauamt der Stadt Heilbronn
Träger:	Sozial- und Jugendamt der Stadt Heilbronn
Architekt:	Bernd Zimmermann, Heilbronn/Ludwigsburg
	Mitarbeit: Ulrich Drössler, Heilbronn
Planungsbeginn:	05/1997
Baubeginn:	03/1998
Inbetriebnahme:	12/1998
Geschossigkeit:	2
Grundstücksgröße:	2.538 m²
Größe der bebauten Fläche:	323 m²
Bruttogrundfläche (BGF):	646 m²
Hauptnutzfläche (HNF):	340 m²
Nebennutzfläche (NNF):	74 m²
Verkehrsfläche (VF):	112 m²
Bruttorauminhalt (BRI):	2.070 m³
Reine Bauwerkskosten, brutto:	1,401 Mio DM
Grundstückskosten, brutto:	——
Kosten Außenanlagen, brutto:	144.000,- DM

Bereits 1992 sollte im Norden Heilbronns ein Kindergarten gebaut werden. Doch kurzfristig wurde der dafür vorgesehene Etat gekürzt und das Projekt gestoppt. Ein Provisorium aus Containern wurde errichtet, um den Bedarf an Kindergartenplätzen kurzfristig zu decken. Aufgrund der kurzen Lebensdauer der Container wurde aber schon 1997 die ursprüngliche Planung, diesmal allerdings mit reduziertem Budget, wieder aufgenommen.

Der dreiteilige Baukörper ist im Norden des Grundstückes

untergebracht, von mehrgeschossigem Wohnungsbau
umgeben und nordöstlich
über die Millerstraße er-
schlossen. Ein bescheidener
Haupteingang befindet sich
in einem schmalen zwei-
geschossigen Glasstreifen,
der die interne Erschließung
der Einrichtung übernimmt
und gleichzeitig den Funktionsbereich vom Kinder-
bereich trennt.

In dem nördlich ausgerich-
teten zweigeschossigen,
massiven Funktionsstreifen
befinden sich im Erdgeschoss
die Küche, das Büro der Leiterin, drei Abstellräume sowie der zentrale WC- und
Waschbereich der Kinder.
Im Obergeschoss ist der
Mehrzweckraum, der mit
einem "Guckkasten" ausge-
stattet ist, ein Abstellraum
und eine Toilette untergebracht.

Im leichten, in "Block-
bauweise" erstellten Holz-
kubus, mit naturbelassenem
Lärchenholz verkleidet, gegenüber befinden sich die
Räume der drei Gruppen. Zum
Flur vorgelagerte Garderobenzonen, kleine Abstellräume, je zwei Zugänge über
eine Terrasse nach draußen
sowie je ein Treppenauf-
gang bestimmen das Raum-

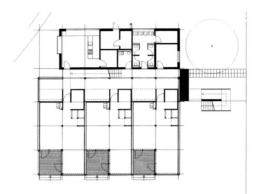

Grundriss EG

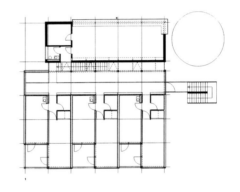

Grundriss OG

Ansicht Süd

Ansicht West

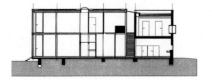

Querschnitt

Ansicht Ost

Mehrzweckraum

Ansicht Süd

programm des Erdgeschosses. Im Obergeschoss weitet sich der Erschließungsflur zum Spielflur. Abstellräume, je ein Intensivraum, zwei Werkräume und ein Personalraum befinden sich hier. Ein seitlich angeschlossener, neben dem Haupteingang mit Maschendraht gefasster Treppenaufgang ermöglicht den direkten Zugang zum Außengelände und dient als zweiter Rettungsweg.

Flur

Das Gebäude wurde kostengünstig und schnell erstellt. Die vorhandene extensive Dachbegrünung soll zusammen mit den vor die raumhohen Glasfronten gestellten Schiebeläden ein angenehmes Innenraumklima ermöglichen.

Bei verbessertem Schallschutz ist nach Aussage des Architekten mit geringen Mitteln eine Umnutzung als Appartement oder Mietbüro möglich.

Kindertagesstätte Netzestraße, Hamburg

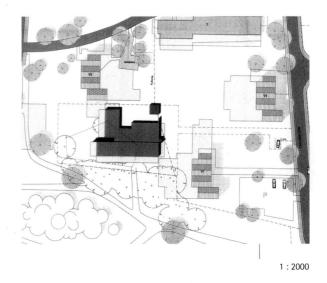

1 : 2000

Standort: Netzestraße, Hamburg

3 Gruppen (1 Krippe, 2 Kindergarten) mit 52 Kindern

Pädagogikform:	geschlossene Gruppenarbeit
Bauherr/Träger:	Die Flottneser e.V., Hamburg
Architekten:	Dinse Feest Zurl, Hamburg
Wettbewerb:	1994
Planungsbeginn:	01/1998
Baubeginn:	09/1998
Inbetriebnahme:	01/1999
Geschossigkeit:	1
Grundstücksgröße:	2.420 m²
Größe der bebauten Fläche:	580 m²
Bruttogrundfläche (BGF):	580 m²
Hauptnutzfläche (HNF):	320 m²
Nebennutzfläche (NNF):	87 m²
Verkehrsfläche (VF):	87 m²
Bruttorauminhalt (BRI):	2.050 m³
Reine Bauwerkskosten, brutto:	1,15 Mio DM
Grundstückskosten, brutto:	—
Kosten Außenanlagen, brutto:	150.000,- DM

Ein im Jahre 1994 ausgelobter Wettbewerb "Bausysteme für Kindertagheime" der freien Hansestadt Hamburg war Ausgangspunkt der Planung dieser eingeschossig errichteten Kindertagesstätte. Der variable Systementwurf sieht eine problemlose Aufstockung und Erweiterung vor und lässt sich dadurch auf jedem Grundstück unterbringen.

Die Einrichtung befindet sich inmitten einer offenen, ländlichen Bebauung und wird im Norden über einen Zugangsweg erschlossen. Die Einrichtung besteht aus vier addierbaren Grundmodulen mit einer zentral angeordneten, integrierten Sanitäreinheit als statischem aussteifendem Element. Drei dieser Einheiten sind längs eines langen Erschließungsflures, der äußerlich als durchgehende Wandscheibe ablesbar ist, angedockt, eine dagegen quer. Der entstehende Zwischenraum erweitert den Flur als Mehrzweckraum und öffnet das Gebäude zum Außengelände hin. Je eine Gruppe ist in den drei Grundmodulen untergebracht, von denen zwei nach Osten und eine nach Süden ausgerichtet sind. Sie bestehen aus je einem Hauptgruppenraum, einem Nebenraum, einem Garderobenraum und der Sanitäreinheit. Vom Gruppen- und Garderobenraum bestehen direkte Ausgänge zum Außengelände. In der zum Haupteingang gerichteten Einheit sind das Büro der Leiterin, der Personalraum, eine WC-Einheit für Personal sowie ein Lagerbereich untergebracht.

Die Fassadengestaltung wechselt zwischen raumhohen Glaselementen und Holzverschalung.

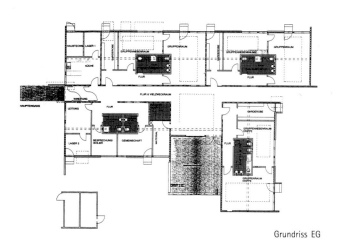

Grundriss EG

Ansicht West

Ansicht Ost

Ansicht Nord

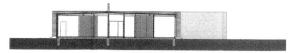

Querschnitt

Kindertagesstätte Kinder Insel Hombroich

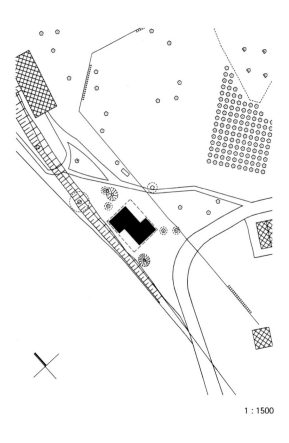

1 : 1500

Standort: Museumsinsel Hombroich, Neuss	
1 Kindergartengruppe mit 20 Kindern	
Pädagogikform:	naturnaher, künstlerischer Kindergarten
Bauherr/Träger:	Kinder Insel Hombroich e.V., Neuss
Architekt:	Oliver Kruse, Raketenstation Hombroich, Neuss
Planungsbeginn:	10/1998
Baubeginn:	06/1999
Inbetriebnahme:	10/1999
Geschossigkeit:	1-2
Grundstücksgröße:	27 Hektar
Größe der bebauten Fläche:	159 m²
Bruttogrundfläche (BGF):	215 m²
Hauptnutzfläche (HNF):	148 m²
Nebennutzfläche (NNF):	16 m²
Verkehrsfläche (VF):	20 m²
Bruttorauminhalt (BRI):	1.075 m³
Reine Bauwerkskosten, brutto:	534.000,- DM
Grundstückskosten, brutto:	Pachtvertrag
Kosten Außenanlagen, brutto:	——

In fünfeinhalb Monaten Bauzeit hat die "Kinder Insel Hombroich e.V." in der waldarmen, zersiedelten Landschaft zwischen Düsseldorf, Neuss und Köln inmitten eines 500.000 m² großen Landschaftsschutzgebietes, bestehend aus Parks, Wald und Auenlandschaft, eine Kindertagesstätte für eine 20 Kinder zählende Gruppe errichtet. Das pädagogische Konzept basiert auf den Grundlagen der Waldorf- und Waldkindergartenpädagogik und gibt den Kindern die

Möglichkeit, Natur zu erkunden und zu erleben, wie es in der Stadt nicht möglich ist. Das in unmittelbarer Nähe des Privateingangs der Insel Hombroich liegende, ganz aus Holz gefertigte zweigeschossige Gebäude besteht in der Form aus zwei gegeneinander versetzten Quadern, die durch einen Glasstreifen miteinander verbunden sind. Durch das alles umschreibende Dach entstehen zwei überdachte Freibereiche. Im Osten liegt eine Veranda; im westlichen Teil ist die Treppe zum Obergeschoss eingestellt, die gleichzeitig als Fluchttreppe ins tägliche Leben integriert ist.

Im Eingangsbereich erhält man Zugang zu den Sanitär- und Abstellräumen, der Garderobe sowie zu einer hinter der Garderobe liegenden, offenen Treppe, die ins Obergeschoss führt. Hier befinden sich das Büro, der Schlafraum und die Galerie, die den Blick freigibt auf den über

Grundriss EG

Grundriss OG

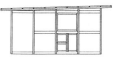

Ansicht Nord

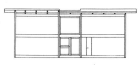

Ansicht West

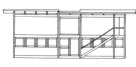

Ansicht Ost

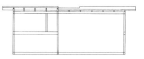

Längsschnitt

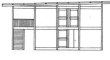

Ansicht Süd

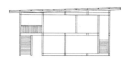

Querschnitt

Ansicht Nord

Innenraum

Ansicht West

zwei Geschosse offenen Gruppenraum. In diesem selbst befindet sich eine zentral liegende Küchenzeile, die dank unterschiedlicher Niveaus für Kinder und für die Erzieher/innen gleichzeitig nutzbar ist. Mittels einer Schiebewand abtrennbar schließt sich der westlich gelegene Nebengruppenraum an, der als Rückzugsmöglichkeit gedacht ist.

Das bis auf die geölten Böden unbehandelte Holzgebäude ruht auf Streifenfundamenten; darüber liegt eine Faserzementplatte, auf der sich die ablesbare, streng gerasterte Konstruktion der Pfosten-Riegel-Skelettbauweise aus Douglasie-Leimbinder befindet. Die dazwischenliegenden serienmäßig hergestellten Douglasie-3-Schichtplatten haben Abmessungen von 250-300 cm x 600 cm. Ausfachungen ebenso wie die Fenster und die raumhohen Türen sind mit der Konstruktion oberflächenbündig. Alle Decken, Wände, Böden (sogar im Badbereich), Schränke, Küchenzeilen, Betten wurden aus denselben Douglasieplatten hergestellt. Lediglich die Tische und Stühle wurden aus Multiplex-Birkensperrholz angefertigt.

Autoren der Fremdbeiträge

Günter Beltzig

1941 in Wuppertal geboren. 1959-62 Lehre als Maschinenschlosser. 1966 Diplom als Industriedesigner, Werkkunstschule Wuppertal, bis 1970 Designer bei Siemens in München. Seither freiberuflich als Designer, Lehraufträge, Berater der Firma Richter Spielgeräte, Mitglied von Info Spiel e.V., München, und im Ausschuss "Behindertengerechte Spielgeräte und Einrichtungen", zahlreiche Ausstellungen und Veröffentlichungen.

Roland Burgard

1942 in Stuttgart geboren. 1962-71 Studium der Architektur an der Universität (TH) Karlsruhe. 1975-77 Referatsleiter staatliches Hochbauamt Freiburg i.Br..1977-82 Bauoberrat, 1982-90 Baudirektor, stellv. Amtsleiter, 1990-98 Ltd. Baudirektor, Amtsleiter Hochbauamt Frankfurt/M. Während dieser Zeit zahlreiche Wettbewerbserfolge, u.a. Projektleiter beim Programm zum Bau von 50 Kindertagesstätten in Frankfurt/M. Ab Okt. 1998 Professor an der Hochschule für angewandte Kunst in Wien.

Dagmar Benjagoub

1950 in Göppingen geboren. Ausbildung zur Kinderpflegerin. Langjährige Erfahrung in Kindergartenarbeit, Krankenhaustätigkeit, Sprachförderung, ausländische Kinder-, Jugend- und Familienfreizeiten, Arbeit beim Kinderschutzbund. Ausbildung zur Erzieherin. Leiterin eines Regelkindergartens. 1992 Mitwirkung beim Bau der Kita Wichtelpark. Leiterin seit 1993.

Norbert Wagener

1959 in Kleve geboren. 1980 Bauzeichnerlehre. 1982-88 Studium der Architektur an der Universität Siegen. 1991 postgraduiertes Studium an der Hochschule für bildende Künste - Städelschule - Frankfurt/M. 1991 Sommerakademie "napoli architettura e città"-Stipendium der Universität Neapel. Freie Mitarbeit in zahlreichen Büros. Seit 1992 eigenes Architekturbüro in Frankfurt/M. Seit 1998 Assistenz Projektleitung Lehrter Bahnhof in Berlin für Lahmeyer International.

Quellen

[1] **A**rbeitshilfen zum Schulbau
ZNWB Zentralstelle für Normungsfragen und Wirtschaftlichkeit im Bildungswesen 96

[2] Arbeitssicherheitsgesetz

[3] Arbeitsstättengesetz

[4] Archigrad[1] 1/1992
Neue Kindertagesstätten in Frankfurt
Verlag AFW Klaus Winkler, Frankfurt/M.

[5] Archigrad[1] special
Neue Kindertagesstätten in Frankfurt
Verlag AFW Klaus Winkler, Frankfurt/M.

[6] **B**arz Heiner
Der Waldorfkindergarten
Beltz Bibliothek

[7] Bauwelt
Nr. 19, 15. Mai 1998, 89. Jahrgang, S. 1020 ff

[8] Beltzig Günter
Dipl. Designer, Hohenwart

[9] Ben Yagoub Dagmar
Leiterin der Kindertagesstätte Wichtelpark, Stuttgart

[10] Binger Lothar, Hellemann Susann, Lorenz Christa
Kinderspielräume
: Transit Buchverlag

[11] Brückner Uta, Friauf Heike
Der richtige Kindergarten für mein Kind
Kreutz Verlag

[12] Büttner Christian / Dittmann Marianne (Hrsg.)
Elternhandbuch Kindergarten
Beltz Verlag, Weinheim und Basel

[13] Bundesimmisionsschutzgesetz

[14] Bundesministerium für Familie, Senioren, Frauen und
Jugend

Zehnter Kinder- und Jugendbericht
Bonn 1998

[15] Bundesstadt Bonn
Amt 65, Frau Ventulett
Veröffentlichung "Neue Kindergärten in Bonn"
Beiträge zur Stadtentwicklung, Stadtplanung und zum
Bauwesen
Nr. 8, 02/1996

[16] **C**remer Lothar, Müller Helmut A.
Die wissenschaftlichen Grundlagen der Raumakustik, Band I

[17] Cuadra Manuel
Der Kindergarten
Ernst & Sohn, Berlin

[18] **d**b, Deutsche Bauzeitung
128. Jahrgang: 4/94 Kinder; 7/94 Werkbericht
129. Jahrgang: 1/95 Blech; 4/95 Farbe
130. Jahrgang: 2/96 Lernen

[19] DBZ, Deutsche Bauzeitschrift
9/90; 4/91; 2/93; 3/96; 5/97

[20] Der Spiegel
Nr. 25, 33. Jahrgang
Freie Schulen, anders lernen

[21] Die Bauverwaltung + Bauamt und Gemeindebau
1995-97

[22] Die Waldorfschule baut
Verlag freies Geistesleben

[23] DIN 276
Kosten im Hochbau, 1993

[24] DIN 277
Grundflächen und Rauminhalte von Bauwerken im Hochbau
-1 und -2, 1987; -3, 1998

[25] DIN EN 1176-1
Spielplatzgeräte, 1998

[26] DIN EN 1729
Stühle und Tische in Bildungseinrichtungen, 1995

[27] DIN 1946
Raumlufttechnik
-1, 1988; -2, 1994; -6, 1998

[28] DIN 4108-6
Berechnung des Jahresheizwärmebedarfs von Gebäuden
1995

[29] DIN 4109
Schallschutz im Hochbau, 1989

[30] DIN 5034
Tageslicht in Innenräumen
-1, 1999; -2, 1985

[31] DIN 5035-1
Beleuchtung mit künstlichem Licht, 1990

[32] DIN 5035-4
Innenraumbeleuchtung mit künstlichem Licht, 1983

[33] DIN 7914
Turn- und Gymnastikgeräte

[34] DIN 18 024
Barrierefreies Bauen, 1998

[35] DIN 18 025
Barrierefreie Wohnungen, 1992

[36] DIN 18 034
Spielplätze und Freiflächen zum Spielen, 1999

[37] DIN 18 041
Hörsamkeit in kleinen bis mittelgroßen Räumen, 1968

[38] DIN 58 125
Schulbau, 1994

[39] Entwicklung eines standardisierten, kostengünstigen,
flexibel nutzbaren Kindergartentyps
Gemeindedrucksache Nr. 520/1993
Landeshauptstadt Stuttgart; Referat Soziales, Jugend und
Gesundheit

[40] Empfehlungen für den Bau und die Ausstattung von
Kindertagesstätten
Ministerium für Arbeit, Soziales und Gesundheit Rhein-
land-Pfalz, Mainz

[41] Empfehlungen zur Umsetzung der Verordnung übder die
Rahmenpläne für anerkannte Kindergärten (4. DVBayKiG)
in der Praxis
Bayerisches Staatsministerium für Arbeit und Sozialordnung, Familie, Frauen und Gesundheit

[42] Fördergemeinschaft Gutes Licht

[43] Freie und Hansestadt Hamburg
Behörde für Schule, Jugend und Berufsbildung, Frau Braker
Wettbewerbsveröffentlichung zu "Bausysteme für
Kindertagesheime" von 1994

[44] Fuchs Brigitta/ Harth-Peter Waltraud (Hrsg.)
Montessori-Pädagogik und die Erziehungsprobleme der
Gegenwart
Könighausen und Neumann Verlag

[45] Göhlich H. D. Michael
Reggiopädagogik - Innovative Pädagogik heute
R.G. Fischer Verlag

[46] GUV 16.4
Bundesverband der Unfallkassen - BUK
Richtlinien für Kindergärten, Bau und Ausrüstung
Ausgabe Oktober 1992

[47] GUV 20.38
Bundesverband der Unfallkassen - BUK
Erste Hilfe in Kindergärten

[48] GUV 26.14
Bundesverband der Unfallkassen - BUK.
Spielgeräte in Kindergärten
Ausgabe Januar 1992

[49] Hemleben Johannes
Rudolf Steiner
RoRoRo

[50] Hemmer Frank D.
Tagesstätten für Kinder
Juventa Verlag 1967

[51] Hinweise zur Lebensmittelhygiene in Gemeinschaftsein-
richtungen für Kinder (Krippen, KiTas, Horte, Schulen)
Ministerium für Umwelt und Forsten, Mainz

[52] Hochbaumat Frankfurt/M., Herr Dr. Roland Burgard
Veröffentlichungen zu Kindergärten in Frankfurt/M.:
- Dialog, aus zwei mach drei, Aedes-Verlag
- Neue Kindertagesstätten in Frankfurt am Main,
  Stadt Frankfurt/M.
- Archigrad

[53] Hollmann Elisabeth / Hoppe Jörg Reiner
Kinder-Gärten pädagogisch / architektonisch konzipieren
und BAUEN
Eigenverlag des Deutschen Vereins für öffentliche und
private Fürsorge

[54] Jans Karl-Wilhelm / Müller Erika
Kindergärten, Horte, Kindertagheime, Kinderspielplätze

[55]   Kaurisch S.
       Leiterin der Kita Drachenburg, Frankfurt/M.

[56]   KERAMAG
       Sanitärkonzepte für Kindergärten/Ausbildungsstätten

[57]   Kindergarten Heute Spezial
       pädagogische Handlungskonzepte von Fröbel bis zum
       Situationsansatz
       Verlag Herder GmbH & Co. KG., Freiburg i. Br.

[58]   Kinder- und Jugendhilfegesetz (8. Buch Sozialgesetzbuch)
       Bundesministerium für Frauen und Jugend, Bonn

[59]   Kommunale Gemeinschaftsstelle (KGSt), Köln
       KGSt-Bericht Nr. 11/1994
       Gebäudereinigung: Kostensenkungsmaßnahmen

[60]   Kosten im Hochbau
       Planungskennzahlen und Kostenkennwerte
       Kindergärten
       BKB Baukostenberatung der Architektenkammer Baden-
       Württemberg, Kosteninformationsdienst der Architekten-
       kammer Nordrhein-Westfalen

[61]   Krenz Armin
       Der "Situationsorientierte Ansatz" im Kindergarten
       Verlag Herder GmbH & Co. KG., Freiburg i. Br.

[62]   Kroner Walter
       Architektur für Kinder
       Karl Krämer Verlag Stuttgart

[63]   ku, krankenhaus umschau 6/97, S. 488 ff
       Weiß bedeutet Sterilität, Einsamkeit und Lehre
       Bericht von Dr. Leonhard Oberascher, Salzburg

[64]   Lebensmittelhygiene-Verordnung (LMHV)

[65]   Mahlke Wolfgang / Schwarte Norbert
       Raum für Kinder
       Beltz Verlag

[66]   Meier Claus
       Investitions- und Folgekosten bei Bauvorhaben
       Expert Verlag

[67]   Meyer-Bohe Walter
       Bauten für die Jugend

[68]   Ministerium für Arbeit, Soziales, Familie und Gesundheit,
       Mainz
       Herr Bierwag, Frau Westrich

[69]   Mit der Umwelt umgehen lernen, Beispiel Frankfurt:
       Wettbewerb Niedrigentropie-Kindertagesstätten
       Aedes Galerie und Architekturforum

[70]   Montessori Maria
       Über die Bildung des Menschen
       Verlag Herder GmbH & Co. KG., Freiburg i. Br.

[71]   Neue Züricher Zeitung
       NZZ Folio, Januar 95

[72]   Neufert Ernst
       Bauentwurfslehre
       Verlag Ullstein/Bertelsmann Fachverlag

[73]   Oesterle-Schwerin Jutta
       Mit Kindern wohnen

[74]   Planungshilfen 3
       Architekturpsychologische Hinweise zur Entwurfsplanung
       Landesinstitut für Curriculumentwicklung, Lehrer-
       fortbildung und Weiterbildung

[75]   Planung und Bau von Kindertagesstätten - Hinweise für
       Träger und Architekten
       Landesjugendamt Hessen, Wiesbaden

[76]   Postman Neil
       Das Verschwinden der Kindheit
       Fischer-Verlag

[77]   Profile - Katholische Tageseinrichtungen für Kinder
       entwickeln sich selbst
       (KTK) - Bundesverband e.V., Freiburg

[78]   Räume für Kinder, Kindertagesstätten in Kreuzberg
       S.T.E.R.N. GmbH

[79]   Räume für Kinder
       Pädagogische und architektonische Konzepte zur
       kooperativen Planung und Gestaltung
       Dissertation von Mathias Urban
       Eigenverlag des Deutschen Vereins für öffentliche und
       private Fürsorge

[80]   Raumbuch Kindertagesstätten
       Stadt Frankfurt/M.

[81]   Reidenbach Michael
       Kommunale Standards in der Diskussion
       Beiträge zur Stadtforschung
       Deutsches Institut für Urbanistik (Difu)

[82]   Rodek / Meerwein / Mahnke
       Mensch Farbe Raum
       Verlagsanstalt Alexander Koch

[83]   Roßmann Heinrich (Kreiskrankenhaus Mainburg), Elixmann
       J.H. (GAF, Gesellschaft für angewandte und experimentelle
       Allergieforschung mbH
       Hygienische und gesundheitliche Aspekte von Fußboden-
       heizungen von 1989

[84] Rousseau, Jean Jacques
      Emil oder Über die Erziehung
      Schöningh-Verlag

[85] Sbz Sanitär 18/1995
      Kindergärten, H. Feurich, Berlin
      S. 104 ff

[86] Scherer / Maier
      Kindertagesstätten
      Verlagsgesellschaft Rudolf Müller

[87] Schneider Kindermöbel GmbH, Eschelbronn
      Kindergarten-Einrichtungen

[88] Schudrowitz Rudolf
      Pädagogischer Kindergartenbau
      Karl Krämer Verlag Stuttgart

[89] Stadtverwaltung Kaiserslautern, Kindergärten
      Herr Gillmann

[90] Tageseinrichtungen für Kinder am 31. Dezember 1994
      Statistisches Bundesamt

[91] Tageseinrichtungen für Kinder
      Einrichtungen und tätige Personen 1994
      Statistisches Bundesamt

[92] Universität Kaiserslautern
      Fachgebiet Bauphysik
      Dipl.-Ing. Karl-Heinz Dahlem

[93] Universität Kaiserslautern
      Fachgebiet Bauphysik
      Prof. Dr. rer. nat. H. Heinrich, Prof. Dipl.-Ing. K. W. Usemann
      Untersuchung der Akustik bestehender Kindergärten und
      Erarbeitung von schalltechnischen Verbesserungsvorschlä-
      gen und Planungsgrundlagen.
      Diplomarbeit von Natale Caiazzo, SS 1998

[94] Universität Kaiserslautern
      Fachgebiet Technische Gebäudeausrüstung / Bauphysik
      Prof. Dipl.-Ing. K. W. Usemann
      Fachgebiet Gebäudelehre / Entwerfen
      Prof. Dipl.-Ing. W. Böhm
      Kindergärten/Kindertagesstätten
      Diplomarbeit von Horst Gralle, WS 1995
      Im Rahmen dieser Diplomarbeit wurden 51 Kindergärten bzw.
      Kindertagesstätten im gesamten Bundesgebiet untersucht
      und die Leiterinnen zur heutigen Situation in Kindergärten /
      Kindertagesstätten befragt.
      Es ergaben sich folgende statistische Ergebnisse:

      Inbetriebnahme:
        82 % der untersuchten Kindergärten / Kindertagestätten
        wurden in den Jahren 1991 bis 1994 in Betrieb genommen;
        18 % in den Jahren 1990 und älter.

Träger:
  92 % öffentliche Träger und 8 % private Träger.
Lage:
  60% städtische und 40% ländliche Einrichtungen.
Geschossigkeit:
  34% der Einrichtungen sind eingeschossige Gebäude, 42%
  sind zweigeschossig, 24% dreigeschossig und höher.
  Die Tendenz in Städten geht zur Zweigeschossigkeit, wo-
  gegen in ländlichen Einrichtungen die Eingeschossigkeit
  häufiger anzutreffen ist.
Anzahl der Gruppen:
   8%: zweigruppig (meist nur Kindergarten)
  28%: dreigruppig (meist nur Kindergarten),
  30%: viergruppig (meist Kindergarten und Hort),
  28%: fünfgruppig (meist Kindergarten mit Hort),
   6%: sechsgruppig und größer.
  Der Anteil der Krippen war eher gering.
Gruppengrößen:
  Bei zweigruppigen Einrichtungen betrug die Durchschnitts-
  gruppenanzahl 25 Kinder (Kindergarten); bei dreigruppigen
  Einrichtungen betrug sie 24 Kinder (Kindergarten); bei
  viergruppigen Einrichtungen 23 Kinder (Kindergarten) bzw.
  16 Kinder (Hort); bei fünfgruppigen Einrichtungen 22 Kinder (Kindergarten), 20 Kinder (Hort), und 10 Kinder (Krippe).
Hinweis
Natürlich stellen diese Angaben über die untersuchten Einrichtungen keine repräsentativen Zahlen dar, trotzdem lassen sich hier zumindest Tendenzen ablesen.

Die 51 untersuchten Kindergärten / Kindertagesstätten im
einzelnen:

- Kindergarten Schelmentalstraße, Hochspeyer
- Kita Grethenweg, Frankfurt/M.
- Kita Melibocusstraße, Frankfurt/M.
- Kita Weinstraße, Frankfurt/M.
- Kita Am Wildpfad, Frankfurt/M.
- Kindergarten Kirchenstraße, Weilerbach
- Kita Schulstraße, Hanhofen
- Kita Jägersburgerstraße, Homburg
- Kita Mühlenstraße, Neuss
- Kindergarten Bussardweg, Steinfurt
- Kindergarten Geißbergring, Otterberg
- Kita Saßnitzerstraße, Osnabrück
- Kindergarten Wagnerstraße, Vreden
- Kita Badstraße, Waldmohr
- Kita Arbeiterwohlfahrt, Körnerstraße, Gevelsberg
- Kita Konrad-Adenauerstraße, Kaiserslautern
- Kita Davenportplatz, Kaiserslautern
- Kita Werner-Bockelmann-Straße, Frankfurt/M.
- Kita Karlsbaderstraße, Horn-Bad Meinberg
- Kita 120, Eichhörnchenpfad, Frankfurt/M.
- Kita 58, Kiefernstraße, Frankfurt/M.
- Kita 102, Kiefernstraße, Frankfurt/M.
- Kita 117, Sigmund-Freud-Straße, Frankfurt/M.
- Kita 33, Alt Heddernheim, Frankfurt/M.
- Kita 134, im Hain, Frankfurt/M.
- Kita Drachenburg, am Tiergarten 10, Frankfurt/M.

- Kindergarten Villa Kunterbunt, Sesbach
- Kinderhaus Wichtelpark, Zettachring, Stuttgart
- Kita Schurzelterstraße, Aachen
- Kita Martinusgemeinde Völklingerweg, Frankfurt/M.
- Kita am Kleebach, Aachen
- Kindergarten Brettach, Brennofenstraße, Langenbrettach
- Kita Rendelerstraße, Frankfurt/M.
- Kita Alte Mühle, Sieben-Höfe-Straße, Tübingen
- Kita Mörikestraße, Stuttgart
- Kindergarten Die kleinen Propheten, Bodelschwingstraße, Recke
- Kita Muckhorsterweg, Mettingen
- Kita Uhlandstraße, Ludwigshafen-Edigheim
- Kindergarten Maria von Frieden, Charlottenburgerstraße, Homburg
- Städtische Kita, Stuttgarterstraße, Stuttgart
- Waldorfkindergarten, Eugen-Hertel-Straße, Kaiserslautern
- Kita Arche Noah, Kurze Straße, Neuss
- Kita 95 Im Sauern, Frankfurt/M.
- Kita Berentelgweg, Mettingen
- Städtische Kita Zipfelmütze, Am Neheimer Kopf, Arnsberg
- Kita Ursulastraße, Hamm

- DRK Kita Rasselbande, Alte Kölnerstraße, Wipperfürth
- Eichendorf Kindergarten, Eichendorffstraße, Münster
- Kita Olpensgut, Bergisch-Gladbach
- Kita Berlinerstraße, Ibbenbüren
- Kita 1, Ben-Gurionring, Frankfurt/M.

[95] Universität Marburg
      Fachbereich Erziehungswissenschaften
      Dr. Rainer Brämer
      Jugendliche und ihr Verständnis von Natur,
      Studie der Philipps-Universität und ihr Projekt "Lila Q" aus
      dem Jahr 1998.

[96] Usemann K. W. / Gralle H.
      Bauphysik - Problemstellungen, Aufgaben und Lösungen
      Kohlhammer Verlag, Stuttgart, 1997

[97] Waldorfschule heute
      Erziehungskunst 8/9 1989

[98] Wehrfritz: Handbuch für den Elementarbereich

[99] Welt des Kindes
      Ellermann Verlag, München

Abbildungsnachweis

Abb. 1, S. 11 Zeitgenössische Innenraumdarstellung des Aufenthaltsraumes einer sogenannten Warteschule in Augsburg.
Abb. 6 Seite 37
Frank D. Hemmer, Tagesstätten für Kinder, 1967 Juventa Verlag München herausgegeben vom Deutschen Jugendinstitut

Abb. 2, S. 12 Zeitgenössische Innenraumdarstellung des Schulzimmers einer Kleinkinderschule mit Galerie.
Abb. 3 Seite 34
s.o.

Abb. 3, S. 12 Der Gartenplan des Kindergartens auf der „Esplanade" am „Haus über dem Keller" in Blankenburg von Fr. Fröbel.
Abb. 8 Seite 40
s.o.

Abb. 4, S. 13 Montessori-Kinderhaus, Innenansicht, Paris, 1913.
Bildarchiv zur Geschichte der öffentlichen Kleinkindererziehung, Lehrstuhl für Elementar- und Familienpädagogik der Universität Bamberg.

Abb. 5, S. 13 Kleinkinderschule Sonneberg, Thüringen, um 1910.
Bildarchiv zur Geschichte der öffentlichen Kleinkindererziehung, Lehrstuhl für Elementar- und Familienpädagogik der Universität Bamberg.

Abb. 6, S. 13 Projekt Friedrich-Fröbelhaus, Erdgeschoss-Grundriss, Walter Gropius und A. Meyer.
Abb. 30 Seite 67
Frank D. Hemmer, Tagesstätten für Kinder 1967 Juventa Verlag München herausgegeben vom Deutschen Jugendinstitut.

Abb. 7, S. 14 db Deutsche Bauzeitung 1/95 Blech, Seite 106 Deutsche Verlags-Anstalt GmbH, Stuttgart.

Abb. 8, S. 15 Kinderladen 1972, Gerd Hilde. Ullstein-Bilderdienst, Berlin.

Abb. 9, S. 14 Schmaus/Schörl 1964, S. 61
zu finden auch bei:
Wolfgang Mahlke/Norbert Schwarte (Seite 38)
Raum für Kinder
1989 Beltz Verlag
ISBN 3-407-62123-X

Abb. 10, S. 21 Nr. 29, Seite 20
Rudolf Schudrowitz: Pädagogischer Kindergartenbau, Karl Krämer Verlag Stuttgart 1973, ISBN 3-7828-0436-8

Abb. 11–13, S. 22 Nr. 5, .7, 8, Seite 11
Rudolf Schudrowitz: Pädagogischer Kindergartenbau, Karl Krämer Verlag Stuttgart 1973, ISBN 3-7828-0436-8

Abb. 14, S. 33 S. 479
Neufert Ernst, Bauentwurfslehre
Verlag Ullstein/Bertelsmann Fachverlag
1979, Auflage 1992

Abb. 15, S. 36 Raumdetail mit Sitzecke für mehrere Kinder unten; oben Rückzugsmöglichkeit für Puppen- und Rollenspiele, Seite 53
Wolfgang Mahlke/Norbert Schwarte
Raum für Kinder
1989 Beltz Verlag
ISBN 3-407-62123-X

Abb. 16, S. 38 Abb. 129 Seite 82. Kindertagesstätte Oranienstraße von Sedina Buddensieg, Stadtbau Berlin
Manuel Cuadra, Der Kindergarten
Ernst & Sohn, Berlin
ISBN 3-433-02142-2

Abb. 17, S. 39 Seite 148
Kindergärten pädagogisch/architektonisch konzipieren und bauen
Eigenverlag des deutschen Vereins für öffentliche und private Fürsorge.

Abb. 18, S. 69 Montessori, Seite 15
Welt des Kindes 3/96
Kösel-Verlag GmbH & Co, München

Abb. 19, S. 70 Gruppenraum Waldorfkindergarten, S. 237
Die Waldorfschule baut
Stuttgart: Verlag Freies Geistesleben, 1982
ISBN 3-7725-0240-7

Abb. 20, S. 71 Reggio, Seite 2
Welt des Kindes 3/96
Kösel-Verlag GmbH & Co, München

Abb. 21, S. 75 Die Zeit Nr. 16, 8. 4.1998, 53. Jahrgang, Seite 1

Abb. 22, S. 76 Neil Postman, Das Verschwinden der Kindheit
S. Fischer Verlags - GmbH, Frankfurt/M.
Umschlaggestaltung: Jan Buchholz/Reni
Hinsch
ISBN 3-596-23855-2

Abb. 23, S. 94 Neue Kindergärten in Bonn, Dokumentation,
Seite 27
Hochbauamt, Presseamt der Stadt Bonn 1996

Abb. S. 98/99 Thomas Koculak, Mörfelden-Walldorf

Abb. S. 105 Waltraud Krase, Frankfurt/M.

Abb. S. 113/114 Reiner Blunck, Tübingen

Abb. S. 119 Jörg Hempel Photodesign, Aachen

Abb. S. 122 Erika Sulzer-Kleinemeier, Frankfurt/M.

Abb. S. 126 Waltraud Krase, Frankfurt/M.

Abb. S. 129/130 Kohlbrenner, Jockeit-Spitzer, Engel, Wagner,
Krickhahn, Berlin 1994

Abb. S. 135/136 Heinrich Helfenstein

Abb. S. 142 Georg Rossmy, Leinfelden

Abb. S. 148 Hans-Jürgen Vollrath, Bad Neuenahr-
Ahrweiler

Abb. S. 150/151 Bruno Krupp, Freiburg

Abb. S. 160/161 Martin J. Duckek, Neu-Ulm

Abb. S. 164 Christian Kandzia, Darmstadt

Abb. S. 175 Thomas Koculak, Mörfelden-Walldorf

Abb. S. 188 Stephan Eims, Hannover

Abb. S. 194 W. Huthmacher/Architekton, Mainz

Abb. S. 197 Thomas Koculak, Mörfelden-Walldorf

Abb. S. 200 W. Huthmacher/Architekton, Mainz

Abb. S. 202/203 Klaus Frahm, Bildagentur Artur, Köln

Abb. S. 206 Thomas Ott/Architekturfotografie, Darmstadt

Abb. S. 213/214 Terushi Jimbo

Sämtliche Fotografien, Abbildungen der Beispiele wurden von den zuständigen Ämtern, Architekturbüros, etc. freundlicherweise zur Verfügung gestellt. Für die Bilddarstellung und Beschreibung werteten die Autoren grundsätzlich die Direktinformationen aus, die ihnen von den Architekten und planenden Bauämtern zur Verfügung gestellt wurden.

Der
»Moskal/Foerster«

Erna Moskal/ Sibrand Foerster

Gesetz über Tageseinrichtungen für Kinder in Nordrhein-Westfalen

Kommentar
Unv. Nachdruck der 17. Auflage 1999
344 Seiten. Kart. € 25,–
ISBN 3-555-30396-1
Kommunale Schriften für NRW

Organisation und Finanzierung der Tageseinrichtungen für Kinder sind im Land Nordrhein-Westfalen auch noch nach der Erfüllung des Rechtsanspruches auf einen Kindergartenplatz ein aktuelles Thema. In Zukunft wird der Bedarf für Hortplätze und Plätze für Kinder unter drei Jahren verstärkt in den Blick kommen. Neue Angebotsformen für Öffnungszeiten und Organisationsstruktur sind zu erproben. Das GTK ist zum 1.1.1999 durch den Landesgesetzgeber erneut novelliert worden mit umfangreichen Änderungen und Ergänzungen in den Begleitverordnungen und nachfolgenden Rechtstexten. Die erst zum 1.8.1999 und zum 1.8.2000 in Kraft tretenden Änderungen sind bereits berücksichtigt. Der neue Moskal/Foerster berücksichtigt die Rechtsfortschreibung und erläutert die neuen Regelungen wie bisher ausführlich und praxisnah und unter Berücksichtigung der Erfahrung der Praxis.

Die Autoren:

Erna Moskal

Ministerialrätin a.D.
vorm. Ministerium für Arbeit,
Gesundheit und Soziales des Landes
Nordrhein-Westfalen

Sibrand Foerster

Rechtsanwalt
Evangelisches Büro
Nordrhein-Westfalen

Deutscher Gemeindeverlag GmbH · 70549 Stuttgart
Tel. 0711/7863 - 7280 · Fax 0711/7863 - 8430